Andrea Froese

Power to the people
- vor allem für die Frauen

Bibliografische Information der Deutschen Nationalbibliothek:
Die Deutsche Nationalbibliothek verzeichnet diese Publikation in
der Deutschen Nationalbibliografie; detaillierte bibliografische Daten sind im Internet über http://dnb.dnb.de abrufbar.

Herstellung und Verlag: BoD – Books on Demand, Norderstedt

ISBN:978-3-7386-4534-7

Inhalt

Warum erwachsen werden? 6

Power to the people 83

Die Sterne lügen nicht – Sie schweigen 180

Tod im Hotel 303

Warum erwachsen werden?

„Growing old ist mandatory; growing up is optional."

(Alt werden ist obligatorisch; erwachsen werden freigestellt)

„Wann wirst du endlich erwachsen?" So fragte mich meine Mutter des Öfteren zu jeder passenden und unpassenden Gelegenheit. Vor allem, wenn etwas falsch lief und ich mit mir selbst nicht klarkam. Damals kannte ich das Zitat von Charles Theodore Davis, einem jamaikanischen Baseball-Spieler, noch nicht: „Growing old ist mandatory, growing up ist optional". Übersetzt also: Alt werden ist obligatorisch; erwachsen werden freigestellt.

Dieser Basketballspieler wurde 1960 geboren, hatte wohl dieselben Schwierigkeiten im Leben wie ich und brachte diesen Spruch wohl auch nicht schon in seiner frühesten Jugend. Dieser Satz entstand wohl erst in späteren Jahren und es ist wohl seine Antwort auf die Frage: „Wo sind all unsere Träume hin?", nachdem er sich davon befreit hatte, dass seine Mutter ihn immer gefragt hatte: „Wann wirst du endlich erwachsen?"

Was hätten wir unseren Müttern denn auch antworten sollen: „An meinem 18. Geburtstag! Sieh doch mal im Kalender nach?" Oder besser: „Woran definierst du denn Erwachsensein?"

Ich glaube, das wissen die sogenannten Erwachsenen selbst nicht. Sonst hätten sie uns nicht schon von Kindesbeinen an gesagt: „Nun kommst du in die erste Klasse, da beginnt der Ernst des Lebens." Und Ernst und Erwachsen sein, das war für mich damals gleichbedeutend. Also fühlte ich mich gleich nach der Einschulung schon relativ erwachsen. Aber nur relativ, denn ich wurde immer noch wie ein Kind behandelt und als es für die fünfte Klasse auf die weiterführende Schule ging, hieß es wieder: „Nun beginnt der Ernst des Lebens!" Aber man behandelte mich immer noch wie ein Kind.

Zur Konfirmation begann wieder einmal der „Ernst des Lebens", dann wiederum zum Schulabschluss, zum möglichen Beginn der Lehre, also damals schon umbenannt in „Ausbildung", aber ich bevorzugte dann doch das Studium.

Obwohl man mir zum Studienabschluss noch einmal nahelegte: „Nun beginnt aber der Ernst des Lebens", konnte ich davon noch immer nichts spüren. Das heißt, ich bekam keinen Job in einem renommierten Betrieb, kletterte nicht die Karriereleiter hinauf und schuftete auch nicht über 40 Stunden in der Woche.

Denn mein gewähltes Studienfach endete schließlich in einem „Titel ohne Mittel", genau wie wohl

Literaturwissenschaften, Geschichtswissenschaften oder Philosophie. So viele Philosophen, wie jedes Jahr ihr Studium abschließen, verkraftet ein gesundes Land wohl auch gar nicht.

Stattdessen folgte eine Odyssee durch Sozialhilfeleistungen, mit verzweifelten Angestellten der Agenturen für Arbeit mit immer verzweifelten Blicken, die mir sagen sollten: Einer Frau mit einem so hohen Bildungsabschluss sollte es doch möglich sein, eine Arbeit zu finden?

Hätte, sollte, könnte, ja, aber welche Unterstützung bekommt eine alleinerziehende Frau?

Obwohl ich zweimal hintereinander schwanger war, habe ich mir die Heiraterei dann doch gespart.

Soviel Erwachsensein und Ernst habe ich mir dann doch nicht zugetraut. und dass, wo heutzutage dann doch etwa jede zweite Ehe wieder geschieden wird. Und wer einmal in einem Gerichtssaal gesessen hat, weiß, wie ernst es da zugeht! Mal abgesehen von dem ganzen Stress, der dazugehört, sowohl zu einer Ehe als auch zu Scheidungsterminen.

Wer selbst Kinder hat, weiß, wie ernsthaft konzentriert man schon sein muss, wenn man seinem Kind nur ein schönes Haus aus Legosteinen bauen will, wenn die Verkäuferin einem beim Kinderschuhkauf nicht richtig beraten will, wenn eine Schmutzhose ca. 60 Euro kostet, Geld welches man nicht ebenso hat, das Kind aber trotzdem „in" sein soll im Kindergarten, und wie viele Nerven man braucht, um in Diskussionen um wunde Kinderpopos, den richtigen Cremes, den richtigen Windeln und dem Nichtverstandensein von Kinderärzten mitzuhalten.

Ganz zu schweigen von der richtigen Ernährung. Ich kenne Eltern, die haben ihre ganze Energie darauf verwendet, den Kindern zu verbieten Nutella zu essen.

Eines dieser Kinder ist jetzt führender Produktentwickler der Firma Ferrero im Taunus.

So richtig erwachsen geworden sind wohl die wenigsten, die in den 60er Jahren geboren worden sind, auch wenn wir immer älter werden (Bis auf diejenigen, die schon verstorben sind).

Für mich war das Erwachsenensein gleichbedeutend mit Strenge, überhöhten Arbeitseifer: Erledige man eine mir aufgetragene Arbeit zur Zufriedenheit, kam gleich darauf eine weitere Aufgabe und es schien kein Ende zu nehmen.

Die Lösung bestand schon darin, die erste Arbeit nur widerwillig anzunehmen und nur mäßig und so langsam wie möglich auszuführen.

Dann gab es zu hören: „Kind, trödele nicht so herum, träume nicht, schlaf nicht ein bei der Arbeit, was soll bloß aus dir werden?"

Warum nochmal genau ist das Volk der Dichter und Denker ausgestorben? Ach ja, genau, weil außer Goethe und Schiller (und mir und ein paar anderen vielleicht), sich keiner Zeit und Muße genommen hatte, zu Träumen und seine Träume dann aufzuschreiben.

Ständige Eile, Leistungsdruck und jede Menge Menschen, die an Herzinfarkten gestorben sind, bis die stetig arbeitenden Mediziner so weit waren, Bypässe zu legen und Herzschrittmacher zu transplantieren.

Wie in den achtziger Jahren die Neue Deutsche Welle Band Fehlfarben gesungen hat: „... Keine Atempause, Geschichte wird gemacht, es geht voran!"

Wie weit wir damit gekommen sind, sehen wir ja, wenn wir aus dem Fenster gucken.

Aber vielleicht fehlte es mir auch an der richtigen Motivation.

Wir hatten zum Beispiel einen begnadeten Künstler in der Familie. Zufällig zu dem Zeitpunkt, als ich Kunst-Leistungskurs in der Schule hatte, also Kunst als Abiturfach und das will schon was heißen!

Dieser Künstler hatte viele Künstlerfreunde und ich habe diese Künstlerfreunde angehimmelt, die bei uns zu Hause ein und aus gingen.

Aber sie haben mich im wahrsten Sinne des Wortes nicht gesehen.

Es ging immer nur um die Werke: "Ja, wie du dieses Bild geschaffen hast: fantastisch! Meine nächste

Ausstellung..." Natürlich nur von Künstler zu Künstler. Und wichtig war, dass sie sich immer gegenseitig gelobt haben: „Toll, diese Tiefe im Bild!" „Super, welche Farben du benutzt hast!"

Aber es hat auch nie einer ein persönliches Wort gesagt, z. B.: "Dieses Bild ist so eindrucksvoll düster, weil ich da gerade wahnsinnig depressiv war." Oder: "Das Motiv musste ich einfach malen, nachdem ich frisch verliebt mit meiner Freundin im Gras gelegen hatte."

Einmal habe ich am gemeinsamen Kaffeetisch ein Gespräch mit einem dieser Künstler versucht, aber der Mann reagierte gar nicht. Seine Frau hat dann am an seiner statt alle meine Fragen beantwortet: "Ja, mein Mann sieht diese tollen Pflanzen immer vor dem Flughafen, da skizziert er sie dann schnell ab. Meistens haben wir noch so viel Zeit." „Nein, Fotos macht er davon nicht. Wenn er nicht rechtzeitig fertig wird, mal er zu Hause aus der Erinnerung weiter."

Bedauerlicherweise hat auch nicht einmal jemand gesagt: "Was, du hast Kunst als Leistungskurs? Lass mal sehen... vielleicht hast du wirklich Talent und ich kann da etwas für dich tun! Hol doch mal ein paar Bilder, damit ich einen Blick darauf werfen kann!"

Ich hatte ja nicht erwartet, dass mir jemand einen Studienplatz für Bildende Künstler besorgt hätte oder gleich eine Vernissage, aber vielleicht ein paar kleine handwerkliche Tipps oder ein Treffen mit jemanden, der meinen Stil hätte fördern können...

Oder die ehrliche Wahrheit: „Ist ja alles ganz nett, sicherlich hast du auch Talent, aber als Künstler lebt es sich schlecht, und meine Güte dauerte es lange, bis ich meinen Platz gefunden habe. Weißt du was: Male einfach aus Spaß weiter, aber fixiere dich nicht zu sehr darauf! Es gibt wirklich viele Talente, aber der Arbeitsmarkt für Küster ist gering (Ebenso wie für Literaturwissenschaftler, Geschichtswissenschaftler oder Philosophen.)"

Und dann war da noch die Musik.

Ich bin zwar nicht besonders musikalisch, aber an die Rock- und Popmusik im Radio war einfach toll. So toll, dass sie bis heute noch in manchen Radiosendern als Oldies rauf und runter gedudelt werden, bis sie mir förmlich zu den Ohren herausquellen. Als gäbe es sonst keine gute Musik!

Und dann gab es früher noch jede Menge kleiner Rockbands. Die traten auch auf kleinen Dorffesten auf. Und auf Rockfestivals und auf anderen Festivals, auf denen man zwanglos aus der Wiese sitzen oder liegen konnte und mit Freunden in den Tag und in die Zukunft hineinträumen konnte.

Es gab da einen Sänger von einer Regionalband, den fand ich immer so toll, dass ich der Band sozusagen immer hinterher gereist bin.

Na ja. Reisen ist ein wenig zu viel gesagt, der Radius lag so etwa bei 40 Kilometern. Aber wir hatten alle den Eindruck, dass jeder von uns einmal so berühmt wie die Rolling Stones, Eric Clapton oder Joe Cocker werden könnte.

Vielleicht trug dazu auch das „Erbe" unserer Eltern bei, welche uns sozusagen in der Zeit der Flowerpower, der Hippiebewegung und der freien Lieben gezeugt hatten. Auch wenn unsere Eltern kein Wort darüber verloren, nichts schien uns unmöglich und ich glaube, wir hatten uns alle eine bessere Zukunft erwartet...

Es gab da ja auch noch für Menschen, die noch auf der Sinnsuche ihres Lebens waren gewisse Nischen. Zum Beispiel waren sie Straßenmusikanten, Pantomimenkünstler oder Maler, die ihre Werke auf Tapeziertischen in Fußgängerzonen verkauften.

Oder sich ihren Lebensunterhalt mit Yoga- oder Theaterkursen finanzierten. Oder kurzerhand einen Trip nach Indien organsierten, um einen Aschram, am besten beim großen Meister Bhagwan, zu besuchen.

Es war zu einem Zeitpunkt, als es noch völlig legitim war: „Lebenskünstler" als Beruf anzugeben, wenn man nicht gerade auf dem Arbeitsamt war, um sich arbeitslos zu melden.

Ganz schleichend hat uns aber wohl die freie Marktwirtschaft, bei der der stärkere Konzern stets gewinnt, die globale Medienwelt und die Politik eingeholt.

Da bekommen nicht einmal mehr Akademiker einen vernünftigen Beruf, wenn sie einmal von der Karriereleiter abgerutscht sind.

War damals schon kaum Zeit zum Träumen, so ist sie jetzt schon gar nicht mehr da.

Die Straßenkünstler sind weitgehend verschwunden. Ich habe einmal mitbekommen, dass die hiesige Fußgängerzone sogar von den Bettlern beherrscht wird, jedenfalls regte sich eine Frau auf einer alten Decke sitzend, mit einem Becher vor sich stehend, bei einem anderen Mann ihres Standes fürchterlich auf, dass dieser „Neue" hier nichts zu suchen hätte, alle Plätze seien schon vergeben. Dieser „Neue" müsse schleunigst vergrault werden. Diesen „Neuen" habe ich dann nie wieder in der Fußgängerzone gesehen, obwohl doch genau das gleiche Recht hat, seinen Unterhalt durch eine Bitte um Almosen zu bestreiten, wie die anderen auch, oder?

Neulich habe ich im Radio einen Beitrag zum Arbeitsmarkt gehört, da sagte der Moderator: „Der größte Arbeitgeber deutschlandweit ist die Arbeitsagentur selbst."

Da musste ich erst einmal drüber nachdenken, aber ich kann mir vorstellen, dass da ein Trick dahintersteckt, damit diese Jungs ihren Job jedenfalls nicht verlieren.

Viel Zeit zum Nachdenken blieb mir dazu aber nicht, denn jetzt haben wir ja auch jede Menge neuer Mitbürger, aus Ländern wie Syrien oder Afghanistan.

Bei denen scheint es mir, muss man erst einmal wieder bei null anfangen. Wann immer mir eines der neu zugezogenen Kinder den Weg kreuzt, liegen mir die Sprüche meiner Mutter auf der Lippe: „Augen auf im Straßenverkehr! Kind pass auf, da kommt ein Auto!", oder wenn eines dieser Kinder die Straße überquert; „Da vorne ist der Zebrastreifen, mach das Licht am Fahrrad an, „rechts" ist für dich auf der anderen Seite. Kannst du nicht gucken?"

Obwohl mich diese Sprüche meiner Mutter tierisch genervt haben, scheinen sie doch gefruchtet zu haben, denn ich halte mich weitgehend an diese Regeln.

Aber natürlich gibt es auch ein Buch, in welchem sich der Autor darüber mokiert, dass, wenn man seinem deutschen Kind beibringen will, über die grüne Ampel zu gehen, es jede Menge deutsche Mitbürger gibt, die etwa 10 Meter NEBEN der Ampel die Straße überqueren und das am besten noch, wenn besagte Ampel rot zeigt. Selten, dass es gelingt, seinem Kind GUTE Vorbilder in Sachen Ampelüberquerung zu zeigen. Warum das so ist, wusste der Autor auch nicht.

Aber wahrscheinlich gibt es in den Ländern, aus denen die Flüchtlinge kommen, gar keine Verkehrserziehung wie bei uns.

Weder Benjamin Blümchen, der die Straßenverkehrsregeln spielerisch in Bildern und Büchern erklärt, noch den obligatorischen Ausflug mit der Grundschulklasse in den Verkehrsschulgarten mit anschließender Fahrradkontrolle durch einen Verkehrspolizisten, zu dem sich auch Kinder, die generell gar nicht Fahrrad fahren und vielleicht auch gar kein Fahrrad haben, sich noch schnell eines besorgen müssen, damit der Verkehrspolizist kontrollieren kann, ob Licht, Bremse und Reflektoren in Ordnung sind.

Und dann das Problem mit der Sprache: Ich redete in einer Arbeitspause von einem „Sachschaden", mein hinzukommender deutscher Kollege verstand „Dachschaden" und hat es gleich auf sich bezogen. Da war Ärger vorprogrammiert!

Doch wie erklärt man nun einem Ausländer Dachschaden: Ist denn das Dach des Hauses kaputt oder hat jemand ein Problem in seinem Kopf?

Hatte ich einen Lumpen erwischt? War es dann ein dreckiger Putzlappen oder ein Ganove?

Hielt das Kind nun eine Klapperstange oder eine Klapperschlange in der Hand?

Ein Feuerwehrmann wollte mir von einem Einsatz erzählten. Da hielt ich aber gerade ein Nickerchen in der Sonnte und dösig sagte ich: „Ein Satz? Sprich schnell, ich kann mich gerade nicht konzentrieren."

Dann überlegte ich: „Einsatz? Du meinst dieses Ding aus der Großküche, worin das viele Essen aufgewärmt bleibt?" Ich grübelte: „Oder hast Du einen Satz gemacht wie ein Hase, einen großen Sprung? Super, bei deinem Gewicht!"

Der Feuerwehrmann guckte genervt. Da schnallte ich es: „Ach, ein Einsatz bei der Feuerwehr. Wo brannte es denn?"

Wenn die deutschen Wörter schon so viele verschiedene Bedeutungen haben, dass jemand, der schon immer in Deutschland lebt, sie nicht alle versteht, obwohl er weder grenzdebil ist noch ein Intelligenzflüchtling, wie soll sie dann jemand begreifen, der noch nicht so lange Deutsch spricht?

Es gibt ja auch noch andere Konflikte, wo einem zum Beispiel ein Kollege etwas Blödes erzählt und ich fragte nach: „Für wie beschränkt hältst du mich eigentlich?"

Eigentlich war diese Frage rhetorisch gemeint, also eine Frage auf die keine Antwort erwartet wird, aber der Kollege erwiderte: „Das willst du gar nicht wissen."

Da muss man sich lange überlegen, ob man den Dialog fortsetzten will.

Und das, ob wohl ich noch gar keinen Beitrag von bestechender Einfalt geliefert hatte.

Aber wie Charlie Chaplin bereits gesagt haben soll: „Wer das Leben zu ernst nimmt, braucht eine Menge Humor, um es zu überstehen."

Mit dem Englischen ist es nicht leichter.

Auch dort sind viele Wörter missverständlich. Das englische Wort „curious" bedeutet zum Beispiel nicht seltsam, befremdlich, sondern „neugierig".

Die Band Southerlands sang das Lied „In the arms of Mary". Da schwärmt wohl der Sänger, wie er in den Armen eines Mädchens namens Mary liegt.

Die Dire Straits hingegen sangen von „Brothers in arms" und das Lied handelt nicht von Bruderliebe, sondern von „Brüdern in Waffen".

„Brothers in weappons" hätte ja auch zu blöd geklungen.

Kürzlich hörte ich einen Beitrag über Christen in dieser Welt. Der Pastor erzählte, dass mehr als "two billion people" das Evangelium noch nicht gehört haben, überwiegend Moslems, in Gegenden wo Missionaren mit hoher Wahrscheinlichkeit in Ausübung ihres Amtes der Kopf abgeschlagen wird, somit halber niemand in diesen Teilen der Welt freiwillig predigen will.

Die Übersetzerin übersetzte wörtlich für "two billions people" "Zwei Billionen Menschen...".

Es gibt gar keine zwei Billionen Menschen auf der Erde, egal ob Christen oder nicht, da nur 7 Milliarden Bürger auf dieser Erde leben.

Später korrigierte diese Frau sich mit: "Zwei Millionen Menschen", was dann wiederum etwas tiefgestapelt war.
One billion im Englischen entspricht einer Milliarde im Deutschen.

Manche Menschen sind da etwas penibler, wie ein Mann, der einen Zeitungsbeitrag über "Griechenland: Das Fass ohne Boden?" kommentierte, dass es "kein Fass ohne Boden gäbe", denn dann wäre dieses sogenannte Fass eine Art Röhre. Aber möglicherweise würden die Politiker auch bald in die Röhre schauen???

Zum Glück leben wir ja in modernen Zeiten. Ich kenne Syrier, die geben ihre arabischen Wörter, die sie übersetzen wollen in eine arabische Tastatur auf ihrem Smartphone ein und das deutsche Worte erscheint in Sekundenschnelle in arabischen und in lateinischen Lettern auf dem Display.

Da können sich die Deutschen noch eine Scheibe von abschneiden. Vor nicht allzu langer Zeit kam mein jüngerer Sohn deprimiert von der Schule nach Hause: „Mama, unser Klassenzimmer wurde verwüstet!"

Bücher wurden von Unbekannten umher geschmissen und der Overheadprojektor kaputt gemacht.

Der Overheadprojektor! Wer benutzt denn noch so etwas zu Unterrichtszwecken? Nicht nur, dass der Lehrplan meines Sohnes weitgehend identisch ist, mit dem, nach welchem ich 30 Jahre zuvor unterrichtet wurde, auch die Unterrichtsmittel sind noch die gleichen!

Wie gut, dass bei der Verwüstung des Klassenzimmers keine digital nutzbare Whiteboard-Wandtafel beschädigt wurde, kein Beamer und es auch kein Notebook zu entwenden gab, einfach mangels vorhanden sein! Glück im Unglück, dass die Schule bislang noch kein Geld für diese Hilfsmittel hatte!

Und dann diese Ausdrucksweise: Gehen mehrere Männer eines Berufsstandes am selben Tag in ein Bordell, heißt es „Muschi-Tag". Nein, eigentlich handelte es sich eine Gruppe von Männern, die freitags in die Moschee gehen wollten. Dort wurden sie aber nicht gesehen. Wo sind sie dann also hin? „Muschi-Tag" ist, so glaube ich, eine Erfindung einer anderen Gruppe von neidischen Männern.

In einer Zeit der Erektion, des Coitus Interruptus, der Ejektion und der Ovulation, warum gibt es da kein „simul ad lupanar" für "gemeinsam ins Bordell gehen"?

Einmal bewarb ich mich auf eine Anzeige als Zimmermädchen in einem Hotel. Um der Gleichberechtigung Genüge zu tun, wurde auch ein "Roomboy" gesucht. Das verursachte aber schon allein bei den deutschen Bewerbern solch eine Verwirrung, dass sich eine Männer als Callboy bewarben, einige dachten, es handele sich um ein Casting für die Chippendales und ich sah sogar ein Chipmunk mit rotem Pullover und der Aufschrift "Alvin" über den Flurboden laufen.

Das war aber nach einer Nacht, in der ich kaum geschlafen hatte.

Manchmal bekomme ich auch seltsame Emails. Die kann nicht mal ich richtig verstehen.

"Frau mit Grill sucht Mann mit Kohle".

In der Zeit der Emanzipation, kann die Frau da nicht selbst zum Supermarkt gehen und Kohle kaufen?

Halt, jetzt weiß ich, was sie gemeint hat... Hach, immer diese Doppeldeutigkeiten!

Ich weiß, dass es eine hübsche schwedische Schauspielerin gibt, die stark hinterher ist, dass ihr Copyright geschützt bleibt.

Man darf ihren Namen nicht mal in einem Roman erwähnen. Aber es gab da mal eine hübsche Postkarte, da stand ein Mann mit seinem Staubsauger in der Arztpraxis, der Penis steckte in einem Staubsaugerrohr des Staubsaugers, welchen der Mann gleich mitgebracht, hatte fest. Er suchte also ärztliche Hilfe und stand etwas ratlos in der Anmeldung.

Die Sprechstundenhilfe an der Rezeption, die überhaupt nicht aufblickte fragte den Mann: "Haben Sie an Ihre Versichertenkarte gedacht?"

Und der Mann antwortete: "Nein, an diese wunderhübsche schwedische Schauspielerin!" Und er nannte ihren Namen. Hätte die Sprechstundenhilfe nur einmal aufgeschaut, so hätte sie das Problem erkannt! Als ich die Postkarte endlich kaufen wollte, gab es sie nicht mehr.

Es gab zwar noch eine Postkarte, wo eine Hippie-Oma vollbepackt an der Supermarktkasse steht und die Kassiererin fragt: "Wollen Sie eine Tüte?" und die Oma antwortet: "Nein, so früh

morgens wird mir davon immer schwindelig!", aber auch diese Postkarte wurde aus dem Sortiment genommen. Tüte ist ja auch so ein mehrdeutiges Wort, ich hatte mal eine Arbeitsstelle, immer, wenn ich nach einer kleinen Tüte fragte, um etwas zu verpacken, drückte man mir einen Joint in die Hand.

Und die Jungs wussten genau, dass ich in meinem Alter kein Haschisch mehr vertrage.

Um mich zu erden, lese ich regelmäßig in der Bibel. Es gibt ja Pastoren, die schwören auf die richtige Bibel. Einen normale Luther-Übersetzung tut es da nicht mehr. Eine Studienbibel oder eine Bibel mit Konkordanz sollte ein hartgesottener Kirchgänger schon besitzen.

Obwohl sich am Gesamtinhalt nicht viel ändert. Aber dann habe ich mich auch einmal im Übersetzen versucht, aber das ist schwer als gedacht.

Vom Hebräischen ins Griechische und dann weiter ins Deutsche wie mit der Bibel geschehen ist für mich nicht machbar.

Also probierte ich es mal mit Englisch: She tooks something in the trash / carbage / waste oder rubbish – container???

Da reicht nicht einmal mein Schulenglisch dafür aus.

Und dann vielleicht die Rückübersetzung, in vielleicht nicht einmal 50 Jahren. Da haben sich die Wortbedeutungen doch bestimmt schon wieder massiv verändert.

Mein deutscher Beispielsatz lautet etwa:

"Die Hausfrau warf den Müll weg."

Ich überlasse es jetzt einmal den Fachleuten diesen Satz korrekt ins Englische übersetzen. 50 Jahren später wird dieser Satz wiederentdeckt.

Dann kommt ein Fanatiker und will diesen Satz wortgetreu ins Deutsche zurückübersetzen und natürlich auch korrekt auslegen, wie es die Bibelübersetzer auch tun:

"Die Hausfrau warf den Müll weg."

- Wohin?

Auf die Müllhalde, die es vor 30 Jahren noch außerhalb der Städte gab? Aus dem Fenster raus?

In den Mülleimer?

In welchen Mülleimer? Den gelben Sack, Restmüll, Papiermüll oder Biotonne?

Und wie tat sie es?

Mit einer schwungvollen Wurfbewegung?

Unsportlich wie Frauen nun mal sind, traf sie womöglich daneben und musste noch hingehen, sich bücken und das Zeugs aufheben um es noch einmal wegzuwerfen?

Und wäre es nicht besser, wenn es sich um Papiermüll handelte, es sorgfältig in den dafür bereitgestellten Karton zu legen, anstatt es zu werfen?

Und was ist eine "Hausfrau"?

Nicht zu verwechseln mit einer Patriarchin, einer Hausdame, einem Hausmädchen oder einer Frau, die sich überwiegend im Haus aufhält.

Schließlich geht eine Hausfrau auch einkaufen und bringt die Kinder zum Kindergarten und Ähnliches.

Darf eine Hausfrau auch berufstätig sein?

Eine deutsche Hausfrau, nach dem Bild der 70er Jahre des vorigen Jahrhunderts, die es ja fast nicht mehr gibt, hat ja auch noch einen anderen Stellenwert als eine türkische Hausfrau, die in manchen Fällen das Haus so gut wie gar nicht verlassen darf.

Und was genau bedeutet Müll?

Ich habe immer so ein inneres Bild, dass das, was wir heute als Müll bezeichnen, in 50 Jahren wertvoller Rohstoff ist, nachdem fleißig gegraben wird...

Man sollte es nicht übertreiben.

Folgende Witze standen heute in der Illustrierten, welche beim Zahnarzt auslag:

"Mir ist gesagt worden, Busfahren sei viel billiger. Also habe ich mir einen Bus gekauft."

"Wie war die Stimmung in der DDR?" "Ach, sie hielt sich in Grenzen."

Warum stehen Studenten um sieben Uhr auf? Weil um acht der Supermarkt zumacht.

Das weibliche "Ich bin in 5 Minuten fertig im Bad" ist das Äquivalent zum männlichen

"Ich trinke noch ein Bier und komme dann nach Hause."

"Der Verfall der deutschen Sprache wird immer gravierender." - "Hä?" - "Deutsch ist nicht mehr fame!" - "Jo, ich weiß, Bro. Mega uncool!"

Es gibt viele kleine und große Missverständnisse in unserem Sprachgebrauch, vielleicht verfällt die deutsche Sprache wirklich, aber die Technik, entwickelt von Forschern und Wissenschaftlern, scheint sich immer weiter zu entwickeln.

Irgendwo in Norddeutschland wurde vor einiger Zeit ein Verbrechen an einem Mädchen begangen.

Das Mädchen war tot und konnte keine Aussage mehr zur Täterbeschreibung machen, aber der Täter hinterließ Fingerabdrücke am Fahrrad des Mädchens, diese Fingerabdrücke waren der Polizei bereits bekannt.

Anhand des Namens machte man seine Handynummer ausfindig (Telefongesellschaft) und per Handyortung fand man dann diesen Mann in einer Wohnung in München und er konnte festgenommen werden.

Das gab es zur Zeit des TV-Kommissars Derrick noch nicht. Wann immer er in den späten Jahren des letzten Jahrhunderts eine Leiche und den Tatort zu untersuchen hatte, klingelte er an der Tür eines Nachbarn und musste von dort per Festnetz aus telefonieren.

Nur durch die Raffinesse der Ermittler konnte der Mörder gestellt werden, niemals durch die Verfolgung der letzten Einkäufe, die der Täter per EC-Karte getätigt hatte: Ein Bier an der Tankstelle, eine volle Tankfüllung, Zigaretten an der Tankstelle 200 km weiter, eine Cola und ein Sandwich für das mögliche Entführungsopfer...

Letztes Jahr habe ich auf Grund einer persönlichen Krise alle James Bond Filme hintereinander weggeschaut. Das spannende an den James Bond Filmen ist ja, wenn man mal über die Irritation der ständig wechselnden Hauptdarsteller hinwegsieht, die Entwicklung der Technik: Von einer in Silberfolie eingewickelten Flasche als Raumschiff gefilmt, über einfache DOS-Computerprogramme als Bildschirmsimulationen bis hin zu einem Nachrichtensatelliten, der die ganze Welt mit entsprechend manipulierten Medien versorgt, wie es dem Besitzer gerade gefällt.

Bei Raumschiff Enterprise ist Ähnliches zu beobachten. Je nach Jahr der Verfilmung wird immer die neueste Technik angewendet.

Ich hatte einmal einen Traum, der spielte in der Zukunft und ich erzählte den Leuten von Festnetztelefonen und späteren Handys. Die Leute lachten über diese veraltete Technik, erzählten mir aber nicht, wie man zu ihrer Zeit telefoniert.

In einem weiteren Traum gab es einen Kalender, da konnte man den Kalendertag per Touchscreen antippen und man konnte sich für den jeweiligen Tag mit den bestimmten Terminen und Veranstaltungen durch das Bedienfeld manövrieren wie heutzutage am Smartphone.

Meine Träume sind seltsam. Einmal träumte ich, dass wir in Zukunft aufgrund des Klimawandels in einem Urwald leben würden und es würden so viele Krokodile in unserer Umgebung leben, dass wir sie in spezielle Reservate bringen mussten, damit sie in unserem Lebensraum nicht überhandnehmen würden.

Vielleicht erleben wir aber auch noch einen technischen Rückfall in die Steinzeit aufgrund geistiger

Verarmung. Vor nicht allzu langer Zeit las ich auf einem Plakat welches eine Einladung zu einer Abiturientenfeier darstellte:

"Too Blondie for Abi – Ladies in Bikinis erhalten freien Eintritt – 4 Frauen = eine Flasche Sekt gratis – Blondinen erhalten einen Freishot"

Die Anzahl der Formfehler in diesem Text kann man da gar nicht mehr zählen. Und was bitte ist ein "Freishot"?

Als ich Abitur gemacht habe, haben sich die Jungs nicht mit den Mädels auseinandergesetzt: Liebe ich sie? Wie blond muss das Mädchen meiner Wahl sein? Welches Girl nehme ich heute Abend mit in die Disco, damit ich freien Eintritt bekomme?; sondern mit der Frage: "Gehe ich zur Bundeswehr oder mache ich Zivildienst? Und wenn sie sich für Zivildienst entschieden hatten, überlegten sie, wie sie die Musterungsbehörde davon überzeugen konnten, dass sie genau der Richtige dafür wären, denn Zivildienst war damals, in den 80er Jahren des letzten Jahrhunderts, nicht gerne gesehen.

Also musste man eine Gewissensprüfung ablegen: Eine der zu beantwortenden Fragen war wohl diese:
"Stellen Sie sich vor, sie gehen mit Ihrer Freundin im Wald spazieren uns plötzlich steht ein Russe mit Kalaschnikow vor Ihnen und will ihre Freundin vergewaltigen und / oder Sie umbringen. Zufällig haben Sie einen Molotowcocktail in Ihrer Tasche. Wie reagieren Sie?"

Die richtige Antwort wäre gewesen: "Ich rede mit dem Russen, diskutiere, versuche herauszufinden, ob er psychisch krank ist und finde auf jeden Fall eine friedliche Lösung!"

Die richtigen, weitergehenden Fragen wären aber wohl gewesen: Wie kommt der Russe in den Wald? Ist er alleine? Verstecken sich noch mehr, möglicherweise sehr bewaffnete und gewaltbereite Russen im Wald? Versteht mich der Mann? Ist er möglicherweise verrückt und versucht mich und / oder meine Freundin trotz, oder gerade wegen der Diskussion zu töten? Wie kommt der Molotowcocktail in meine Tasche? Ist das strafbar?

Was, wenn er schon während des Herausholens in der Tasche explodiert?

Bestimmt haben viele Jungs aus meinem Jahrgang nur deswegen schlecht beim Abi abgeschnitten, weil sie sich mit solchen, teilweise schon philosophischen Fragen, auseinandersetzen mussten und für das eigentliche Abiturthema nicht mehr so viel Kraft hatten.

Wer weiß, wer sich solche Fragen für die Musterung für die Bundeswehr bzw. für die Kriegsdienstverweigerung ausgedacht hat.

Vielleicht waren auch diese Menschen noch nicht ganz erwachsen.

Genauso wie die Wissenschaftler, die entdeckt haben, haben, dass man für die Cola den schwarzen Farbstoff gar nicht braucht. Ohne schmeckt die Cola genauso gut. Aber sie lässt sich farblos nicht vermarkten.

Zur Begründung eines Wissenschaftlers: "Darth Vader aus Star Wars kommt ja auch nicht in einem weißen Gewand daher!" Das muss einstweilen genügen.

Einmal traf ich in einem Café einen Psychoanalytiker. Wir kamen ins Gespräch. Er war sehr nett, aber er schien mir selbst etwas wirr, so stellte ich ihn auf die Probe. Ich erzählte ihm, ich hätte da einen Bekannten, einen jungen Mann, der behauptete, er "hätte Tinnitus im Auge, er sehe überall nur Pfeifen".

Ich fragte den Psychoanalytiker scherzhaft, wie man mit so einem Problem umgehen solle. Der Mann dachte ich meine es ernst und geriet in seiner beruflichen Leidenschaft gleich in Fahrt: Ja, da müsse man differenzieren: Es könne sich um ein organisches Problem handeln, zum Beispiel um einen defekten Sehnerv. Das alleine könne nur ein fundierter Augenarzt feststellen.
Es könne aber auch ein rein psychisches Problem sein: Der Mann ist vielleicht genervt von den Menschen, die ihn umgeben und das Auge liefert ein Trugbild: Pfeifen statt Menschen. Oder es handele sich möglicherweise um Halluzina-

tionen, eventuell hervorgerufen durch die Einnahme von Drogen, nicht verträglichen Medikamenten oder einer Geistesstörung. Diese Geistesstörung kann, wie die Wissenschaft mittlerweile festgestellt hat, auch auftreten, wenn man zu viel an seinem Handy rumgedaddelt hat. Vielleicht habe der junge Mann auch ein psychologisches Problem, weil er gerne möchte, dass alle nach seiner Pfeife tanzen, sei es aus Angst, aus Geltungssucht oder Machtbestreben; oder der Proband hat möglicherweise das Gefühl hat, immer nach der Pfeife der anderen tanzen zu müssen. Vielleicht ein zu strenger Vater?

Der Psychoanalytiker hörte gar nicht mehr auf zu reden, obwohl ich immer wieder versuchte, auf ein anderes Thema zu lenken.

Schließlich blickte ich auf mein Handy und log: "Oh, eine wichtige SMS, ich muss sofort los!" Und verschwand. Gott sei Dank hatte ich meinen Kaffee schon vorher bezahlt!

Manche Menschen, vor allem Männer, tun ja auch nur als wären sie erwachsen.

Zum Beispiel hatte radelte ich in den 90er Jahren des vergangenen Jahrhunderts einmal zu meiner neuen Arbeitsstelle. Mein neuer Chef überholte mich mit dem Auto, bremste kurzerhand, lud mein Fahrrad in den Kofferraum und verfrachtete mich auf dem Beifahrersitz. Die Situation war eindeutig, was mich aber dann verblüffte, war, dass der Chef, um mir noch mehr zu imponieren, sein CB-Funkgerät einschaltete: Batman an Fledermaus – Fledermaus, kannst du mich hören?

Wie kindisch ist das denn?

Zum Glück dauerte die Fahrt nicht allzu lange, es waren nur 5 Kilometer zurückzulegen und ich war froh, als ich endlich in Ruhe meiner eigentlichen Arbeit nachgehen konnte!

Später verlor ich meine Arbeitsstelle wieder, weil ich dem Koch dieser Einrichtung in einem Disput tief in die Augen blickte und sagte: "Als Gott den Mann schuf, das übte SIE noch." Prompt lief der Koch zum Chef und beschwerte sich.

Jemand anderes erzählte mir, sein Bekannter hätte eine große Modelleisenbahnanlage auf dem Dachboden. So wie viele andere Männer auch. Die Ehefrau dieses Eisenbahnfans aber glaubte, ihr Mann habe etwa zwei bis dreitausend Euro in sein Hobby hineingesteckt. In Wirklichkeit wären es aber schon 20 bis 30000 Euro, die der Mann für seine Anlage ausgegeben hat. Das dürfe die Frau aber niemals zu wissen bekommen!

Ist dieser Mann und Eisenbahnfan wirklich erwachsen geworden?

Und dann fragen sich manche Männer, wie es kommt, dass Frauen behaupten: Eine Frau ohne Mann ist wie ein Fisch ohne Fahrrad.

Andere Frauen beklagen sich nur immerzu, dass ihr Mann wie ein weites Kind in der Familie wäre. Vielleicht ist es ja schön für die Ehefrau, wenn alle leiblichen Kinder wirklich erwachsen und aus dem Haus sind, dass sie noch immer ein "Kind" zu Hause hat. Oder warum erzieht sie den Kerl nicht beizeiten?

Also Peter Maffay hat es ja zugegeben. Sein Liedtitel: "Ich wollte nie erwachsen sein" sagt ja schon alles.

Er singt darüber, dass er sich zur Wehr gesetzt hat erwachsen zu werden, dass er tief in sich drin ein Kind geblieben ist und wenn er dieses innere Kind nicht mehr spüren kann, dann ist es für ihn zu spät.

Und dieser Mann hat es geschafft, über 40 Jahre mit Erfolg auf der Bühne zu stehen. Ist es vielleicht sein Erfolgsgeheimnis, dass er stets sein inneres Kind bewahrt hat?

Ist dies aber auch das Geheimnis, warum er zum vierten Mal verheiratet ist und seine Frauen zum Zeitpunkt der Hochzeit immer ca. 28 Jahre alt sind?

Ich habe einmal von einer Psychologin gehört, dass es Männer geben soll, die innerlich nie wirklich reif geworden sind und deshalb immer wieder eine Frau heiraten, die genau so ist, wie sie ihre Mutter als kleiner Junge erlebt haben: Also zwischen 20 und 30 Jahren alt und sehr hübsch!

Eine andere Sache ist das Problem mit den Wechseljahren.

Es gab einen Tag, an dem hatte ich als Frau ziemliche Wechseljahresbeschwerden und war psychisch einigermaßen instabil. Ich erzählte es meinem Kollegen, mit dem Hinweis, dass ich wohl wüsste, dass auch Männer Wechseljahresbeschwerden hätten.

Mein Kollege bejahte dies und meinte, für Männer wäre dies aber kein so großes Problem. Sie würden sich einen Porsche kaufen und sich eine Freundin zulegen, die nur halb so alt wäre wie sie selbst.

Ich erwiderte, dass ich mit dem Porsche kein Problem hätte, aber was, bitte schön, sollte ich mit einem Mann, der nur halb so alt wäre wie ich?

Der Kollege antwortete: "Na was wohl? Sex natürlich. Reden kannst du mit dem Mann ja nicht. Was soll er dir auch erzählen, was du nicht selbst schon erlebt hättest?"

Ich glaube nicht, dass mir das viel weitergeholfen hat. Wissen die Männer nicht, dass auch die Libido bei den Frauen um die 50 abnimmt?

Ich meinte mal gehört zu haben, dass es Männern gefällt, wenn die Frau um einiges jünger ist als sie selbst und sie ihr sozusagen "Die Welt erklären können". Mir gefällt das nicht. Ich finde, Mann und Frau sollten gemeinsam geistig wachsen können.

Der Autor Hans Fallada hat, laut Internetrecherche, einmal von sich behauptet: "Irgendetwas in mir ist nie ganz fertig geworden, irgendetwas fehlt mir, so dass ich kein richtiger Mann bin, nur ein alt gewordener Mensch, ein alt gewordener Gymnasiast, wie Erich Kästner mal von mir gesagt hat."

Aber wer weiß, vielleicht ist ja auch die ganze Menschheit nie richtig erwachsen geworden. In meiner Schulzeit kursierte immer wieder der Spruch: "Man lernt, dass der Mensch aus der Geschichte nichts lernt." Immer wieder gibt es Kriege, Weltreiche werden erobert, zerstört; die Reichen werden immer reicher und die Armen immer ärmer. Aus fast jeder Epoche gibt es Schriftstücke, die die soziale Untergerechtigkeit anprangern.

Der Kabarettist Matthias Beltz hat ein Buch geschrieben, welches 1998 unter dem Titel "Gute Nacht, Europa, wo immer du auch bist" im Karl-Blessing-Verlag herausgegeben wurde. Obwohl er eigentlich Kabarettist ist und versucht, alles von der humorvollen Seite zu sehen, ist er dem Phänomen "Europa" doch sehr negativ gegenüber eingestellt. Er meint, der Untergang des Abendlandes wäre auch nur ein leeres Versprechen, das Römische Reich wäre schon untergegangen, das Heilige Römische Reich auch, ebenso die deutsche Nation und Preußen. Aber die Geschichte geht immer weiter.

Was kommt wohl nach dem Phänomen Europa?

Wie haben sich wohl die Menschen gefühlt, als damals das Römische Reich aufhörte zu existieren? Dachte man sich: "Juhu, die Römer haben keine

Macht mehr über uns, wir sind frei von aller Steuerlast, geht es zurück in die Barbarei?" Oder gab es Lobgesänge auf die phänomenalen Bauwerke, Straßen, Bewässerungssysteme, Abwassersysteme und sanitären Anlagen, die die Römer bei uns eingeführt hatten?

Zu seinem siebzigsten Geburtstag wurde der Musiker Udo Lindenberg gefragt, wie er denn als junger Mensch die damals 70jährigen erlebt hätte, ob er sich heute wohl jünger fühlen würde als die Menschen nach seinem Empfinden damals? Lindenberg meinte in etwa, ja, die Menschen damals seinen stur und verbiestert gewesen, was aber wohl auch an den verdrängten Gefühlen betreffs des jüngst vergangenen Weltkrieges liegen könne. Das hat mich nachdenklich gemacht. Udo Lindenberg wurde also 1946 geboren. Nehmen wir einmal an, er hätte im Alter von 10 Jahren die damals 70jährigen bewusst wahrgenommen. So wie man das als 10jähriger eben kann.

Dazu muss ich sagen, dass, als ich 13 Jahre alt war, also 1980, John Lennon erschossen wurde. Dieser begnadete Musiker war zu diesem Zeitpunkt 40 Jahre alt und ich dachte bei mir: "Na gut, das war ein alter Mann, der hat sein Leben schon gelebt." 40 Jahre schien mir damals uralt.

Heutzutage muss ich sagen, dass dieser Mann viel zu früh gestorben ist, wahrscheinlich auf der Höhe seiner Schöpfungskraft und er hätte gut und gerne noch 40 weitere Jahre Musik machen können, wie andere Musiker seiner Generation auch.

Aber zurück zu den Menschen, die im Jahre 1956 70 Jahre alt waren. Ihr Geburtsjahr wäre also 1886 gewesen.

Im Jahre 1871 wurde Wilhelm I. Zum Kaiser gekrönt, die eben genannten Menschen wuchsen also in einem Kaiserreich auf.

1884 wurden die deutschen Kolonien erworben. So etwas gab es vorher noch nicht und nach 1918 auch nicht mehr. Das war wohl im wahrsten Sinne des Wortes "Neuland" für die Deutschen.

1888 regierte Friedrich III., gleich darauf folge ihm Kaiser Wilhelm II.

Alles spitzte sich auf den 1. Weltkrieg zu, der von 1914 bis 1918 stattfand.

Am Ende wurden die deutschen Grenzen neu strukturiert und die Kolonien wurden abgetreten.

Dann kam die Weimarer Republik, anschließend das 3. Reich welches im 2. Weltkrieg endete, der von 1939 bis 1945 dauerte und schließlich kam der Wiederaufbau Deutschlands in einer demokratischen Staatsform. Es folgte ein nie dagewesener wirtschaftlicher Aufschwung, aber Vergangenheitsbewältigung wurde nicht besonders großgeschrieben.

Es ist meiner Meinung nach ein Wunder, wenn man es unter diesen Umständen geschafft hat im Jahre 1956 70 Jahre alt zu werden.

Und dann muss man das erlebte natürlich erst einmal alles verkraften. Vielleicht gab es deswegen so viele alte grantige Leute, wie ich sie aus meiner Kindheit heraus in Erinnerung habe. Das war in den 70er Jahren, aber auch diese älteren Menschen hatten ja schon so "Einiges" erlebt.

Es gibt einen Pastor, der behauptet, man müsse das Leben vom Ende her betrachten. Will ich wirklich, dass auf meinem Grabstein steht: Arbeit war sein / ihr Leben? Ist es mir wert, dass ich mein ganzes Leben lang hart arbeite, nur damit sich nach meinem Tode die Nachkommen um das Erbe streiten? Oder soll auf dem Grabstein stehen: "Es tut mir leid, ich habe die Situation offenbar falsch eingeschätzt", wie es mal eine Frau im Fernsehen jemanden nach einem fatalen Fehler vorgeschlagen hatte? Ist es mir wichtiger, insofern ich einen bewussten Tod erlebe, dass meine lieben Angerhörigen am Sterbebett stehen oder soll man mir lieber noch einmal die letzten Börsenkurse berichten und die aktuellen Kontoauszüge vorlesen?

Das letzte Hemd hat bekanntlich keine Taschen.

Derselbe Pastor erzählt auch von Jesus letzten Worten am Kreuz. Eigentlich ist Jesus ja verurteilt und gekreuzigt worden, obwohl er unschuldig war. Wer würde da nicht in selbiger Lage schimpfen und fluchen und noch in letzter Instanz nach einem guten Anwalt suchen?

Jesus aber reagierte anders. Er hing, nach einigen Folterqualen wie zum Beispiel vierzig Peitschenhieben auf nacktem Körper und anschließendem Tragen des schweren Holzkreuzes an diesem und sprach:

1. „Vater, vergib ihnen, denn sie wissen nicht, was sie tun."

2. Amen, ich sage dir: Heute noch wirst du mit mir im Paradies sein."

3. „Frau, siehe, dein Sohn!" und: „Siehe, deine Mutter!"

4. „Mein Gott, mein Gott, warum hast Du mich verlassen?"

5. „Mich dürstet."

6. „Es ist vollbracht." und

7. „Vater, in deine Hände lege ich meinen Geist."

So, noch eben schnell erledigt, was erledigt werden musste...
Selbst im Todeskampf sorgte er noch für die Menschen, die er liebte, statt zu jammern und zu klagen.

Wer von uns hätte sich an Jesus Stelle nicht noch gewünscht in letzter Instanz seinen Anwalt zu sprechen ob der Ungerechtigkeit die ihm da von seinem eigenen Volk und der römischen Besatzungsmacht angetan wird?

Es gilt, dass man das, was man säht ernten wird. Habe ich mich mein Leben lang nicht um Liebe, Zuneigung, Gefühle, Freunde und ein nettes Miteinander gekümmert, ist wohl kaum zu erwarten, dass mir in meiner Todesstunde meine sogenannten "Lieben" nahstehen.

Oder denke ich, dass ein zügelloses Leben, viele Partys, Alkohol, Rauchen und ungesundes Essen ohne Folgen bleiben? Auch Müßiggang und Faulenzertum tragen Früchte.

Aber natürlich wirkt es sich auch aus, wenn wir versuchen zu unseren Mitmenschen nett zu sein, hilfsbereit, uns bei der Arbeit einigermaßen anstrengen und einen Lebensstil anstreben, der nicht über die Maße über die Stränge schlägt.

Wenn ich morgen sterben müsste, hätte ich dann ein reines Gewissen? Oder würde ich noch jede Menge Dinge erledigen wollen oder ein paar Streitigkeiten klären wollen?

Wer einmal dem Tode nahe war, weiß wie kostbar das Leben ist und lebt es bewusster. Immerhin könnte ja jeder Tag der letzte sein.

Wie haben sich wohl die Menschen zur Zeit Michelangelos gefühlt? Michelangelo lebte von 1475 bis 1564. Er war Maler, Bildhauer, Architekt und Dichter. Das machte sich bestimmt gut in seinem Lebenslauf. Er lebte in der Zeit als Leonardo da Vinci mit seinen Erfindungen Karriere machte und gestaltete kräftig die Sixtinische Kapelle in Rom mit. Es war die Zeit der Hochrenaissance in Italien und in Deutschland wirkte Albrecht Dürer mit seinen Kupferstichen. Ich habe einmal gehört, dass Albrecht Dürer auf der Höhe seiner Karriere seine Werke gar nicht mehr selbst gestaltet hat, sondern bis zu 600 Mitarbeiter in seiner Werkstatt beschäftigt hat.

Was mögen die Menschen damals im Mittelalter gedacht haben? Wir sind ja so modern! Was haben wir für tolle Erfindungen gemacht! Wir sind auf der Höhe unseres künstlerischen und technischen Fortschritts! Was kann jetzt noch kommen?

Was hätten Michelangelo, da Vinci und Dürer wohl gesagt, wenn sie einen Blick in die Zukunft hätten werfen können, wo man sich mit Autos und Flugzeugen von einem Ort zum anderen bewegt und ihre Werke noch immer gewürdigt werden, über 500 Jahre nach ihrer Entstehung?

Ich hatte mal eine Arbeitsstelle, da war wohl auch niemand so richtig erwachsen. Das war in einer Großküche, die mehr oder weniger selbst verwaltet war. Wir Küchenkräfte waren alle im selben Alter, hatten also niemanden "über" uns. Die Köche schrien eine Zeitlang rum, wie sie es von ihren alten Chefs gelernt hatten. Nach einiger Zeit ließen sie es sein, da meine Generation in Kindheitstagen wohl so viel angeschrien wurde, dass wir gar nicht mehr darauf reagierten. Ich jedenfalls drehte mich immer höflich zum Koch um, wenn ich mich angesprochen, bzw. angeschrien fühlte und meinte höflich: "Ja bitte, was darf es sein?" Diesen verwirrten Blick in den Augen des Kochs werde ich nie vergessen. Dann hatten die Köche die Angewohnheit, die siedend heiße Pfanne mit kaltem Wasser einzuweichen. Das gab natürlich eine Fettexplosion. Je kälter das Wasser, desto mehr spritze es. Zum Schluss gab es eine Art Wettstreit, wer wohl es mit seiner Fettexplosion wohl am weitesten brächte und man schüttete Eiswürfel in die Pfanne.

Das gab eine riesen Sauererei und ungefährlich war es auch nicht! Aber irgendwie war es lustig.

Weniger lustig war es, als ein Koch anordnete, sämtliche Tee- und Kaffeethermen mit Scheuerseife auszuspülen. Jede Hausfrau weiß, dass man eine Tee- bzw. Kaffeekanne NIEMALS mit Reinigungsmittel ausspült, damit der Eigengeschmack des Tees bzw. Kaffees erhalten bleibt. Bei uns war aber alles anders.

Oder auch nicht. Wer hört schon im wirklichen Geschäftsleben auf die Erfahrungen einer Hausfrau? Umso größer dann das Geschrei, als sämtliche Kaffee- und Teegetränke irgendwie seifig schmecken. Manche lernen es eben nur auf die harte Tour. Aber man kam beim Kochen zum Glück nicht auf die Idee, dass 60 Minutensteaks einem Stundensteak entsprächen. Diesen Kalauer habe ich aus einem Magazin. Er hätte aber auch aus unserer Küche kommen können. Rein theoretisch...

Ein kluger Kopf kam kurze Zeit später auf die Idee, einen Kräutergarten anzulegen. Diese Person brachte auch einige Töpfe Majoran, Borretsch, Schnittlauch und Petersilie mit. Es war aber in dem Jahr, als der Sommer so drückend heiß war. Und man musste erst die dafür vorgesehene Fläche vom Unkraut befreien. Dafür fühlte sich niemand verantwortlich. Bis jemand auf die Idee kam, Salatdressing auf den Löwenzahn zu gießen. Nach kurzer Zeit gab es kein Unkraut mehr. Nebenbei bemerkt: Es gibt sowieso kein Unkraut. Höchstens Wildkräuter. Dann musste man die mitgebrachten, zivilisierten Kräuter wie Petersilie und Schnittlauch natürlich auch regelmäßig gießen, da der Boden sehr sandig war und es, wie gesagt, unerträglich heiß war. Es regnete nur wenig.

Am Ende des Jahres stellte sich heraus, dass lediglich eine Hanfpflanze und eine kleine Coca Pflanze überlebt hatten. Wie die dahingekommen sind, konnte keiner wirklich erklären.

Unserer Experimentierfreude waren keine Grenzen gesetzt: Vom Gras-Lolli bis zum Hanftee und Omelette mit Haschisch statt Petersilie gab es fast alles.

Irgendwie hatten wir, trotz allem, auch noch genug Freizeit. Manche machten eine Zigarettenpause für ganze 20 Minuten und zwar immer genau dann, wenn sie 20 Minuten lang gearbeitet hatten. Wenn eine jemand aus einer Gruppe, die etwas abgelegener arbeitete, Kaffee holen ging, ging diese Person niemals alleine. Sie könnte ja unterwegs stürzen.

Vor einer halben Stunde waren die Beiden nie zurück. Warum, weiß ich nicht.

Für die Köche galt es als gering, wenn sie beim Handyspiel "Candy Crush" erst bei Level 700 waren. Ich selbst hatte dann auch mal ein Schachspiel mitgebracht. Das musste ich aber ganz schnell wieder einpacken. Es wurde uns verboten, öffentlich Schach zu spielen

Ich fragte mich, warum? War es wieder so ein Fall von Frauenfeindlichkeit? Aber ein Kollege flüsterte mir hinter vorgehaltener Hand zu: "Es liegt nicht an dir. Aber Intelligenz ist hier einfach nicht gefragt!"

Aha! Trotz allem hat die Arbeit immer viel Spaß gemacht und wir waren ein gutes Team. Bis auf unseren jüngsten "Küchensmutje". Als ich ihn einmal fragte, was er nach diesem Job werden wolle, ausbildungsmäßig meinte ich, da antwortete er: "Alles, nur nicht über 30!"

Die ganze Aktion in dieser speziellen Küche dauerte nur ein Jahr, da diese Großküche ein Versuchsprojekt der Agentur für Arbeit war und die Gelder dafür am Ende des Jahres nicht weiterbewilligt wurden. Obwohl eigentlich immer genug Kunden kamen, um bei uns zu Mittag und zu Abend zu essen.

Natürlich gab es auch Tage, da waren wir Angestellten uns selbst die besten Kunden. Aber das war eher die Ausnahme. Eigentlich wollten wir dann als Küchenteam gemeinsam das brachliegende Gelände nebendran aufkaufen und eine Hippiekommune in Selbstverwaltung führen. Wir wollten unsere Produkte, regional und saisonal, wie es eben schon lange "in" ist, in der bewährten Großküche verarbeiten und vermarkten.

Aber leider wurde das angedachte Nachbargrundstück als Baugrundstück für eine Moschee verkauft und die Großküche wurde zugunsten eines Großparkplatzes abgerissen.

Natürlich sieht die moderne Bauvorschrift vor, dass es auch vor einer Moschee für die Muslime genügend Parkplätze gibt. Da konnte man nichts machen.

Man muss auch nicht immer alles verstehen. So fragt zum Beispiel auch keiner nach, warum unser Leben auf der Erde so ausgeklügelt ist, angefangen von den kleinen Bakterien, die unser Verdauung regeln, über den regulierten Kreislauf von Wasser in Form von Bächen, Flüssen, Meeren, dem Verdunsten und dem wieder Abregnen, sowie dem Nahrungskreislauf von fressen und gefressen werden und dem wunderbaren Zyklus von Sonnenaufgang, Sonnenuntergang und den immer wiederkehrenden Mondphasen. In ziemlich genau 365 Tagen dreht sich die Erde einmal um die Sonne und der Mond dreht sich einmal am Tag um die Erde. Und das schon seit Menschengedenken an!

Niemand wundert sich, dass alles seinen Bestand hat und dass sich im Wesentlichen nichts ändert, zum Beispiel der Abstand von der Erde zur Sonne und zum Mond, welcher den Bestand des Lebens in seiner Raffinesse erst ermöglicht, wo doch das All beständig dabei ist sich auszudehnen.

Müsste sich die Ausdehnung des Alls nicht irgendwie auch auf unsere Lebensform auswirken?

Da gibt es ja noch immer die Theorie von einem Urknall aus dem sich alles intelligente Leben heraus entwickelt haben soll.

Dagegen sprechen Science-Fiction-Autoren, die in ihren Geschichten von Zeitverwerfungen, schwarzen Löchern und internationalen Schmugglerringen schreiben.

Und von 6000 Befragten behaupten 3000 Menschen schon mal ein Ufo in ihrem Leben gesehen zu haben. Warum sollten diese Menschen lügen?

Vielleicht hat auch jeder von diesen 6000 Menschen schon einmal eine Begegnung mit Außerirdischen gehabt, aber 3000 getrauen es sich einfach nicht, es zuzugeben oder können sich einfach nicht erinnern.

Esoteriker sprechen von Reinkarnation, also, dass man in verschiedenen Leben wiedergeboren wird, und dass die Erde sozusagen nur ein Planet von vielen in diesem Weltraum ist, mit der Besonderheit, dass das Leben auf dieser Erde nicht besonders weit entwickelt ist.

Warum darf das alles nicht gelten und einzig und alleine die Theorie der Evolution zählt, obwohl man schon lange keinen Affen mehr von einem Baum hat herunterhüpfen sehen, der fragend in die derzeit bestehende Zivilisation schaute und mit den Lippen die Worte formte: "Bin ich jetzt auch ein Mensch?"

Das höchste Ziel auf dieser Erde scheint ja die Liebe zu sein, aber wenn man sich die Weltgeschichte anschaut, scheinen die Kriege weltweit zu dominieren.

2011 kam ein japanischer Film heraus, der heißt "Prisonors of War". Darin geht es 1939 im von Japan besetzten Korea um zwei Marathonläufer, die sich gegenseitig unfair behandeln, einen großen

Tumult auslösen und beide zur Strafe für Japan in den Krieg ziehen müssen. Beide Männer, also ein Japaner und ein Koreaner, kämpfen für Japan, bis sie im in russische Kriegsgefangenschaft gelangen und in Sibirien Zwangsarbeit leisten müssen. Dann beginnt der 2. Weltkrieg und sie bekommen beide die Chance der eisigen Kälte Sibiriens zu entfliehen, wenn sie für Russland gegen Deutschland kämpfen. In russischer Soldatenuniform kämpfen sie also, bis sie in deutsche Kriegsgefangenschaft geraten. Von der deutschen Wehrmacht werden sie als Kriegsgefangene mit nach Frankreich in die Normandie genommen, wo die Engländer landen und in den 2. Weltkrieg eingreifen. Am Ende des Filmes kommt jedenfalls der Koreaner wieder zurück nach Korea, der Japaner stirbt vorher. In der Zwischenzeit wird massenhaft gestorben, sei es, dass die Soldaten vom Feind umgebracht wurden oder aber sich gegenseitig ab gemetzelt haben.

Ich weiß nicht, ob diese Geschichte autobiografisch ist, aber rein theoretisch könnte es so sein, dass der Koreaner innerhalb von acht Jahren für vier oder fünf verschiedene Nationen gekämpft haben könnte.

Selbst wenn diese Geschichte frei erfunden ist, wie sollte sie als Folge eines simplen Urknalls entstanden sein?

Ich finde, man sollte immer alle Möglichkeiten in Betracht ziehen.

Wenn es nur EINE Wahrheit gibt, zum Beispiel Ufos gibt es nicht. Oder es gibt kein Leben nach dem Tod, dann ist das auch nicht wirklich erwachsen.

Wie erklärt es sich zum Beispiel, dass aus dem Chaos, also aus einem "Urknall" heraus, alles seine Ordnung gefunden hat? Wenn die Frösche sich fortpflanzen, tun sie es immer auf die gleiche Weise und immer entsteht erst der Laich, dann die Kaulquappen im See, dann die kleinen Frösche, die an Land kommen.

Alle Menschen auf der ganzen Welt wissen, wie man sich zu paaren hat und immer sehen die Babys weltweit gleich aus, lächeln, wenn sie sich freuen und schreien, wenn sie Hunger haben und aus allen

Brüsten der frischen Mütter kommt die Muttermilch.

Die Pflanzen auf der ganzen Welt vermehren sich auf die gleiche Art und Weise. Ob ein Mammutbaum in Kanada wächst oder in Deutschland, er wächst in derselben Form und trägt die gleichen Früchte.

Und immer wissen die Bienen ganz genau, welche Blumen sie anzusteuern haben, wo ihr Stock ist, wie sie die Waben zu bauen haben und wie man den Bienennachwuchs aufzieht. Und das, obwohl eine normale Honigbiene nur ca. Sechs Wochen alt wird.
Woher weiß die Biene das alles? Und wieso sieht man nie eine, die sagt: "So, genug für die anderen gearbeitet. Jetzt arbeite ich nur noch für mich alleine. Was heißt hier arbeiten? Ich fresse mir einfach nur noch den Wanst voll!" Und wieso findet bei den Bienen keine Evolution statt?

Weltweit gibt es Sippen, Stammesverbände oder andere Gesellschaftsformen, wo einer der Anführer, Häuptling, Bürgermeister oder Landeschef ist und die anderen müssen sich unterordnen. Und in vielen Ländern gibt es immer wieder Diktatoren. Das kann doch kein Zufall sein.

Weltweit gibt es Kriege. Und wenn man mal auf ein bislang unerforschtes Volk trifft, welches es lange Zeit geschafft hat, in Frieden untereinander zu leben, wie zum Beispiel die Indianer, dann wird ihnen das schnellstens abgewöhnt. Zu gerne würde ich einmal in einem Geschichtsbuch lesen: Und man entdeckte ein seltsames Völkchen. Sie leben in Eintracht und das ist so harmonisch, dass viele von uns sich bei ihnen angesiedelt haben und es ihnen gleichtun! Und wir vermehren uns und leben in großer Zahl und in großer Eintracht beisammen!

Andererseits hat auch weltweit jedes Volk eine Religion mit einem oder mehreren Göttern, die sie anbeten. Bei den Ägyptern hatten einen ganzen Götterkult, ebenso die Griechen, dann die Römer, die es ihnen nachtaten, die Inder haben 120 verschiedene Gottheiten, die drei größten Religionen der Christen, Moslems und Juden behaupten, sie hätten den gleichen Gotten und berufen sich sogar auf denselben Urahn, nämlich Abraham.

Wenn alles aus einem Urknall heraus entstanden ist, so ist es doch seltsam, dass alles auf der Welt immer nach einer gewissen Ordnung strebt.

Nicht zu erwähnen die Physik, die Mathematik und die Naturgesetze, die ihre Ordnung gewissermaßen schon mitgebracht haben.

Sowohl im Kleinen: Jedes Atom hat seine eigenen Protonen und Neutronen, die immer gleich ihre Runden ziehen, als auch im Großen, wo die Planeten unentwegt in ihre Bahnen kreisen, so dass man schon in frühester Zeit eine Gesetzmäßigkeit erkennen konnte.

Wenn alles nach dem Chaosprinzip entstanden ist, wie kann es dann sein, dass seine Gruppe von Menschen, die zufällig zusammengewürfelt sind, zum Beispiel bei einem Seminar, gleich nach der ersten Pause sich wieder auf den Platz setzen, auf dem sie vor der Pause gesessen haben? Und am nächsten Tag auch wieder. Und wehe, jemand anderes versucht, sich auf diesen Platz zu setzen.

Ist es erwachsen, wenn man nicht mal darüber nachdenkt?

Interessanterweise gibt es auch in jeder Kultur Witze.

Da gibt es zum Beispiel diesen: Ein älterer Mann kommt zum Arzt und klagt über Impotenz. Der Arzt spritzt diesem Mann drei Wochen lang eine Frischzellenkur von Schweinen ein. Danach fährt der Mann mit seiner Frau in Urlaub.

Dieser Mann kann mit Handys und Computern nicht so gut umgehen. Also schickt er dem Mann ein Telegramm: "Herr Doktor – Stopp – Er ringelt sich – Stopp – Was soll ich tun?"

Wären wir ein Fall der Evolution, so könnte es doch durchaus sein, dass das auch des Öfteren auf natürlichem Wege vorkommen könnte, oder? Männer mit geringelten Schwänzen...

Und warum altern wir auch immer wieder auf die gleiche Art und Weise?

Als ich ein kleines Kind war, waren für mich Frauen um die 50 alte Omas. Jetzt bin ich selbst so alt. Und wie geht es mir damit?

Die Gelenkigkeit nimmt ab. "Gelenkig wie ein Besenstil", wie mal jemand sagte. "Mir tun die Haare weh.", soweit kommt es wohl noch. Oder wie ich in einem Roman gelesen habe: "Sie kannte die Frau nicht, die ihr aus dem Badezimmerspiegel entgegensah. Und sie wollte sie auch nicht kennenlernen."

Aber die Einstellung ändert sich: Früher war ich traurig, auch wenn ich froh war. Heute bin ich froh, auch wenn ich traurig bin.

Das liegt an der veränderten Einstellung. Als ich jung war, grauste es mir, noch 50 Jahre oder länger zu leben. Nun ist das Meiste geschafft.

Allerdings macht sich eine leichte Demenz bemerkbar, zum Beispiel, wenn ich Psychotherapeuten und Pyrotechniker nicht mehr auseinanderhalten kann.

Ich habe auf viele Dinge verzichtet, vor allem auf die Karriere. Obwohl in meinem Rentenbescheid steht, dass ich noch bis zum Jahr 2034 arbeiten muss.

Ich hoffe, dass sich bis dahin noch etwas in Sachen Sozialleistungen geändert hat: Für jedes Team von vier Frauen einen kleinen Medikamententisch am

Arbeitsplatz mit Einlagen für die Inkontinenz, Kopfschmerztabletten, Ibuprofen als Salbe und in Tablettenform, Herztropfen und Kreislaufmitteln.

Früher waren wir jung und frisch, jetzt sind wir alt und knackig.

Es kann aber auch sein, dass sich politisch noch etwas ergibt. Als 2015 die große Flüchtlingswelle nach Deutschland kam, sagte unsere Bundeskanzlerin dazu: "Wir schaffen das." Das Magazin Spiegel 10 / 2016 trug dann, darauf Bezug nehmend Den Satz auf der Titelseite: Wir schaffen ...das offene Europa ab und riskieren unsere Zukunft. Aber schon im Jahre 2010 wurde das Buch von Thilo Sarrazin "Deutschland schafft sich ab" herausgegeben, worin der Autor beschrieben, worüber es sich 30 Jahre lang Gedanken gemacht hat.
Und Geier Sturzflug sang im Jahre 1983 das Lied: Besuchen Sie Europa, solange es noch steht. Auch diese Musikband hat sich, damals schon, ihre Gedanken gemacht:

Besuchen Sie Europa (solange es noch steht)

Wenn im Canale Grande U-Boote vor Anker gehn,
und auf dem Petersplatz in Rom Raketenabschußrampen stehn,
überm Basar von Ankara ein Bombenteppich schwebt,
und aus den Hügeln des Olymp sich eine Pershing 2 erhebt.

Dann ist alles längst zu spät,
dann ist, wenn schon nichts mehr geht,
besuchen Sie Europa,
solange es noch steht.

Vor dem alten Kölner Dom steigt ein Atompilz in die Luft, und der Himmel ist erfüllt von Neutronenwaffelduft,
wenn in Paris der Eiffelturm zum letzten Gruß sich westwärts neigt,
und in der Nähe von Big Ben sich zartes Alpenglühen zeigt.

Dann ist alles längst zu spät,
dann ist, wenn schon nichts mehr geht,
besuchen Sie Europa,
solange es noch steht.

Wenn aus der Haute Cuisine ein Hexenkessel wird
wo sich der Koch aus Übersee seine alte Welt flambiert,
da wird gelacht und applaudiert, denn selbst der Kellner kriegt einen Tritt,
was bleibt uns außer der Kultur, wir wünschen guten Appetit.

Dann ist alles längst zu spät,
dann ist, wenn schon nichts mehr geht,
besuchen Sie Europa,
solange es noch steht.

Ja Dann ist alles längst zu spät,
dann ist, wenn schon nichts mehr geht,
besuchen Sie Europa,
solange es noch steht.

Solange es noch steht, solange es noch steht.
Solange es noch steht, solange es noch steht.

Eigentlich will ich nicht politisch sein. Ich finde es nur nicht normal, dass wenn der Alterungsprozess im Körper fortschreitet, man beruflich trotzdem noch gezwungen wird, bis ins hohe Alter hinein zu arbeiten, denn, auch wenn die Lebenserwartung einer Frau heutzutage um ein oder zwei Jahrzehnte höher liegt als früher, so heißt es doch nicht, dass die Knochen im Alter von 50 Jahren nicht schon genauso knirschen wie bei einer Frau die 1970 oder 1980 50 Jahre alt war. Nur dass diese Frauen damals nicht unbedingt arbeiten gehen mussten, weil es ausreichte, wenn der Mann arbeiten ging oder eben aus anderen Gründen.

Heute habe ich eine interessante Frage gehört: Was ist die schnellste Geschwindigkeit? Die Lichtgeschwindigkeit?
Nein, die Finsternis, weil sie vor dem Licht fliehen muss.
Ich weiß nicht, ob diese Frage wissenschaftlich oder religiös gemeint war.

In der Schule gab es ja auch immer wieder Auseinandersetzungen mit dem Kunstlehrer, ob Weiß und Schwarz Farben seinen oder nicht. Der Kunstlehrer behauptete dann immer Schwarz sei die Abwesenheit von Licht. Aber wie kommt es dann, dass man Schwarz und Weiß als Stifte und Tuschfarben kaufen kann? Ein Buch: Schwarze Schrift auf weißen Papier. Ein Scherenschnitt: Schwarze Konturen. Als Kind gab es Schwarz-Weiße Fotos. Und nicht zu vergessen: die alten Schwarz-Weiß-Filme im Kino und Fernsehen.

Was ist dann also Licht? Und was Finsternis?

Ich finde, es reicht, wenn sich jeder selbst davon seine eigene Vorstellung macht.

Vor nicht allzu langer Zeit habe ich wieder einen Witz gehört: Jemand fragt Jesus: "Was ist denn das Symbol für das Christentum?" Und Jesus überlegt und überlegt und sagt dann zögerlich: "Ich glaube, es ist das Kreuz, aber nagele mich nicht darauf fest!" Da kann sich auch jeder für sich selbst überlegen, ob er es lustig findet oder nicht.

Es gibt ja auch immer wieder diese Glaubensfragen: Gibt es einen Gott oder nicht?

Dazu habe ich eine Predigerin gehört, welche meinte, dass man Gott an oberste Stelle setzen solle und alles andere käme dann ganz von selbst. Sie habe es selbst ausprobiert.

Weiterhin meinte sie, dass die meisten Menschen hier in Deutschland den Wohlstand an erste Stelle setzen würden, aber komischer Weise würde davon niemand glücklich. Je reicher die Menschen, desto unglücklicher wirken sie, wenn man sich so manche Menschen im Fernsehen anschaut. Aber es gibt Christen, die sind mit ganz wenig Wohlstand glücklich und strahlen eine innere Zufriedenheit aus.

Mahatma Gandhi hat seinem Enkel 1947 eine Liste mit den sieben Todsünden der modernen Welt geschenkt, die da lauten:

1. Reichtum ohne Arbeit.

2. Genuss ohne Gewissen.

3. Wissen ohne Charakter.

4. Geschäft ohne Moral.

5. Wissenschaft ohne Menschlichkeit.

6. Religion ohne Opfer.

7. Politik ohne Prinzipien.

Hat sich daran etwas geändert? Gibt es jemanden, der sich daran stört? Ist die Welt seitdem besser geworden?
Mit der Emanzipation sind wir ja auch noch nicht wirklich weiter gekommen. Das war so ein Ding aus den achtziger Jahren des vorigen Jahrhunderts, wo es um die Gleichberechtigung zwischen Männern und Frauen ging. Die Frauen durften Autofahren, Männerberufe ergreifen, in Führungspositionen aufsteigen und gleichzeitig arbeiten gehen und ihre Kinder erziehen. Andererseits haben aber nur wenige Männer Interesse daran gezeigt, neben ihrer

gewöhnlichen Arbeit auch noch abzuwaschen, einzukaufen oder die Wohnung oder gar das Haus zu putzen, falls man es zu einem Eigenheim geschafft hatte.

Es gibt da so einen Comicstrip aus den 90er Jahren dieser Zeit, wo eine Frau sagt, sie hätte nicht abgetrieben, weil es jetzt überall Kinderkrippen gäbe, man als Alleinerziehende eine große billige Wohnung bekäme, man als Abteilungsleiterin ohne Kind eine Außenseiterin wäre, weil das Arbeitsleben nicht mehr so stressig wäre, die Väter sich wirklich um die Kinder kümmern würden, auch schwangere Jugendliche einen Ausbildungsplatz bekommen und es überhaupt mit Kindern einfacher würde. Aber es war ironisch gemeint. Weniger ironisch klingt der Comicstrip, dass die Freundin findet, dass die Autorin ihr Brot selbst backen sollte, der Mann findet, sie könne ruhig etwas aufreizender sein, der Chef ihr mehr zutraut, damit sie mehr leistet, die Mutter ihr mehr Gemütlichkeit im Eigenheim abverlangt, die Therapeutin von ihr eine bessere Atmung erwartet und andere empfehlen ihr eine Kur oder etwas mehr Pepp.

Das waren all die Anforderungen, die man an eine Frau dieser Zeit stellte.

Wer aber hat etwas von den Männern verlangt: "Mach, dass der Bierbauch verschwindet! Komm abends früher nach Hause! Verwöhne mich ein bisschen! Die Kinder möchten, dass du heute Abend ein Gesellschaftsspiel mit ihnen spielst!"

Und wie sieht es heutzutage aus?

Ich erlebe es immer noch, dass die Männer sich für wenige Taten groß herausheben und die Frauen sich eher zurücknehmen.

Einmal habe ich ein Praktikum in einem Kinderhort gemacht.

Die Kinder waren zwischen 2 und 4 Jahren alt und wir haben Plätzchen gebacken. Die drei kleinen Mädchen haben geholfen so gut es ging, der Junge aber hatte wirklich nur etwa drei oder vier Plätzchen ausgestochen. Aber als die Mütter kamen und ihre Kinder für die selbstgebackenen Plätzchen loben wollten, da haben die Mädchen auf die Frage: "Na, habt ihr denn auch tüchtig geholfen?" nur verschämt genickt, der Junge hat aber begeistert geschaut und war davon überzeugt, dass er die meiste Arbeit geleistet hätte.

Dann hatten wir einen Flohmarkt von der Kirchengemeinde und zwei Frauen hatten je drei wundervolle Torten gebacken. Sie stellten sie in den Kühlschrank und erzählten dann auch immer ganz bescheiden auf die Frage, was es denn für Kuchen zur Auswahl gäbe: "Ja, also diese drei Torten sind von mir: Dinkeltorte, Käse-Sahne-Torte und Pflaumentorte und anderen Kuchen sind auch Spenden, ihr seht ja, was das ist!" Dann zeigte die jeweilige Bäckerin auf das gesamte Kuchensortiment (es gab noch viele andere Kuchen zur Auswahl) und der Gast durfte wählen.

Ich stelle mir vor, die zwei Frauen, die jeweils 3 Torten zum Flohmarkt gebacken hatten, hätten ihre

Torten nicht verschämt in den Kühlschrank gestellt, sondern vor sich aufgebaut und mit männlichem Selbstbewusstsein jedem erzählt:

"Diese Torte ist mit Dinkelmehl gebacken. Selbst gemahlen. Mann, war das eine Arbeit, die Handmühle zu betätigen. Aber das ist es ja immer! Und dann hat der Mixer gesponnen und es hat gedauert, bis ich die Sahne steif geschlagen hatte! Aber zum Glück ging es ja auch mit dem Quirl. Es gibt da so eine bestimmte Technik... Und die Haselnüsse habe ich handverlesen. Sie glauben ja nicht, wie viele schlechte Nüsse da in so einer Tüte von 100 Gramm drin sind! Dabei habe ich die Haselnüsse schon extra im Bioladen am anderen Ende der Stadt gekauft! Und billig ist das ja nicht gerade." Dann würde die ausführliche Beschreibung der anderen zwei Torten kommen und begänne vielleicht eine Fachsimpelei über das Sahneschlagen oder die Qualität von Getreidemühlen.

Heute habe ich wieder einen Witz gelesen: Zwei Damen reden über frühere Verehrer. Prahlt die eine: „Mir lag sogar schon mal ein König zu Füßen!" Drauf die andere bissig: „Der ist dir wohl beim Kartenspielen heruntergefallen?"

Oder der Tag an dem zu Jesus die Sünderin gebracht wurde, die beim Ehebruch erwischt wurde. Jesus sagt: „Wer ohne Sünde ist, werfe den ersten

Stein." Ein Stein fliegt, trifft die Sünderin genau an der Stirn, sie ist sofort tot und fällt um. Jesus dreht sich entnervt zu seiner Mutter um und sagt: „Mutter, habe ich dir nicht gesagt, dass du von diesen Treffen fernbleiben sollst?"

Jemand fragte mich, ob das ein Katholikenwitz sei?

Ich habe keine Ahnung was ein Katholikenwitz ist, aber ein Kabarettist im Radio versuchte zu erklären, warum Jesus Geburt und späteres Wirken nicht in Deutschland stattgefunden haben kann:

Zum Beispiel an dem Tag, als Jesus über das Wasser läuft. Da wäre sofort ein Bademeister gelaufen gekommen und hätte geschrien: „Halt, so geht das nicht! Kommen Sie sofort von der Wasseroberfläche runter! ... Nein, ich kann da keine Ausnahme machen. Morgen laufe dann alle über das Wasser oder was? Das widerspricht den Vorschriften!"

Oder das erste Wunder, als Jesus Wasser zu Wein machte: „Aber Sie wissen schon, dass das Etikettenschwindel ist, oder? Haben Sie denn auch wirklich alle Lebensmittelhygienevorschriften eingehalten? Hallo? Ist unter den Gästen zufällig jemand vom Gesundheitsamt?

Auch die Heilung des Blinden wäre nicht kommentarlos vonstattengegangen: „So, so? Sie haben also einem blinden das Augenlicht wiedergegeben? War ein Arzt anwesend, der das amtlich bestätigen kann? Haben Sie selbst eine Ausbildung zum Heilpraktiker oder ähnliches, die es ihnen überhaupt erlaubt, zu heilen? Wird das über die Krankenkasse abgerechnet?"

Alleine schon die drei Weisen aus dem Morgenland hätten es schwer gehabt, nach Deutschland zu kommen: An der Passkontrolle hätte man sie gefragt: „So, so? Sie sind also einem bestimmten Stern gefolgt? Und dass, wo es hier seit drei Wochen bewölkt ist? Haben Sie vielleicht Drogen genommen? Führen Sie etwas ein, das vielleicht zu verzollen wäre? Gold, Weihrauch, Myrrhe? Hat der Farbige dort einen gültigen Personalausweis? Kommen Sie doch bitte mal mit hier herüber..."

Schwierigkeiten über Schwierigkeiten.

Selbige Frau, die mir den Witz über die Sünderin erzählte, erzählte mir auch folgenden Witz:

Eine Frau findet eine Flasche. Sie öffnet diese, darin ist ein Flaschengeist und die Frau hat drei Wünsche frei, aber sie muss wissen, dass, alles was sie sich wünscht, ihr Mann zehn Mal mehr bekommt.

Die Frau wünscht sich also Eine Million Euro, sie bekommt diese und der Mann bekommt 10 Millionen Euro.

Als nächstes wünscht sich die Frau eine schmucke Villa und der Mann bekommt einen Palast.

Bei dem dritten Wunsch ist man sich nicht einige. Die Frau streitet mit dem Mann. Schließlich sagt die Frau: „Lieber Flaschengeist, ich wünsche mir einen KLEINEN Herzanfall."...

Vielleicht ist das der Humor der Katholiken. Denn diese Frau ist bei der Geburt ihres zweiten Kindes fast gestorben. Der Arzt sagte ihr, dass sie keine Kinder mehr bekommen dürfe, sonst würde sie womöglich bei der Geburt des nächsten Kindes tatsächlich sterben. Nun dürfen aber Katholiken nicht verhüten. Weder mit der Pille noch mit dem Kondom. Aber es gibt die Sterilisation. Dafür braucht man allerdings die Erlaubnis des Papstes.

Die Mutter der gerade entbundenen Frau schrieb also einen Brief an den Papst. Bald darauf erhielt sie die schriftliche Antwort: Ja, ihre Tochter dürfe sich aus medizinischen Gründen sterilisieren lassen.

Die Mutter war überglücklich, einen persönlichen Brief des Papstes in der Hand zu halten. Die Tochter hingegen war skeptisch: Hat der Papst nicht ein Büro, in dem die Schreibarbeit von Sekretärinnen, bzw. Sekretären erledigt wird? Was macht denn der Papst am Vormittag, wenn keine Audienz ansteht? Schlurft er in sein Büro, bestellt mürrisch bei seiner Vorzimmerdame einen Kaffee, setzt sich an seinen großen Schreibtisch, checkt erst seine Emails und liest dann die eingegangene Briefpost durch? International natürlich, denn Katholiken aus aller Welt schreiben wohl auch in den Sprachen aller Welt, oder? Und dann setzt sich der Papst mit seinen unzähligen Wörterbüchern hin, beantwortet Brief für Brief in jeder der verschiedenen Landessprachen persönlich und schimpft jeden Tag aufs Neue, dass man endlich wieder Latein als solches als internationale Kirchensprache einführen sollte! Wir wissen viel zu wenig über den Berufsalltag eines Papstes. Aber wir wissen auch, dass Nicht-Katholiken es viel einfacher haben keine Kinder zu bekommen und es ist ihre persönliche Entscheidung, für die sie nicht erst die Erlaubnis des Papstes brauchen!

Aber natürlich darf auch jeder glauben, was er will!

Ein Mann überlegte sich einmal, wie man mit den Zeugen Jehovas klarkommen könnte: Es klingelt, man öffnet die Tür einen Spalt und zwei adrett angezogene Menschen stehen vor der Tür und wollen mit einem über Gott sprechen.

Vielleicht ist man weltoffen, vielleicht fühlt man sich gerade einsam, und man bittet die beiden Menschen zu sich ins Wohnzimmer herein.

Dort stellt man fest, dass, egal welche Meinung man vertritt, diese beiden Leutchen sich immer im Recht zu meinen wissen, alles besser zu wissen scheinen und vor allem nicht mehr aufhören zu reden.

Also, so überlegte sich dieser Mann, müsse man Gegenmaßnahmen treffen: Man bittet also die Zeugen Jehovas zu sich in die Wohnung, nicht ohne sich vorher ein Gestell aus Draht und Alufolie auf den Kopf gesetzt zu haben. Und dann fängt man selbst an zu reden: Natürlich glaube ich an Gott! Ansonsten würde man es auf dieser Welt gar nicht aushalten. Wissen Sie nicht, dass wir ständig von

Außerirdischen beobachtet und kontrolliert werden? Aber nicht nur, dass sie Kontrolle über unsere Gedanken haben wollten, nein, auch der Militärische Abschirmdienst bedient sich mancher Menschen, teils, um sie zu manipulieren, um selbst mehr über die Außerirdischen zu erfahren, teils, um sie als Waffe gegen selbige einzusetzen.

In Kürze startet ein großer intergalaktischer Krieg der Menschheit gegen die Aliens, was wiederum auf eine Änderung der Matrix in der Sternenkonstellation einer weit entfernten Galaxie zurückzuführen ist.

Dies könnte einen großen Verlust für die Menschheit bedeuten, im großen weiten Kosmos spielt das alles aber keine große Rolle und Gott selbst hält bekanntlich die ganze Welt in seiner Hand!

Wann immer die hereingebetenen Gäste das Haus verlassen mögen, so schnell werden sie wohl nicht wiederkommen.

Für eine Frau gibt es vielleicht auch eine andere Taktik. Ich habe mal eine Predigt gehört, darin erzählte ein sehr junger Prediger darüber, dass Satan immer nur drei Strategien hätte: Er käme mit Sex, Geld und Macht. Ehrlich gesagt interessieren mich Geld und Macht nicht besonders. Aber es gab eine Zeit, da konnte ich von Sex nicht genug bekommen. Ich hatte die Predigt in Erinnerung mit dem Inhalt: Satan kommt immer mit Sex und Männern...

Auf jeden Fall könnte die Frau die Zeugen Jehovas hereinbitten und von oben genannter Predigt anfangen zu erzählen. Darüber gäbe es sicherlich vieles zu diskutieren. Ja, und dann fängt die Frau langsam an, sich auszuziehen. Dann beginnt sie, immer zudringlicher zu werden... Spannend ist ja nun die Frage, wann denn die Zeugen Jehovas nun die Wohnung verlassen. Natürlich kann das auch nach hinten losgehen. Es soll auch kein Ratschlag sein, es war nur eine Überlegung!

Mittlerweile interessieren mich Männer so wenig, dass mich nicht einmal mehr ein Mann überzeugen könnte, der seine Eier mit Juwelen behängt hätte. Manche Männer sind ja unglaublich reich. Aber arm an inneren Werten.

Je älter man wird, desto mehr muss man auch aufpassen, dass man beim Anblick mancher Menschen nicht Augenkrebs bekommt...

Nein, mal ehrlich: Wenn man 20 ist, wer denkt da schon ans Alter?

Da ist es auch in Ordnung., wenn der Traummann doppelt so alt ist wie man selbst, also 40.

Aber wenn man selbst 50 Jahre alt ist und der Mann, den man kennenlernt ist „nur" 20 Jahre älter als man selbst, dann ist dieser schon 70. Manche sind dann zwar noch rüstig, haben aber schon diverse Gebrechen, andere zeigen akute Alterserscheinungen. Und man selbst fühlt sich ja auch nicht mehr ganz frisch... Aber man, bzw. frau wird reifer an Lebenserfahrung.

In der christlichen Gemeinschaft meiner Kirchengemeinde in die ich gehe, haben wir einmal in der Woche ein Treffen. Dort gehe ich nicht hin ohne mir vorher zu Hause ordentlich den Magen vollgeschlagen zu haben und viel getrunken zu haben. Man kann nicht davon ausgehen, dass einem der wöchentliche Gastgeber etwas Ordentliches anbietet. Nächstenliebe hin oder her. Es gibt Wasser in Plastikflaschen, welche immer ganz weit weg vom Tisch stehen. Meistens trinke ich nichts, weil ich zu faul bin, um aufzustehen und durch das halbe Zimmer zu laufen. Dann steht eine kleine Schachtel Bonbons auf dem Tisch, ich hatte eines probiert, aber es war schon sehr klebrig. Immerhin hat es die Gastgeberin am Ende der Sitzung geschafft, uns ein Bonbon aus der geöffneten Pull Moll-Hustenbonbon-Dose anzubieten.

Meine Arbeitskollegin fragte mich, ob man keinen Kaffee, Tee oder Kleingebäck angeboten bekäme? Fehlanzeige. Aber es kann nicht nur am Alter der Gastgeberin, welche gerade 84 Jahre alte wurde.

Denn für den Familienausflug am nächsten Tag wurde am ENDE ein Picknick geplant: Wir starteten um 13 Uhr fuhren eine lange Strecke mit dem Auto. Ich hatte mir jede Menge zu essen

eingepackt, inclusive Cola und Gummibärchen. Das erste belegte Brötchen haben ich gegessen, nachdem wir nach 1,5 Stunden Autofahrt am Ausflugsziel angekommen waren. Dann trank ich eine Cola.

Es kamen schon die ersten Klagen: "Mama ich habe Hunger!" "Oh, ich habe das Essen im Auto vergessen." Tja, Pech für die Leute, die schlecht organisiert sind.

Dann kam die Führung durch den großen Park, es war alles sehr spannend, aber die die Kinder waren zu klein (ab 2 Jahre) und die Zeit zu kurz, um ausführlich auf alles einzugehen. Es war eine Art Freilichtmuseum. Um 17.30 Uhr hat die clevere Führerin gesagt: "So, das war es. Wenn sie noch etwas essen wollten, könnten sie natürlich hier im Innenhof bleiben. Da ist es aber steinig, schlecht für die Kinder. Draußen ist eine Wiese mit Tischen, das ist VIEL besser für sie!"

Damit hat sie das Tor aufgemacht, uns sozusagen "rausgeschmissen" und niemand konnte ihren Hof zumüllen.

Alle unsere Krümel, die auf der Wiese gelandet sind, haben sich nachher die Vögel holen können... Eventueller Plastikmüll wäre da auch nicht so dolle aufgefallen wie im Hof.

Auf jeden Fall setzte sich dann jede Mutti mit ihren Gören an einen extra Tisch: "Hier, willst du einen Apfelschnitz? Oder eine Schnitte Brot? Trink dein Trinkpäckchen! Dies ist das Abendbrot, nachher gibt es nichts mehr, damit das klar ist!"

Oh, mein Gott! Ich habe schon schönere Picknicks erlebt, aber im Grunde nichts anderes erwartet!

Mein Sohn und ich saßen mit Willibald am Tisch, einem Rentner, der sich keine Brote mitgebracht hatte. Ich habe ihm von meiner Cola gegeben, meinen Weintrauben und meinen selbstgebackenen Hefebrötchen.

Dann kam Lutetia, diese ältere Frau aus vornehmen Hause, stellte sich neben uns und sagte: "Hier Willibald, ich fahre nach Hause, ich habe da noch zwei Brote, die willst du bestimmt noch essen, die sind auch besser als so ein labberiges Brötchen!"

(Eigentlich wollte sie sagen: "Wir fahren nach Hause, ich will diese alten Brote nicht wieder mitnehmen. Willst du sie vielleicht haben?")

Aber ich war beleidigt und habe gesagt: "Woher willst du wissen, dass deine Brote besser als meine selbstgebackenen Brötchen sind? Da habe ich mir wirklich viel Mühe mitgegeben!"

Da hat sie dumm geguckt und ist gegangen. Dabei habe ich mich noch bemüht nicht ausfallend zu werden. Immerhin war es ja ein Ausflug mit der Kirchengemeinde. Wahrscheinlich hatte sich Lutetia aber alleine auch schon über meinen schnodderigen Tonfall geärgert.

Ich selbst bin zweisprachig aufgewachsen: elaboriert und restringiert. Das heißt, ich kann mich vornehm und gebildet ausdrücken, aber auch ordinär.

In dem Altenheim für die reicheren Leutchen dieser Stadt, in dem ich mal beschäftigt war, hieß es: "Könnte mal jemand den Tisch abwischen?" Und früher, als ich noch ganz jung war, hätte ich geantwortet: "Ja, theoretisch schon. Wenn jemand einen feuchten Lappen hat. (Apropos feucht...) Und Zeit und vor allem Lust! Und falls es wirklich nötig sein sollte. Ich jedenfalls halte es momentan definitiv nicht für nötig den Tisch zu reinigen..." Aber mittlerweile habe ich kapiert, dass die Botschaft heißt: "Der Tisch ist schmutzig. Bitte wischen Sie ihn schnellst möglichst ab. Ich bin mir selbst leider zu vornehm dazu, will aber nicht, dass sich jemand beschwert und der Ärger dann auf mich zurückfällt (Und womöglich meine Karriere gefährdet ist). Also pronto jetzt!"

In der Küche einer Einrichtung in der täglich mehr als 1000 Personen verpflegt wurden, in der ich später beschäftigt war, gab es auf die Frage: "Könnte mal jemand den Tisch abwischen?" die Antwort: "Wen interessiert das? Mach deinen Scheiß selber und halt´s Maul!" Oder es wurde sich, wenn es wirklich wichtig war, der Schwächste herausgesucht: "Pascal! Justin! Ihr sollt die Tische abwischen. Schnappt Euch einen Eimer und Lappen und beeilt euch!" Das war dann wenigstens eine klare Ansage. Aber es war niemals böse oder hinterhältig gemeint. Und auf jeden Fall war hinterher alles sauber!

Die Ausländer, die mit uns arbeiteten, haben immer nur das verstanden, was sie verstehen wollten. Dafür haben sie den Menschen auch als Menschen gesehen und nicht als "Arbeitsmaschine". Allerdings frage ich mich manchmal, wie es mir in Syrien oder im Irak ergehen würde, wenn ich als Asylanwärterin, vom dortigen Jobcenter kommend, mich auf die Botschaft: "Du sollst den Müll rausbringen und danach den Fußboden reinigen!" taub stellen würde...

Ja, ich weiß, weder in Syrien noch im Irak gibt es ein Jobcenter! Noch nicht. Oder etwa doch? So etwas kann man sich alles ergoogeln.

Google ist ja eigentlich der Name einer Suchmaschine im Internet. Aber mittlerweile ist googeln ja schon ein Verb, welches auch im Wörterbüchern steht und man kann es konjugieren: Ich googele, du googelst...

Man kann auch, im Krankheitsfalle, Dr. Google fragen.

Das heißt, man gibt die Symptome seiner Krankheit in die Suchmaschine eine und forscht so lange, bis man alles über seine vermeintliche Krankheit herausgefunden hat. Alleine bei leichten Kopfschmerzen kann sich die Diagnose dann aber hinziehen von „Symptomen einer leichten Überanstrengung" bis hin zu „eine Krankheit, ein Tumor oder Krebs, welche zu baldigem Tod führt".

Was ich aber noch spannender finde, ist, dass „googeln" im Duden gleichgesetzt wurde mit: mit Google im Internet suchen, recherchieren. Im normalen Sprachgebrauch benutzt man das Wort dann aber für jegliches Suchen: „Ich google mal nach der Info" oder „Mein Handy ist unter das Sofa gefallen, ich muss es mal googeln."

Und eines Tages sagt man dann: „Herr Müller, ich ergoogele Sie hiermit, den Raum zu verlassen." Anstatt: „Herr Müller, ich ersuche Sie hiermit, den Raum zu verlassen." Und all die Sprachforscher, die ein paar hundert Jahre unsere geschriebenen Texte entschlüsseln wollen, werden ihre liebe Mühe damit haben.

Aber die Sprache befand sich ja schon immer im Wandel. Umso erstaunlicher fand ich es, dass ich in einem Buch der 70er Jahre des vorigen Jahrhunderts einen Text fand, in dem der Autor schreibt: „Wissenschaft und Religion haben den selben Ursprung – die Faszination, die der Kosmos, aus dem der Mensch hervorgegangen ist, und in dem er lebt, auf ihn ausübt. Die frühen Priester, die sich eine Erdmutter und einen Sonnenvater vorstellten, die Leben spendeten, sagte auf mystische Weise das Gleiche, was der moderne Wissenschaftler sagt, wenn er feststellt, dass Nahrung aus Stoffen bestehe, die von der Erde geliefert und von der Sonne aktiviert werden." (Arthur Ford, Bericht vom Leben nach dem Leben, Knaur, 1971, S. 38)

Was gibt es dem hinzuzufügen?

Aber ebenso schreibt der Autor auf Seite 48: „Der weltweit verehrte Philosoph Michael Polanyi hat als Achtzigjähriger, am Ende seines, universalen Studien gewidmetes Lebens, postuliert: „Die mechanistische Wissenschaft hat vor gut einem halben Jahrhundert einen kapitalen Fehler begangen.

Man könnte es auf die einfache Formel bringen, sie wollte ein Pferd am Schwanz aufzäumen. Die Wissenschaft ging davon aus, dass die Natur zunächst im Kleinen und denn erst im Großen zu ergründen sei. So ist alles Kleine bis hin zum Atomkern analysiert worden, in der Hoffnung, dahinter die letzten Geheimnisse der Natur zu kommen. - Nur Enttäuschungen waren die Folge." Polanyis Argumentation läuft darin hinaus, dass man damit eigentlich hätte rechnen müssen. Eine einfache Form könne niemals eine komplexe übergeordnete schaffen. Keine Schulklasse kann spontan einen Lehrer hervorbringen. Geschmolzenes Eisen und Gummi alleine können kein Automobil produzieren. Man kann nicht den Sinn eines Gedichtes erfassen, wenn man sich auf ein Wort konzentriert. Ausdrücklich sagt er, dass höhere Existenzformen nie von den niedrigen beherrscht werden. Genau das Gegenteil spielt sich ab: Die höheren Daseinsformen wirken sich nach unten aus, sie führen, beherrschen und formen die einfachen existierenden Erscheinungen. Die Hindus drücken es so aus: „Wenn du eine Führung brauchst, dann wende dich an deinen Guru, nicht an deinen Hund."" Weiter sagt Polanyi: „Die hemmungslose Spezialisierung und Aufsplitterung der mechanistischen Wissenschaft zerstört nur unsere Erkenntnisfähigkeit. Sie zeigt nur kleinste, sich bewegende Teilchen in einer Welt, in der niemand lebt. ... Wir müssen unser körperliches Wesen durch Einfühlung und geistige Ausdehnung subtilere und heute noch nicht fassliche Daseinsbereiche erschließen lassen.""

Polanyi ist 1964 gestorben.

Die Frage ist, wie lange die Menschheit noch braucht, um „Das Wesen der Welt" nicht mehr länger in den Atomen und einzelnen Genen zu suchen.

Auf der einen Seite wird unsere Welt immer moderner, was zum Beispiel die Entwicklung der Elektronik, der Roboter und Computer sowie deren Software angeht, auf der anderen Seite scheinen wir uns in bestimmten Dingen nicht weiterzuentwickeln, wenn es immer noch Tierversuche gibt, die Menschlichkeit auf der Strecke bleibt oder das Offensichtliche nicht gesehen wird, wie zum Beispiel bei Häusern, Straßen und Brücken, die gebaut werden, für deren Instandhaltung aber keinerlei Rücklagen angelegt werden.

Was mich auch immer wieder verwundert, sind Berichte im Fernsehen, in denen darauf hingewiesen wird, auf welch gesundheitsschädliche Weise unsere elektronischen Geräte wie Fernseher und Computer in Afrika „recycelt" werden, zum Beispiel in dem sie einfach verbrannt werden, damit das wertvolle Metall, zum Beispiel das Kupfer aus den Kabeln erreichbar wird.

Warum gibt es nicht in Deutschland Recyclings Firmen, in denen auf umweltschonende Weise die Geräte in ihre Einzelteile zerlegt werden, die dann wiederverwendet werden können?

Sind wir nicht ein Volk von Erfindern?

Einmal arbeitete ich in einer Kleiderkammer. Es wurden neben Bekleidung jeglicher Art auch jede Menge Plüschtiere gespendet. Wir hatten riesige Kisten voll von Teddybären, Stofftieren und Puppen aller Art.

Da kam eine Dame und meinte, wir könnten doch mal alle kleinen Teile heraussuchen, die man einem Säugling geben könnte, man wolle „Welcome Pakete" zusammenstellen für Neugeborene, zum Beispiel für Kinder aus Flüchtlingsfamilien. Passende Babybekleidung plus einem kleinen Plüschspielzeug oder einer Babyrassel.

Nun beugten wir uns flugs über alle riesigen Kartons, um die kleinen Spielsachen, die nach dem Rüttelprinzip ganz nach unten gerutscht waren, herauszufischen. Das war wirklich mühsam.

Wir bekamen Kopfschmerzen, Rückenschmerzen, beinahe einen Hexenschuss und einer sogar fast einen Bandscheibenvorfall.

Musste das sein? Ging es nicht einfacher?

In meinem Geist konstruierte ich eine Rüttelmaschine: Mehrere Gitter, untereinander geschichtet, mit immer kleineren Löchern. Ganz oben drauf werden also alle Plüschtiere aus allen Kartons geschüttet, die Rüttelmaschine wird angemacht, die Gitter bewegen sich hin und her, und je nach Größe fallen die Stofftiere von Sieb zu Sieb durch die Löcher, bis nachher alles nach Größe geordnet ist: Ganz oben die großen Teddys, die man auf dem Jahrmarkt gewinnen kann, dann die Teddybären, die man gewöhnlich seinem Kind schenkt, dann die etwas kleineren, von denen eigentlich fast jedes Kind Unmengen in seinem Kinderzimmer hat, dann die Mitbringsel, von denen die Kinder meistens noch mehr hat, und ganz unten bleibt das Babyspielzeug liegen und die Schlüsselanhänger, die auch Zuhauf gespendet wurden.

So wäre alles schön sortiert gewesen, aber wahrscheinlich war meine Idee nicht rentabel genug. Und es wäre zu umständlich gewesen, diese Rüttelmaschine weiterzuverkaufen, zum Beispiel nach Rumänien, um Kartoffeln zu sortieren (Man hätte ja die ersten drei Gitter weglassen können.)

Erstaunlich ist es in einem Buch aus dem Jahre 1971 zu lesen, dass man schon in den Jahren um 1930 von Bevölkerungsexplosion, Umweltverschmutzung, zum Krieg treibende Komplotte von Industrie und Militär und übermäßigen Materialismus geschrieben hat (Arthur Ford, Vom Leben nach dem Tode, Knaur Verlag, 1971, S. 151).

Selbiger Autor ist auch der Meinung, dass unsere westliche Welt ihren Geist genauso verknotet, wie es die indischen Asketen mit ihrem Körper tun.

Die geerdeten Inder entwickelten eine Methode, nämlich die der Meditationshaltung, um ihren Geist frei werden zu lassen, die westlichen Menschen tun alles, damit ihr Geist unfrei bleibt. Fantasie, Kreativität und Spiritualität sind in der Zeit des Konsums nicht sehr gefragt.

In dem Buch „Die Welt in Hemdsärmeln" von Heinz Behrend aus dem Hans Holzmann Verlag aus dem Jahre 1953 fand ich folgendes Gedicht:

Die Versammlung

Die Esel luden zur Versammlung
Die Ochsen und die Kälber ein.
Bei freiem Eintritt und gefundenem Fressen.
Da strömten sie gleich herdenweise `rein.

Der Vorstandsesel hielt eine gelungene Eröffnungsrede:
Ich grüß Euch, junges Volk und Euch kastrierte Herrn,
Ihr großen Kälber und Ihr ausgesprochenen Ochsen,
Wir Esel hatten Euch zu allen Zeiten gern"

Ein jeder von Euch ist ein echtes Rindvieh,
Man sieht´s Euch an auf Schritt und Tritt;
Wir wollen darum heut als Vorstand einen Ochsen wählen,
Wer meiner Meinung ist, brüllt kräftig mit.

Gerührt sprach daraufhin der Oberochse:
Ich danke allen Eseln für ihr herzliches Vertraun;
Als alter Ochse möcht´ ich den Versammelten empfehlen,
Wir wollen lieber auf den größten Esel bau'n!

Sie brüllten, stritten, machten Komplimente,
Des anderen Eseleien brachte jeder an den Mann;
Man weiß nicht, ob sie einen Ochsen oder einen Esel wählten,
Denn die Versammlung hält zur Zeit noch an.

Daran ändern wohl auch die Flachwitze nicht, die ich aus der Wochenendbeilage der Tageszeitung

entnommen habe:

- Was steht auf dem Grabstein des Mathematikers? Damit hat er nicht gerechnet.

- Was steht auf dem Grabstein der Putzfrau? Sie wird nie wieder kehren.

- Was steht auf dem Grabstein des Turners? Der ist verreckt.

- Was steht auf dem Grabstein des Bäckers? Jetzt ist der Ofen aus.

- Wie heißt der Bruder von Elvis? Zwölfis.

Kürzlich war ich in einem Treffen einer christlichen Gemeinschaft. Es ging um „die Waffenrüstung Gottes". -Darin beschreibt der Apostel anhand dem Beispiel der Rüstung der Römer: Helm, Schild, Gürtel, wie man sich im geistigen Bereich schützen soll.

Kurz zuvor hatten wir uns aber noch über Star Wars unterhalten: „...möge die Macht mit dir sein..." und auf die Frage, was zu einer Waffenrüstung gehört, antwortete ich spontan: "Laserschwert". Aber das war wohl falsch. Es ist wirklich die Frage, welche Waffenrüstung man zu welcher Zeit getragen hat. Und warum hatten die Römer alle effektive Schilde und die Menschen sind im 1. und 2. Weltkrieg sind ohne Schild auf das Schlachtfeld gelaufen und zu Millionen gestorben?

Gibt es tatsächlich Wissen, das verloren geht? Vielleicht mache ich mir aber auch einfach nur zu viele Gedanken.

Die letzte Einrichtung in der ich beschäftigt war, war ein Seniorenzentrum. Dort saßen abends etwa

40 Bewohner in einem Speisesaal, die ich zum Abendessen alleine bewirten sollte. Natürlich konnte mir nicht auf Anhieb nicht merken, wer welchen Tee bekam. So gab es massive Beschwerden, wenn ein Bewohner Pfefferminz- statt Fencheltee bekam.

Eine Bekannte meinte dazu: „Ja, diese Menschen haben ja sonst nichts mehr im Leben!"

Das stimmte mich traurig.

Wenn ich mal alt bin, will ich noch andere Lebensinhalte haben, als mich über Teesorten aufregen zu müssen!

Da grüble ich lieber über die Bibel nach.

Es ist, nach Angaben der Bibelforscher, etwa 6000 Jahre her, dass Adam und Eva aus dem Paradies vertrieben wurden. Der Sachverhalt war folgendermaßen (1. Mose, 3, 1 - 4):

... Aber die Schlange war listiger als alle Tiere auf dem Felde, die Gott der HERR gemacht hatte, und sprach zu der Frau: Ja, sollte Gott gesagt haben: Ihr sollt nicht essen von allen Bäumen im Garten?

2 Da sprach die Frau zu der Schlange: Wir essen von den Früchten der Bäume im Garten;

3 aber von den Früchten des Baumes mitten im Garten hat Gott gesagt: Esset nicht davon, rühret sie auch nicht an, dass ihr nicht sterbet!

4 Da sprach die Schlange zur Frau: Ihr werdet keineswegs des Todes sterben,

5 sondern Gott weiß: an dem Tage, da ihr davon esst, werden eure Augen aufgetan, und ihr werdet sein wie Gott und wissen, was gut und böse ist.

6 Und die Frau sah, dass von dem Baum gut zu essen wäre und dass er eine Lust für die Augen wäre und verlockend, weil er klug machte. Und sie nahm von der Frucht und aß und gab ihrem Mann, der bei ihr war, auch davon und er aß.

7 Da wurden ihnen beiden die Augen aufgetan und sie wurden gewahr, dass sie nackt waren, und flochten Feigenblätter zusammen und machten sich Schurze.

8 Und sie hörten Gott den HERRN, wie er im Garten ging, als der Tag kühl geworden war. Und Adam versteckte sich mit seiner Frau vor dem Angesicht Gottes des HERRN unter den Bäumen im Garten.

9 Und Gott der HERR rief Adam und sprach zu ihm: Wo bist du?

10 Und er sprach: Ich hörte dich im Garten und fürchtete mich; denn ich bin nackt, darum versteckte ich mich.

11 Und er sprach: Wer hat dir gesagt, dass du nackt bist? Hast du nicht gegessen von dem Baum, von dem ich dir gebot, du solltest nicht davon essen?

12 Da sprach Adam: Die Frau, die du mir zugesellt hast, gab mir von dem Baum und ich aß.

13 Da sprach Gott der HERR zur Frau: Warum hast du das getan? Die Frau sprach: Die Schlange betrog mich, sodass ich aß.

14 Da sprach Gott der HERR zu der Schlange: Weil du das getan hast, seist du verflucht, verstoßen aus allem Vieh und allen Tieren auf dem Felde. Auf deinem Bauche sollst du kriechen und Erde fressen dein Leben lang.

Also auf die Frage, warum Adam vom Baum der Erkenntnis gegessen hat, antwortete er: „Die Frau, die DU mir gegeben hast, hat mich dazu gebracht.

Das ist eine doppelte Schuldzuweisung. Hätte Adam nicht ehrlich sein können: „Ich bin ein Idiot! Ich wusste, dass wir das nicht durften und ich hatte nicht einmal den Mumm, meine Frau davon abzuhalten!

Und als die Frau, also Eva befragt wurde, antwortet diese: Die Schlange hat mich betrogen.

Daran merkt man, dass auch die beiden ersten Menschen auf der Welt (wenn man, was die Schöpfung angeht, die Bibel zu Grunde legt) im Grunde nicht richtig erwachsen geworden sind.

Sonst hätten sie Verantwortung für ihr Handeln übernommen!

Na ja. Ich glaube, dass ich selbst nicht ganz erwachsen geworden bin, daher weiß ich im Grunde gar nicht, wovon ich hier schreibe. Denn: Dem Blinden ist es schwer, von den Farben des Regenbogens zu predigen, wie ein Sprichwort sagt.

Aber der Mann, der es meiner Meinung nach am besten geschafft hat, älter zu werden ohne zwangsläufig erwachsen zu werden, ist Steven Spielberg.

Mit den Indianer Jones Filmen, E.T. - der Außerirdische, Jurrasic Park, den Goonies, den Gremlins, Zurück in die Zukunft, Bigfoot und die Hendersons, Men in Black, Transformers und Paul- Ein Alien auf der Flucht hat er wohl seine Kindheitsträume verfilmt und damit jede Menge Geld verdient. Und die für seine vielen Filme über 150 erhaltene Auszeichnungen wie diverse Oskars und Grammy sprechen wohl dafür, dass auch das Kind im Manne – und in der Frau befriedigt werden will. Steven Spielberg hat es mit seinen Filmen geschafft und nebenbei über 3,5 Milliarden US-Dollar gescheffelt!

Das Leben lässt sich nur rückwärts verstehen, muss aber vorwärts gelebt werden, wie schon der Philosoph Sören Kierkegaard gesagt hatte.

Power to the people
(vor allem für die Frauen)

Natürlich dominieren die Männer in dieser Welt, und sie sind ja auch so einfallsreich.

Neulich hatte ich einen türkischen Jungen zu Besuch. Er las gerade auf dem Gymnasium in der 9. Klasse „Der Richter und sein Henker" von Friedrich Dürrenmatt aus dem Jahre 1955.

Man muss schon etwas länger überlegen, um die Ironie des Titels des Romans zu erkennen. Noch bevor ich anfing über den Titel des Buches nachzudenken, fragte ich mich, warum man im 21. Jahrhundert noch so alte Lektüre in der Schule lesen muss? Dann erkundigte ich mich bei dem Jungen, ob er denn wisse, was ein Henker sei? Er verneinte.
Ich erklärte ihm, dass das die Person war, die vor der Abschaffung der Todesstrafe in Deutschland die Hinrichtung übernommen hat. Er wusste nicht, was eine Hinrichtung war. Da fragte ich ihn, ob es noch die Todesstrafe in der

Türkei gäbe? Und falls ja, wie man dort die Leute töten würde?

In den USA gibt es die Giftspritze und den elektrischen Stuhl.

In Deutschland wurde man, als es die Todesstrafe gab, an einem Seil erhängt. Im Zweiten Weltkrieg wurden die Menschen auch erschossen.

In der Französischen Revolution gab es die Guillotine.

In der Zeit der Römer wurden die Menschen gekreuzigt.

Bei den Juden gab es die Steinigung in manchen Ländern dieser Welt gibt es sie heute noch.

Alleine zur vorsätzlichen legalen Tötung gibt es viele verschiedene Methoden, erfunden von den Männern.

Ich glaube jedenfalls nicht, dass die Frauen sich die verschiedenen Arten der Todesstrafe ausgedacht haben.

Frauen sind ja an sich von der Natur aus dazu erschaffen, die Kinder auf die Welt zu bringen, während es überwiegend Männer sind, die Kriege anfangen und sich dann gegenseitig auf den Schlachtfeldern umbringen. Über die Jahrtausende hinweg.

Wenn man in der Bibel anfängt zu lesen, dann gab es zuerst den Mann, Adam, dann kam Eva hinzu.

Beiden war es verboten, von einem bestimmten Baum zu essen. Aber es kam die Schlange und versuchte Eva: „Willst du nicht doch mal probieren?" Eva tat es und bot auch Adam vom Apfel an.

Aber anstatt dass Adam sagte: „Pfui, Eva, was hast du getan? Du weißt doch, dass wir davon nicht essen sollen! Wirf sofort das Ding weg!", und er hätte ihr das Ding aus der Hand gerissen und weit von sich geworfen, so wie man es im Affekt mit einem Kind macht, das etwas Gefährliches in der Hand hält, so musste auch er von der Frucht probieren.

Und als Gott kurze Zeit später die beiden zur Rede stellte, schob der eine es auf den anderen: Eva gab die Schuld der Schlange und Adam antwortete zu Gott frech: „Die Frau, die du mir zur Seite gegeben hast, gab mir die Frucht, deswegen habe ich davon gegessen."

Sollte also Gott schuldig sein, dass er Adam so eine willensschwache Frau zur Seite gegeben hat?

Rückblickend lässt sich das natürlich nicht mehr klären. Aber noch heute machen sowohl Männer als Frauen viele Fehler. Aber auch gute Dinge. Nur werden die guten Dinge der Frauen so selten erwähnt.
Zum Beispiel eben die Taten der Frauen aus der Bibel. Jeder kennt Mose, König David, König Salomo und Jesus. Jeder weiß, dass in der Bibel viele Schlachten geschlagen wurden. Aber die Frauen werden kaum erwähnt.

Abraham hatte einen Sohn, der hieß Isaak. Dieser wiederum hatte Zwillinge, Jakob und Esau. Jakob betrog Esau um sein Erstgeburtsrecht und der alte Vater wurde wirklich sauer. Wahrscheinlich hätte er Jakob umbringen lassen, aber die Mutter verhalf ihrem Lieblingssohn zur Flucht zu ihrem Bruder Laban.

Wer weiß, wie lange der Haussegen dann noch im Hause Isaaks schief hing und wie lange Rebekka, also die Frau Isaaks und die Mutter der beiden Kinder, noch darunter zu leiden hatte.

Jakob lebte viele Jahre bei seinem Onkel, er heiratete zwei Töchter dieses Mannes und bekam unter anderem den Sohn Josef, den seine anderen zehn Brüder, seiner überdrüssig, in den Brunnen warfen und dann als Sklaven nach Ägypten verkauften.

Wahrscheinlich war dieser Josef, weil er der Lieblingssohn seines Vaters war, völlig verwöhnt und verzogen. Aber in Ägypten musste er erst durch viele Härten des Lebens durch und später sorgte Josef dafür, dass, vor einer großen Hungersnot, genug Getreide gesammelt wurde, dass es für ganz Ägypten und auch für die Israeliten reichte. Allerdings mussten diese sich dafür dann versklaven lassen und nur so konnte dann Mose auf dem Plan erscheinen, um das Volk überhaupt wieder aus der Sklaverei herauszuführen.

Hätte Die Mutter Jakobs nicht dafür gesorgt, dass er nach seinem Betrug am Erstgeburtsrecht zu ihrem Bruder hätte fliehen können, wäre Josef wohl gar nicht erst geboren worden.

Schifra und Pua sind die Hebammen, die auf Befehl des Pharaos ab sofort jeden neugeborenen Jungen töten sollten, als das israelitische Volk zahlenmäßig stark zunahm. Die Hebammen aber unterliefen den Befehl mit der Ausrede: „Die hebräischen Frauen sind nicht so wie die ägyptischen, denn sie sind kräftige Frauen. Ehe die Hebamme zu ihnen kommt, haben sie geboren." (2. Mose, 1; 19). Und das Volk mehrte sich und wurde stark.

Aber nur, weil sich eben die Hebammen dem Willen des Pharaos widersetzten und die Mutter Moses mutig genug war, ihren drei Monate alten Sohn in ein Körbchen zu legen und dieses auf den Nil zu setzen überlebte er.

Die Tochter des Pharaos fand das Körbchen und beschloss, das Baby zu behalten. Moses Schwester eilte herbei und fragte, ob sie eine Amme für das Baby suchen sollte und die eigene Mutter durfte ihn dann die ersten Lebensjahre am Hofe des Pharaos begleiten, und Moses, natürlich im Geheimen, in die Sitten und Gebräuche seines israelitischen Volkes einweihen.

Es bedurfte fünf mutiger Frauen, sonst wäre der Auszug aus Ägypten wohl nie gelungen.

Dann gab es, im 2. Kapitel von Josua Rahab, eine Hure, die den Israeliten nach der vierzigjährigen

Wüstenwanderung half, als die Stadt Jericho eingenommen werden sollte.

Im 4. Kapitel des Buches der Richter gibt es eine Richterin, welche Debora heißt und mit Barak Sisera besiegt.

Im 16. Kapitel wiederum ist es ein Mädchen, Delila, welche dem überaus starken Simson das Geheimnis abluchst, worin seine Stärke liegt. Nämlich in seinem ungeschnittenem Haar.

Nachdem sie ihm die Haare abgeschnitten hat, können seine Feinde ihn gefangen nehmen.

Und auch Naomi und Rut aus dem Buche Rut waren emanzipierte Frauen, die alleine, da sie beide verwitwet sind, von Moab nach Israel reisten, wo Naomi ihre Schwiegertochter Ruth mit einem ihrer entfernten Verwandten, Boas, sozusagen verkuppelte, woraus Obed, der Großvater des späteren Königs David, hervorging.

David wiederum ließ sich zu seinen Lebzeiten mit einer gewissen Bathseba ein und eines ihrer Kinder wurde dann der berühmte weise König Salomo, der den ersten Tempel in Jerusalem bauen ließ.

Der Ehefrau des Königs Ahasveros, Ester wird ein ganzes Buch in der Bibel gewidmet, weil sie unter Todesgefahr mutig genug war, ihr ganzes Volk vor dem Verderben zu retten.

In Jesaja, 66; 12 spricht der Herr: „Ich will euch trösten, wie einen seine Mutter tröstet."

Warum dieser Bezug auf die Weiblichkeit? Hätte Gott nicht auch sagen können: „Nur Mut Jungs, das Leben ist hart! Ein Krieger kennt keinen Schmerz! Und weiter geht es!"

Nein, denn Gott ist nicht der knallharte Macho-Mann, der nur Härte und Stärke kennt.

Darum lässt er auch, laut dem Neuen Testament, Jesus durch eine Jungfrau gebären. Jesus materialisiert sich nicht, wie Arnold Schwarzenegger in dem Film „Terminator", nackt auf einem asphaltierten Platz und nimmt dem nächstbesten Mann, den er trifft, die Kleidung, die Waffe und das Motorrad ab.

Es hätte ja sein können, denn bei Gott ist nichts unmöglich!

Jesus geht mit Sanftmut durch sein Leben, wertet weder Zöllner noch Huren oder Ehebrecherinnen ab und als er gestorben ist, waren es zwei Frauen, die mutig genug waren, um morgens nach dem, von den Römern bewachten Grab, zu schauen.

Doch das Grab war leer.

Und ist Jesus nach seiner Auferstehung nicht zuerst Maria erschienen?

Jesus hätte es ja auch gesetzlich machen können. Er hätte zum Beispiel am Donnerstagabend, beim Abendmahl, erklären können: „Also ihr lieben Männer, mal aufgepasst! Morgen, also am Freitagmittag, werde ich wohl ans Kreuz genagelt. Denkt daran, dass mich einer am Freitagabend wieder vom Kreuz abnimmt. Beruf euch auf den Sabbat, das ist wichtig! Könnt ihr euch das merken? Danach müsst ihr mich ins Grab von Josef von Arithmäa legen. Last dann die Römer machen was sie wollen. Aller Wahrscheinlichkeit werden sie Wachen vor mein Grab stellen, aber, so oder so, am Sonntag treffen wir uns dann alle um 15 Uhr bei Paulus im Haus. Aber nur 11 Jünger. Judas, du brauchst nicht wirklich zu kommen. Warum, das erkläre ich euch später. Vertraut mir! Also, falls irgendwas schiefgeht, kommt alle am Sonntag zu Petrus ins Haus. Äh, du Judas brauchst natürlich nicht zu kommen. Und die Frauen will ich auch nicht sehen!"

Klare Ansage, Jesus wusste ja sowieso alles schon vorher!

Aber nein. Es war eine Frau, Maria, die die jungfräuliche Geburt auf sich nahm, die Sünderin, die Jesus die Füße wusch, was die anderen Männer, insbesondere der Gastgeber dieses einen Treffens versäumt hatte und die Frauen, die mutig genug waren, als erste zu Jesus Grab zu gehen.

Die Jungfrau Maria wird noch immer von der Katholischen Kirche verehrt.

Und auch in der Neuzeit gibt es viele mutige Frauen.

Hildegard von Bingen lebte von 1098 bis 1179. Sie war Benediktinerin, Dichterin, Komponistin, einen bedeutende Universalgelehrte und legte sich sogar mit dem Papst an.

Ihre Bücher und ihre Ernährungslehre sind noch heute aktuell.

Auch das Getreide, mit dem sie viele Heilungen erzielte ist noch populär, nämlich Dinkel.

Johanna von Orleans führte im Hundertjährigen Krieg Frankreich im Krieg gehen England an, als die Lage hoffnungslos schien.

Elisabeth I. (1535-1603), Maria Stuart (1542-1587), Maria Theresia (1717-1780), Katharina II, die Große (1729-1796), Marie-Antoinette (1755-1793), Victoria (1819-1901), Elisabeth von Österreich-Ungarn (1837-1898), Marie Curie (1867-1934), Mutter Teresa (1910-1997),

Indira Gandhi (1917-1984), sind in etwa die 10 berühmtesten Frauen, die im Internet aufgelistet sind.

Und Rosa Parks war es, die anfing die Rassengesetze aufzuheben, nachdem sie als erste Farbige in einem Bus nicht aufstand, als man sie dazu aufforderte.

Nicht zu vergessen sind natürlich Frauen wie Edith Stein und Camille Claudel, die immer im Schatten der Männerwelt standen obwohl auch ihre Werke grandios waren.

Aber auch heute noch ist die Welt weitgehend frauenfeindlich.

Zwar hatten wir die Zeit der Emanzipierung und es herrscht, laut Gesetzt, die Gleichberechtigung, aber da frage ich mich doch, warum noch immer mehr Männer in den Führungsetagen sitzen als Frauen und warum das Mutter sein an sich und die Arbeit im Haushalt so wenig gewürdigt werden.

Warum in fast jedem Fernsehfilm mindestens eine Frau, für einen Mann verführerisch gutaussehend und kaum bekleidet, durch das Bild läuft, aber es gibt wirklich nur sehr selten Filme, in denen ein erotischer Mann zu sehen ist?

Es gibt in der Zeitung viele Artikel über allgemeine Gefahren, zum Beispiel über E-Bikes, die immer schneller werden. Auf dem begleitenden Bild des erklärenden Textes ist eine junge attraktive Frau auf einem E-Bike zu sehen. Warum kein älterer Herr, der womöglich noch dabei ist, das Gleichgewicht zu verlieren? Dann gab es einen Filmwettbewerb über die Gefahren, die entstehen, wenn man, das Smartphone bedienend, Auto fährt. Zu sehen gab es eine Mutter, die, während sie in großer Eile ihrer Tochter eine SMS schickt, in einen Autounfall verwickelt wird. Warum handelt das Video nicht von einem Mann, der mit seinem Sohn kommuniziert und daraufhin in einen Unfall verwickelt wird?

Bei Unfallgefahren auf der Treppe für ältere Menschen ist eine Frau abgebildet, die auf den Stufen Probleme hat. Warum kein Mann, dem man seine Gebrechlichkeit schon ansieht?

Gibt es eine Werbung in einer Zeitschrift für ein Mittel gegen Rückenschmerzen, ist meistens eine Frau zu sehen, die sich mit schmerzverzehrtem Gesicht den Rücken hält. Warum ein Mann, der gerade einen Bierkasten trägt?

In der Wochenbeilage einer Tageszeitung ist zum Thema „Funkschlüssel weg?" eine Frau zu sehen, die wohl gerade ihren Autoschlüssel verliert und zum Thema „Computerviren" eine verzweifelt aussehende Frau vor einem Computer.

Jedoch zu den Themen „Ausgeschlafen zur einer längeren Autofahrt starten" und „Adaptersysteme für Autos für den Fahrradtransport" sind eifrige, pflichtbewusste Männer zu sehen.

Ich wünsche mir, dass da die Geschlechter auf den ansprechenden Bildern ausgetauscht werden:

Männer mit schmerzverzehrtem Gesicht und Frauen, die clever agieren!

Es gibt wissenschaftliche Forschungen, die belegen, dass 75% aller darstellenden Figuren in Filmen, auch Animationsfilmen, männlich sind und auch überproportional viele an sich neutrale Figuren wie zum Beispiel: BERT das Brot oder FELIX der Hase. Das Brot könnte ja auch weiblich sein. Und der Hase eine Häsin.

Einmal gab es im Radio eine Hörersendung zum Thema „Pflegenotstand". Eine achtzigjährige Frau rief an und erzählte, dass sie im Zweiten Weltkrieg erst vor den Russen geflüchtet sei und dann noch einmal von Ost- nach Westdeutschland als die deutsch-deutsche Mauer gebaut wurde. Sie hat geholfen Deutschland mit aufzubauen und alles was sie als „Dank" dafür bekommt, ist ein Platz in einem Altenheim, in welchem sie mehr schlecht als recht versorgt wird.

Ihre Frage war: „Wo bleibt da die Achtung vor dieser meiner Generation? Wer gedenkt der Frauen, die Deutschland nach dem 2. Weltkrieg wiederaufgebaut haben, nachdem die meisten Männer im Krieg verstorben waren?"

Der Radiomoderator wirkte ziemlich verlegen und hat schnell zum nächsten Anrufer weitergeschaltet.

Ich selbst habe auch mehrere Male in einem Seniorenheim gearbeitet. Da beschweren sich die Bewohner lautstark, wenn das Personal vergessen hatte eine Serviette oder ein Löffel hinzulegen. Auf die Frage, ob man das alles nicht ein bisschen lockerer sehen könne, antwortete mir eine außenstehende Person „Diese Menschen haben ja sonst nichts im Leben!"

Ist das nicht ein bisschen wenig für ältere Menschen, egal welchen Geschlechts? Ich weiß nicht, wie es in ein paar Jahren mal in Seniorenheimen aussehen wird. Wie gesagt, der Pflegenotstand ist groß und es wird augenscheinlich nichts dagegen getan. Viele Pflegerinnen sind nicht mit ihrer Arbeit überfordert, sondern mit ihrer eigenen schlechten Laune und der Unzufriedenheit ihres Lebens.

Ich für meinen Teil arbeite im Geiste schon mal ein Video-Wunschkonzert für das Seniorenheim aus, in dem ich mal landen werde. Ich stelle es mir mit lieblosen Pflegern mit stark ausländischem Akzent vor. Essen gibt es wahrscheinlich nur noch am Büfet: All you can eat. Wer nicht ans Büfett rankommt oder Schluckbeschwerden hat, hat eben Pech gehabt.

Besser, die Leute holen sich ihr Essen selbst, bevor sie zu Tode gefüttert werden, was ja auch immer mal wieder vorkommt...

Und samstags gibt es einen „Bunten Unterhaltungsnachmittag" mit einem Moderator, der vor einer Videoleinwand steht. Oder es findet eine hauseigene Radioübertragung statt, die wie in etwa unten beschrieben abläuft.

"So, da sind wir wieder zu unserem Video-Wunschkonzert für die älteren Mitbürger.

Gewünscht wurde Crocodile-Rock von Elton John. (Dazu wird das Video abgespielt, in welchem Elton John gemeinsam mit den Muppets musiziert. Immer wieder schön anzusehen.) Gleich danach spielen wir The Pinnballwizard, ebenfalls mit Elton John. (Es folgt das Video wo Elton John im Musical „Tommy" den Pinnball-Herausforderer spielt. Auf hochhackigen Schuhen und total schräg.) Ja, das waren noch Zeiten, als das Bruttosozialprodukt noch so unglaublich hoch war, weil der Ehrgeiz der jungen Menschen damals so hoch war, dass selbst in Spiel und Sport die Blinden und Tauben Höchstleistungen erzielten! Na, wo haben wir es noch gleich, spielen wir doch mal rein in das Lied von Geier Sturzflug „Brutto Sozialprodukt. Nun kommen wir zu den Grüßen: A. aus H. grüßt die Bewohner aus dem Seniorendomizil "Onkel Barney´s Holiday Camp" mit dem „Lied Acid Queen", gesungen von Tina Turner. Und schon folgt unserer Rubrik Partnervermittlung, äh, ich meine natürlich Single-Börse: Folgender, nicht mehr ganz junge Mann sucht eine passende Frau. Dazu präsentiert er sich in folgendem Video-Clip. Er hofft damit die Frauen ansprechen zu können. (Gespielt wird das Video von Joe Cocker in welchem er, in völlig verkrampfter Körperhaltung, „Unchain my heart" singt. Dass er mittlerweile schon verstorben ist, spielt keine Rolle, in Partnervermittlungen wird ja oft gemogelt.) Joe C. sucht eine Frau egal welchen Alters, er ist nicht unvermögend und wohnt in einem schönen großen Anwesen! Mädels aufgepasst, wenn ihr Interesse habt, ruft an!

(Es läuft das Lied „Unchaine my Heart" von Joe Cocker.) Zur Erinnerung spielen wir in der Rubrik Memories das Lied „Angie", von den Rolling Stones, geschrieben für unsere gute alte Bundeskanzlerin, welche in den Anfängen dieses Jahrhunderts die Bundesrepublik Deutschland regierte und zum Abschluss das Lied "As tears goes by", ebenfalls von den Rolling Stones gespielt, wegen der schönen

Geigenmusik im Hintergrund. (Ja, je älter die Lieder von den Rolling Stones werden, desto erstaunlicher ist es, wie melodiös manche Lieder der 60er Jahre arrangiert waren.)

Und zum Abschluss dann auf vielfachen Wunsch der ältesten Senioren, deren Wunsch wir natürlich immer wieder gerne berücksichtigen, das Lied „knocking on heavens door" von Bob Dylan. Und es grüßt mit den Worten John Lennons aus dem Jahre 1965:

„When I was so much younger than today
I never needed anybody's help in any way
But now these days are gone, I'm not so self-assured
Now I find I've changed my mind and opened up the doors

Help me if you can, I'm feeling down
And I do appreciate you being round
Help me, get my feet back on the ground
Won't you please, please help me..."

So long,

 Euer Video-DJ Ronny..."

Und sind die Tugenden nicht überwiegend weiblich: Die Liebe, die Gesundheit, die Muße, die Heilung, die Gnade, die Hoffnung, die Mäßigung, die Gerechtigkeit, die Tapferkeit, die Klugheit. Aber es ist: Der Kampf, der Krieg, der Terror, der Anschlag...

Jeden zweiten Sonntag im Mai ist Muttertag. Für mich ist es mehr ein Tag des Grauens als ein Tag der Freude, weil die Kinder sich mehr oder weniger gezwungen sehen, ihrer Mutter Gutes zu tun und sie wissen im Grunde gar nicht so recht, wie.

Mit einem Strauß Blumen kann man eine Mutter wohl nicht dafür belohnen, für das, was sie das ganze Jahr über leistet, oder?

Einmal habe ich dann die Führung übernommen: Morgens sind wir in den Gottesdienst gegangen, dann gab es einfaches Nudelgericht als Mittagessen.

Ich habe meinem Sohn den Dynamo am Fahrrad ausgewechselt, ihm gezeigt, wie man, mithilfe des Luftdrucks, ganz einfach mit einem Schlauch das Wasser aus dem Aquarium laufen lassen kann und endlich mal den Zettel mit dem Braille-Schrift-Alphabet hervorgeholt, welchen ich mal in einem Blindheim bei einem Tag der offenen Tür geschenkt bekommen habe.

Dann habe ich alle Verpackungen aus der Wohnung zusammengesucht, welche einen Aufdruck in Braille-Schrift hatten und diese entschlüsselt. Es war für mich wie das Knacken eines Geheimcodes. Etwas seltsam war dann wiederum das Ergebnis. Die meisten Verpackungen waren. Medikamentenverpackungen. Darauf stand dann zum Beispiel lediglich: „Paracetamol 500 mg". Reicht das für einen Blinden? Will er nicht auch die Dosierungsanleitung wissen oder die möglichen Nebenwirkungen?

Schließlich habe ich mit meinem Sohn noch eine Runde Schach gegen den Schachcomputer gespielt und einen Film mit Whoopi Goldberg im geschaut.

Na ja. Ich war jedenfalls am Abend zufrieden, ich liebe nämlich so kleine technische Spielereien! Und es müssen nicht immer brutale Filme mit wilden Schießereien und Verfolgungsjagden sein!

Mühsam ist auch der Haushalt.

Es fiel mir wieder auf, als ich nach einem Wochenende bei einem befreundeten Ehepaar wieder zu Hause war. Morgens um 9 Uhr rief mich der Ehemann an und fragte: „Ich habe dich doch nicht geweckt?" Ich weiß nicht, welche Antwort er erwartete Vielleicht: „Doch, ich habe gerade von dir geträumt, schön, dass du jetzt anrufst. Ach, Moment, mein Negligé ist gerade verrutscht."?

Wahrheitsgemäß antwortete ich, dass ich gerade beim Fensterputzen sei. „Ach ja? Na, ich wollte ja auch nur mal fragen, ob du gut nach Hause gekommen bist?" „Bin ich und jetzt putze ich, turnusgemäß wie alle drei Wochen, meine Wohnung. Mein Bekannter schwieg einen Moment still, dann meinte er: „Ja, wir staubsaugen auch alle zwei bis drei Tage."

Daraufhin erwiderte ich, dass ich nicht nur Staub sauge, sondern mein Wohnungsputz neben Staub saugen eben auch Fenster putzen, Betten beziehen, das Bad reinigen, Regale abwischen und den

Boden wischen beinhalte plus der Reinigung der Bäder. Die Bäder putze ich aber jede Woche! Nebenbei wasche ich natürlich auch noch die Wäsche, kaufe ein und koche.

Es hat schon einen Grund, dass ich fast mein ganzes Leben lang alleine lebe.

Ich würde es nicht aushalten, wenn der Mann stolz prahlen würde, er hätte soeben die Wohnung gesaugt, es aber so gut wie gar nicht zur Kenntnis genommen wird, dass ich fast jeden Morgen gegen sechs Uhr aufstehe, um den Kindern das Frühstück zu machen, das Geschirr spüle, aufräume, einkaufen gehe, die Lebensmittel in die Schränke räume, das Essen koche, die Wäsche wasche und – nicht zu unterschätzen – den Müll trenne.

Es gibt kaum ein Nahrungsmittel, welches ich anfasse, welches keinen Müll hinterlässt: Das Brot – schon ist es die letzte Scheibe und die leere Tüte kommt in den gelben Sack. Bei der Nuss-Nougat-Creme ist das Glas leer, bei den Nudeln die Umverpackung, bei den Keksen Papier und Folie usw.

Und mir scheint, dass, jedes Mal, wenn ich etwas in den Eimer für den Gelben Sack werfe, auch der Eimer voll ist. Also entnehme ich den Müllbeutel, bringe ihn auf den Balkon und presse ihn in den Gelben Sack, welcher wiederum voll ist. Also will ich einen neuen holen, stelle fest, dass es der letzte war – und werde fast wahnsinnig!

Nun ja. Letztendlich war das Telefonat mit meinem Bekannten relativ kurz. Aber ich hatte ja sowieso noch viel zu tun!

Was mich auch fast an den Rand des Wahnsinns treibt, sind Erfindungen, sie sich in meinen Augen praktisch nie weiterentwickelt haben. Dazu gehören die Fahrradlampe, welche an meinem Fahrrad mindestens zwei Mal im Jahr kaputt ist sowie der Staubsauger.

Würden Männer täglich in ihrem Haushalt staubsaugen, würden sie sich dann auch mit einem Gerät abgeben, welches sich verhält, wie ein ungezogener Hund an einer Leine: Die Leine, bzw. das Elektrokabel ist irgendwie immer zu kurz, man muss kräftig ziehen, damit das Gerät dahin kommt, wohin man auch will, und wenn es etwas gar nicht will, dann legt es sich störrisch auf die Seite oder auf den Rücken.

Ist der Beutel voll, fängt das Gerät an zu stinken und ständig muss man neue Beutel kaufen, welche nicht gerade billig sind.

Auf einer meiner Arbeitsstellen hat ausgerechnet der Hausmeister den Staubsauger für meinen Arbeitsbereich kaputt gemacht. Ich brauchte ein halbes Jahr, bis ich Ersatz bekam. Hätte es auch so lange gedauert, wenn die Bohrmaschine des Hausmeisters kaputtgegangen wäre oder der Rasenmäher?

Apropos Rasenmäher: Neuerdings soll es Rasenmäher geben, die mit einem Akku betrieben werden. Ginge das nicht auch für den Staubsauger: Leise, handlich, folgsam? Oder besser noch: Ein Staubsaugerroboter: Er fährt leise, still und heimlich durch die Wohnung und saugt, sensorgesteuert, alle Krümel von alleine vom Fußboden!

Ein weiteres Problem ist die Digitalwaage. Jedes Mal wenn ich darauf steige, zeigt sie ein anders Gewicht: morgens, vor und nach dem Duschen, mit und ohne Socken. Manchmal wiege ich, laut Waage, morgens mehr als am Abend zuvor. Ohne, dass ich noch etwas gegessen oder getrunken hätte.

Dabei höre ich immer wieder von Präzessionswaagen. In Industrie und Handel. Klar, da kann man sich in der Fertigung nicht jedes Mal um 500 bis 800 Gramm vertun.

Aber wen kümmert es schon, wenn sich die Hausfrau morgens um ihr Körpergewicht sorgt?

Wie würde die westliche Welt wohl aussehen, wenn die Männer aus Überzeugung ihre Einkäufe mit dem Fahrrad erledigen würden?

Würden sie dann auch mit schlecht funktionierenden Gangschaltungen und wackeligen Fahrradständern ihre Einkauftaschen in einem unzureichenden Fahrradkorb über holperige Fahrradwege und quer durch den Autodschungel des Stadtverkehrs transportieren?

Oder gäbe es – aus Sicherheitsgründen – für jedes Fahrrad einen halbjährlichen Check für die Gangschaltung, nebst kostenloser Neujustierung, Fahrradständer, die das Fahrrad praktisch von selbst ausbalancieren und jede Menge Körbe und Vorrichtungen für Grillkohle, Getränke, kleine Kinder, Brot, Milch, Obst, Kartoffeln, Platz für die Jacke, wenn es mal zu warm wird und einem Regenschutz, wo man sich nicht in seinem eigenen Regencape verheddert.

Respekt, wer´s selber macht, wenn die Männer dann die Einkäufe noch in die Wohnung tragen und in der Küche professionell verstauen!

Übrigens haben sich meiner Meinung nach auch die Bügeleisen in der technischen Evolution nur sehr langsam weiterentwickelt. Bräuchten die Männer nicht regelmäßig ihre gebügelten Hemden und Hosen, wären die Bügeleisen wohl schon längst ausgestorben.

Natürlich haben Männer auch Fähigkeiten, die mir wirklich fehlen. Zum Beispiel Diplomatie und Verhandlungsgeschick.

Einer meiner Tätigkeiten war das Reinigen eines Autohauses. Ich kam um 16 Uhr und musste mich so lange im Hintergrund halten, z. B. die Sozialräume reinigen, bis das Autohaus um 18 Uhr schloss. Dabei konnte ich beobachten, wie um

17.45 Uhr Kunden, meistens Pärchen im mittleren Alter und relativ gut und teuer gekleidet, die den Wunsch äußerten, ein Auto kaufen zu wollen.

Ein freundlicher Verkäufer (es gab NUR Männer als Verkäufer) kam auf die potentiellen Kunden zu und fragte sie nach ihren Wünschen. Dann setzte man sich hin und regelte bei einer Tasse Kaffee, ob es sich um einen Neuwagen oder einen Gebrauchtwagen handeln solle, um welches Modell, mit welcher Ausstattung und wie man sich die Finanzierung vorstelle. Das dauerte dann schon einmal bis 19 Uhr und ich musste mich solange so unauffällig wie möglich meiner Arbeit nachgehen. Staubsaugen ging dann schon mal gar nicht! Mir wäre das nicht passiert. Wäre ich dort Verkäuferin gewesen hätte ich die Kunden gleich darauf hingewiesen, dass das Geschäft um 18 Uhr schließe. Sie könnten sich gerne noch eine Viertelstunde umsehen, aber ansonsten könnten sie gerne am nächsten Tag wiederkommen.

Entweder würde ich darauf hinweisen, dass man so schnell nun wirklich kein Auto kaufen könne, oder dass man nun die Reinigungskraft auf jeden Fall in Ruhe und Konzentration arbeiten lassen müsse, sonst würden die Räumlichkeiten am nächsten Tag zur Öffnungszeit einfach scheußlich aussehen!

Wäre ich aber, wenn die Kunden vielleicht schon früher gekommen wären, um 18 Uhr noch im Verkaufsgespräch, dann hätte ich es einfach abgebrochen: „Ach, wissen sie was? Wenn sie sich als Paar nicht über die Finanzierung einigen können, dann gehen die doch nach Hause und überlegen es sich dort! Morgen ist ja auch noch ein Tag! Also wir machen morgen früh um 8 Uhr wieder auf!"

Aber wahrscheinlich haben die Verkäufer für jedes verkaufte Auto eine Provision bekommen. Vielleicht 10%. Und für ein verkauftes Auto im Verkaufswert von 20000 Euro macht das 2000 Euro. Da lohnt es sich schon mal, eine Stunde länger höflich zu bleiben, noch eine Tasse zu holen und in dieser Überstunde mit den Kunden zu scherzen und zu lachen

Einmal ertappte ich mich, wie ich insgeheim bedauerte, dass ich fünf Tage in der Woche zu dieser Arbeitsstelle gehen musste samstags noch zu einem 450 Euro Job für drei Stunden putzen in einem Büro in der Stadt. Ich hatte also mal vorsichtig angefragt, wie es bei den Jungs, also den Mechatronikern im Autohaus aussieht: Also die mussten allen Ernstes von Montag bis Freitag von 8 bis 16.30 Uhr arbeiten und samstags von 8 bis 13 Uhr. Und gegebenenfalls auch Überstunden machen. Und sonntags war Schautag, da muss eine von den Frauen von der Rezeption regelmäßig für Kaffee und Kuchen sorgen!

Ein Arbeiter beklagte sich bei mir, dass er seit einigen Jahren fast täglich sogar 12 Stunden arbeiten müsse. Der Chef weigerte sich, ihm die Überstunden auszubezahlen. Der Kollege solle sich von dem erarbeiteten Geld Ersatzteile zu bestellen. Ich riet ihm, dies auch zu tun. So kam denn, über einige Zeit hinweg, eine Paketlieferung an diesen Kollegen. Es waren jede Menge Ersatzteile, die er in einem verborgenen Winkel der Werkstatt zusammenbaute. Kaum einer bemerkte es.

Umso größer war das Erstaunen, als der Kollege dann mit einem fix und fertig zusammengebauten Porsche aus der Werkstatt fuhr. Er hatte sich eben von seinem erarbeiteten Geld alle notwendigen Teile für einen Porsche bestellt und diese dann Stück für Stück zusammengebaut. Man muss sich nur zu helfen wissen.

Das war aber, bevor sich ein Autoverkäufer sozusagen selbständig machte. Einer der Vertragspartner des Hauses kündigte seine Zusammenarbeit mit dem Chef und so wurde eine große Ausstellungsfläche im Autohaus frei.

Einer der Verkäufer hatte ein besonderes Verkaufstalent. Genaugenommen hatte er sogar ein besonderes schauspielerisches Talent. Er verkaufte den Kunden teilweise Autos, die sie eigentlich gar nicht zu kaufen gedachten. „Der verkauft dir auch noch einen gewöhnlichen Besen für einen fliegenden Besen, dem Nimbus 2000 von Harry Potter.", wie ein Kollege mir vertraulich zuflüsterte.

Und, da sich die Zeichen der Klimakatastrophe immer deutlicher abzeichneten und ich mich einmal unter zwei Augen mit dem Chef unterhielt, lies er sich mit mir auf ein Experiment ein: Der Verkäufer bekam die freigewordenen Ausstellungsfläche mit einem Mix aus Autos: Amphibienfahrzeuge, wegen der häufigen Regenfälle und den daraus resultierenden Überschwemmungen, Land Rover, weil sie, neben den SUVs, die aber schon mit im Verkaufsprogramm der anderen Vertragshändler waren, die einzigen Autos sind, unter denen man vernünftig staubsaugen kann (ja, auch in einem Autohaus muss gesaugt werden...), immer mal ein Porsche mit dem Verkaufsargument: „Ja, das ist unser Einziger.", weil man ja weiß, dass die Leute immer ganz begierig auf Einzelstücke sind, nicht wissend, dass es noch mehr auf Lager, bzw. in der Garage gibt und Ladas.

Das mit den Ladas beruhte auf einem Missverständnis, weil ich immer das Lied „Ya Ya" der Gruppe Trio mit dem Sänger Stefan Remmler aus dem Jahre 1981 im Kopf hatte: „...sitting in a Lada, waiting for a Dada..."

In Wirklichkeit hieß es natürlich: „Oh, well, I'm sittin' here, la, la waiting for my ya ya."

Aber wer hatte sich im Jahre 1981 im zarten jugendlichen Alter von 14 Jahren die Mühe gemacht, die Liedtexte gründlich zu recherchieren? Man grölte die Lieder mit, wie man sie eben meinte zu verstehen.

Auf jeden Fall verkauften sich die russischen Ladas besser als alle anderen Automarken in diesem Autohaus. Und der Umsatz stieg. Bis der Verkäufer tatsächlich vom Fernsehen entdeckt wurde und ein vielgefragter Star in allen möglichen Fernsehserien wurde, beziehungsweise für alle möglichen Serien geordert wurde, die im Internet liefen.

Dann bot man mir, zusätzlich zu meinen 23 Arbeitsstunden, die ich jede Woche mit Putzen verbrachte, noch eine zusätzliche Arbeit an, nämlich je zwei weitere Stunden täglich in einer angemieteten Pension zu putzen und - falls ich noch mehr Geld verdienen wolle, weitere zwei Stunden einen angemieteten Store in einem Einkaufszentrum zu reinigen.

Welche Frau möchte mit 50 Jahren 36 Stunden wöchentlich putzen gehen? Dazu mit Abitur und einem abgeschlossenen Studium? Wo man schon nach vier Stunden in der Tätigkeit der Reinigung unerträgliche Rückenschmerzen hat? Den Job in der Pension lehnte ich ab, aber letztendlich musste ich doch den Store reinigen, aber nebenher versuchte ich dort meine selbstgehäkelten Tiere zu verkaufen. Das gab Ärger mit dem Gewerbeamt.

Dann bot es sich an, die Passanten zu einer Seelsorge einzuladen, aber auch das verbot man mir über kurz oder lang, wegen „Verbreitung religiöser Ideen".

Schließlich legte ich Zettel aus, auf denen Stand: „legalize it". Sonst nichts. Normalerweise verbindet man „legalize it" ja mit der Legalisierung von Marihuana, aber das wollte ich gar nicht. Ich wollte nur mal sehen was passiert. Und es gab einen Riesen-Tumult: Manche griffen sich ein Flugblatt und meinten: „Ja, Shit, kann man hier was zu Rauchen kaufen?" Andere fanden sich in Gruppen zusammen und meinten: „Genau: Wir homosexuellen Paare wollen endlich Kinder adoptieren!" Die Hundehalter meinten: „Weg mit den Maulkörben für unsere Kampfhunde." Die Moslems wollten fünf Mal am Tag einen Hodscha im Einkaufszentrum beten lassen und alle Geschäfte sollten zu diesen bestimmten Zeiten ihre Tätigkeiten ruhen lassen. Und die ganz Radikalen wollten, dass der IS nicht mehr als Terroreinheit bekämpft wird. Es gab mehr oder weniger eine Prügelei im Einkaufszentrum und die Polizei musste einschreiten. Schließlich stellte ich ein Schild auf: „Holt mich hier raus, ich bin ein Star". Einer von der Zeitung wurde darauf aufmerksam und machte eine Riesenstory daraus: Die Ungerechtigkeit zwischen Mann und Frau in der Arbeitswelt. Wo denn die Emanzipation geblieben wäre und anders mehr, welche einen solchen Anklang in der Zeitungsleserschaft in der Stadt fand, dass man mir schließlich einen Job in der Redaktion der Zeitung gab. Wer könne solche Themen besser bearbeiten als ich?

Auf jeden Fall offenbarte sich mir bis dahin in diesem Autohaus der reale Kapitalismus: die Reichen werden immer reicher auf Kosten der Armen! Aber ich habe ein Buch über die Weltgeschichte gelesen: Es war schon immer so, ob mit oder ohne Kapitalismus! Und immer wieder gab es Kriege aus allen möglichen Gründen und die Grenzen haben sich von hüben nach drüben verschoben, nichts blieb wie es war.

Dieses Autohaus hatte auch einen Gärtner. Einen Rentner, der auf 450 Euro-Basis arbeitete. Er hat mir mal seine Lebensgeschichte erzählt, wie das Arbeitsamt ihm mit 50 eine Umschulung für vier Jahre bezahlt hat und als die vier Jahre um waren, wollte der Betrieb ihn loswerden und hat ihn fürchterlich gemobbt! Es kam zu einem Gerichtsverfahren, in welchem er als Sieger (und als Rentner) rauskam. Vorher hatte er wohl viele schlaflose Nächte. Das ist für mich so ein Sinnbild für das Leben: Wenn man vorher schon wüsste, dass alles gut ausgeht, kann man sich den Stress ja sparen, oder? Wahrscheinlich meint Jesus so etwas damit, als er sagte: „Werft alle Sorgen auf mich."

Also einmal war ich in meinem Stress bei Aldi in einem Dorf etwa vier Kilometer von meiner Wohnung entfernt. und als ich wieder rauskam, war mein Rollerschlüsssel weg! Spurlos verschwunden! Ich habe gebetet und da stand dieser Gärtner vor mir. Ich habe ihn angesprochen und er hat mich problemlos nach Hause gefahren, hat mit mir den Ersatzschlüssel geholt und ist mit mir wieder zu Aldi gefahren. Und das, obwohl er in der entgegengesetzten Richtung wohnt. Wow, ich war beeindruckt!!!

Ich musste immerzu an eine bestimmte christliche Gemeinschaft denken, wo man es zu den acht vereinbarten Treffen nicht einmal geschafft hat, mich von zu Hause abzuholen oder PÜNKTLICH wieder zurückzufahren. Es konnte KEINE dieser Frauen verstehen, dass ich abends um neun Uhr zu Hause sein wollte, weil ich am nächsten Tag für meine Arbeit um 5.40 Uhr aufstehen musste. Einmal bin ich aus Trotz im strömenden Regen mit dem Roller 16 km bis zum vereinbarten Treffen gefahren und alles was die Gastgeberin zu sagen hatte, war: "Das du mit deinen nassen Klamotten nicht den Holzfußboden kaputt machst!" Es gibt ja Meinungen, dass bestimmte religiöse Gemeinschaften zu gesetzlich seien. Aber es gibt auch einen Pastor, der referiert über die Gender-Politik und über Mystik. Der Redner geht der Frage nach, warum sowohl die katholische als auch die evangelische und die freien Kirchen jegliche Mystik verloren haben.

Und er meint, dass wer Drogen nimmt oder sich mit Esoterik beschäftigt, immer noch als Suchender besser dran ist, als die gesetzten Christen, die total lau geworden sind und nichts mehr hinterfragen und sterbenslangweilig geworden sind: Das sind dann wieder diese Leute, denen Gesetzlichkeit über alles geht!

Ist es nicht auch mystisch, dass Jesus zum Himmel aufgefahren ist? Dass er den Frauen am Grab erschienen ist? Dass er dem ungläubigen Thomas seine Nägel Male zeigt?

Ich glaube, jeder Mensch kann mystische Momente aus einem Leben beschreiben, auch wenn sie nicht christlichen Ursprungs sind. Warum soll man sie dann also wegdiskutieren?

Aber Frauen glaubt man ja sowieso nicht. Kürzlich war ich zur Nachuntersuchung für mein Zahn-OP: Ein gammeliger Backenzahn und zwei Weisheitszähne kamen raus. „Alles o.k.!", war die Meinung des Chirurgen.

Ich meinte, ich hätte danach aber Mund-Pilz bekommen.

Woher ich das wüsste?

„Das weiß man einfach, wenn man Kinder hatte, die Soor hatten!"

Dann müsste ich ja eine Immunschwäche haben?

„Ja, ich habe ja auch dieses Antibiotikum genommen, dass der Chirurg mir verschrieben hatte. Und wie man weiß töten Antibiotika alle Bakterien. Egal ob gut oder schlecht. Und manchmal setzen sich danach die schlechten eben erst recht durch!"

Also ich hatte Soor, dann eine Magen-Darm-Infektion vom Dünndarm bis hin zu den Mandeln. Und überhaupt immer wieder so Fieberschübe.

Fieberschübe hatte ich auch schon vor der Zahn-OP. Vielleicht habe ich ja AIDS? Man hört heutzutage gar nichts mehr darüber. Aber ich glaube, als mein jüngster Sohn auf die Welt kam, hat man noch einen AIDS-Test gemacht und der war wohl negativ. Und danach ist sexuell nichts mehr gelaufen. Aber so was kann man mit einem Zahnchirurgen nicht ausdiskutieren.

Wechseljahresprobleme werden auch nur „unter der Hand" besprochen. Ich bin mir sicher: Würden Männer genauso unter Wechseljahresproblemen leiden wie Frauen, gäbe es dazu großangelegte Studien mit überall propagierten Hilfsmitteln: Hormone, Sportangebote, Therapieformen, Selbsthilfegruppen und vielem mehr!

Ja, wozu schreibe ich das alles? Ich musste es mal loswerden. Es weiß ja kein Mensch, was wir Frauen so alles durchmachen...

Dann gibt es ja immer noch diese Filme, in denen sich ein Mann in eine Frau verliebt, aber die Frau ist sich ihrer Gefühle noch nicht so sicher.

In einem dieser Filme kaufte der Mann also seiner Angebeteten einen teuren Ring und machte ihr damit einen Heiratsantrag. Und wie reagierte die Frau: Sie war beschämt, konnte nicht sagen, dass sie sich ihrer Gefühle für ihn noch nicht ganz klar sei und lief davon?

Warum?

Ich warte immer noch darauf, dass sich eine dieser Frauen das Kästchen mit dem Ring schnappt, sagte. „Oh, danke. Ich wusste, dass wenigstens du mich verstehst: Wie Marily Monroe schon einst sang: „Diamonds are a girls best friends! Danke aber auch!! und dann erst läuft sie weg.

Es gibt Pastoren, die predigen immer wieder gerne mit dem erhobenen Zeigefinger. Auf jeden Fall

habe ich mal zwei oder mehr Predigten gehört, wo der Pastor meinte, dass man auf jeden Fall seine Sünden vor Gott und dem Pastor, bzw. den Ältesten bekennen muss, auch wenn es sich um eine schwere Sünde handelt, wie z. B. Sex mit der Lobpreisleiterin. Ja, das sollte man natürlich nicht machen.
Ehebruch an sich ist ja schon peinlich und darüber zu reden auch, egal wer es mit wem „getan" hat. Aber wer fragt schon, wie es der FRAU dabei geht?

Wir hatten zum Beispiel mal eine Lobpreisleiterin in der Gemeinde, die kam sich immer unheimlich toll vor. Aber sie war schon jenseits der Wechseljahre, sah aus wie eine vertrocknete Rosine und hieß auch noch Rosi. Sie kam sich vorne auf der Bühne unglaublich toll vor als Sängerin und wer weiß wovon sie träumte. Von einem Mann, der sie im Bett zärtlich streichelt und sagt: "Du bist ja so musikalisch und sooo eine tolle Lobpreisleiterin und du hast einen sooo tollen Körper!"? Ihr Mann hatte sie bestimmt schon seit Jahren nicht mehr angefasst. Angeblich hatte er wohl auch eine jüngere Geliebte. Aber man wusste es nicht genau. Aber welcher Mann sollte also diese Worte zu dieser Frau sagen?

Und andersherum gefragt: Mit welchem Mann aus der Gemeinde hätte frau gerne Sex?

In dieser Generation Silberhaar sind doch die meisten vertrocknet und verknöchert und Sexappeal findet man höchstens noch auf der Straße. Ja, die

Männer müssen ihre Sünden bekennen. Die Wünsche und Bedürfnisse einer Frau sind weiterhin tabu.

Eine Frau ist mit sich selbst ja auch schon genug beschäftigt. In einer Woche war ich mal, neben meiner regulären Arbeit sieben Mal in der Stadt: zweimal Physiotherapie, einmal Funktionstraining, einmal zum Gynäkologen, dann zu zwei Nebenjobs als Reinigungskraft und am Sonntag im Gottesdienst.

Dann ist da ja auch noch der normale Alltag, der aus Kochen, Einkaufen, Putzen, Kindererziehen und anderem Haushalt besteht.

Zum Beispiel wollte ich mir für mein Aquarium Wasserschnecken besorgen.

Es gab welche im Internetversandhandel, die sind aber bald gestorben, weil man auch auf Wasserqualität und Temperatur achten muss. Dann bestellte ich welche in einem Aquaristik Shop, auch diese Schnecken lebten, bis auf eine, nicht lange.

Schließlich versuchte ich es bei Ebay-Kleinanzeigen.

Vom Kauf bis zum Erhalt der Tiere vergingen über zwei Wochen.

Ich habe mal den Email-Chat nachkonstruiert, denn auch der kostete mich einige Zeit und Nerven:

Hier der Dialog, der vorab stattfand: Ich fragte, ob der Ebayer mir die Schnecken schicken könnte?

Antwort: „Je nachdem wohin"

Ich: „Ich wohne in Dummsdorf, mit einem Päckchen, bzw. Paket, DHL, sollte es klappen. Den Versand, ca. 6 Euro müsste ich dann natürlich bezahlen. Man muss die Schnecken nur gut einpacken (Becher oder so)."

Antwort:

Antwort: „Genau Päckchen für 5€ über DHL einen Tag. wieviel schnecken wollen sie ?

Ich: „Ich würde 10 Stück nehmen. Soll ich das Geld überweisen oder per Post schicken?"

Antwort: „Ja."

Ich: „O.k., soll ich dann 15 oder 16 Euro per Post schicken oder überweisen?". Ein oder zwei Tage halten die Tiere das ganz gut aus!

Antwort: „Nene mit DHL das geht schnell das ist kein problem dann 15 €. Kontonummer: ....

Ich: „In Ordnung, dann überweise ich das Geld heute Nachmittag, ca. 15.30 Uhr am Automaten."

Antwort: „Eine Sache fehlt noch ihre Anschrift."

Ich: „Ja, tatsächlich...

Ich fügte meine Adresse hinzu und wartete etwa eine Woche. Dann meldete ich mich wieder:

„Hallo, also die Post war da, hat aber nur mein letztes Ebay-Päckchen gebracht. Ich werde morgen nochmal abwarten und werde mich melden, falls es wieder tote Hose war. Dann wäre es nett, wenn Sie mir ein paar neue Schnecken schicken könnten...

Antwort: „Das Schneckenpaket kam an mich zurück. Natürlich sind die schnecken tot und es hat übel gerochen nach dem öffnen."

Ich: „Oh, das tut mir leid! Aber es passieren die verrücktesten Sachen: Ich habe mal meinem Bekannten eine christliche DVD geschickt, da dieser keine Zeit hatte, sie sich anzuschauen, hat er sie ungeöffnet (!) einer anderen Bekannten weitergegeben. Diese hat sich beklagt, dass keine DVD in der Verpackung wäre, sondern ein Set mit vier christlichen Audiokassetten. Dann bekam ich die "Schuld", etwas Falsches eingepackt zu haben.

Da hat wohl im wahrsten Sinne des Wortes jemand seine Finger im Spiel gehabt (Post) und den Inhalt ausgetauscht!

Und der Knüller: Etwa ein Jahr später hatte mein Bekannter dann die DVD, die ich ihm eigentlich geschickt hatte, - ohne Verpackung! - in seinem Briefkasten liegen! „

Antwort: „Vielleicht hat also jemand bei der Post das Schneckenpaket beschädigt - und die Sache auf SEINE Art und Weise gelöst....

Antwort: „Das ist auch meine Vermutung aber es ist unser schaden und extra wegen den schnecken so eine versicherung machen ist auch teuer, ich habe leider es heute nicht geschafft zu packen und schicken aber ich mach es morgen.

Ich wette die DVD war am ende schon 20x angeschaut Was ist eine Christliche DVD.

 Mit der DDR kenne ich mich nicht aus. Da war ich noch ein Baby."

Ich: „Ich habe mal im Internetversand eine Raubdeckelschnecke bestellt, für 1.99 Euro und 7 Euro versicherter Versand. Das war der Wahnsinn! Dann habe ich noch zwei Raubdeckelschnecken aus der Nachbarschaft bekommen und meine bestellte Schnecke ist früher gestorben als die beiden anderen (wahrscheinlich war sie schon alt...) Dann habe ich es bei einem anderen Anbieter versucht (DHL). Alle sechs Schnecken sind wohlbehalten angekommen, aber fünf sind dann doch gestorben...

Zur DVD: Also wenn sich die Postbeamten Mühe machen, die Briefumschläge zu durchleuchten, um Geldscheine abzugreifen, das kann ich verstehen. Aber wer macht sich schon die Mühe eine DVD gehen eine Box mit vier Audiokassetten mit ähnlichem Inhalt auszutauschen?

Aber wir leben ja in einer Überwachungsgesellschaft, da wird wohl standardmäßig alles durchleuchtet. Gestern habe ich über einen Feldversuch nachgedacht: Man kündigt per Mail, Facebook o.Ä. an, Marihuana zu verschicken und versendet dann ein paar Teekrümel. Oder man schreibt von Schwarzpulver und versendet krümelige Erde. Dann wird man wohl erkennen, ob jemand am Paket "gewerkelt" hat. Das war früher so üblich, wenn wir Sachen in die DDR geschickt haben. Es gab eine genaue Liste:

"Heute schicken wir 1 Paket Zucker, 1 Knäuel Wolle, 3 Tafeln Schokolade..." und dann kamen doch nur zwei Tafeln Schokolade an.

Oh, ich sehe gerade, dass vor meiner Haustür eine große schwarze Limousine hält und schwarz gekleidete Männer steigen aus...

Ich glaube, ich mache besser mit meinem Haushalt weiter (Scherz... (das mit dem Haushalt natürlich...)) ... „

Antwort: „Ha, ha: Erfrischend zu lesen, Sie haben viel Humor."

Ich: „Haben Sie die neuen Schnecken jetzt verschickt? Ich habe nochmal 10 Euro für Porto und Versand überwiesen."

Antwort: „Nein, habe ich vergessen, ich hatte Stress auf der Arbeit. Soll ich ein paar mehr Schnecken einpacken oder Froschbiss (Wasserpflanze)?"

Ich: „Nein, nicht noch mehr Schnecken, mein Aquarium hat nur 54 Liter."

Ein paar Tage später:

„Sind die Schnecken jetzt angekommen?"

Ich: „Also alle Schnecken incl. Froschbiss sind eben mit der Post angekommen und zwei kriechen schon munter durch das Aquarium!

Ja, Humor ist, wenn man trotzdem lacht (Heinz Erhardt) und: man muss das Leben nehmen wie es kommt.

Zu meinem Post-Selbstversuch: Ich werde statt Marihuana oder Schwarzpulver Schmuck

versenden: In der vertraulichen Email wird stehen: "Hiermit sende ich Omas goldene Ohrringe. Sie sind kostbar. Bestimmt bekommst du beim Juwelier noch ca. 900 Euro dafür!" In Wirklichkeit steckt im Umschlag natürlich nur täuschen echt aussehender Schmuck und wenn die Ohrringe dann gegen einen Ring im Wert von 300 Euro ausgetauscht werden, habe ich immer noch einen Gewinn von 300 Euro gemacht. Meinerseits habe ich dann wohl nichts Illegales gemacht, und es halten keine ominösen Autos mehr vor dem Haus: Polizei in Zivil, BND, Staatsanwaltschaft, CIA, KGB, FBI...

Vorhin habe ich im Internet für meine Farbratte nach einem Medikament gesucht: Meloxidyl -"rezeptfrei bestellen". Nach jeder Suchanfrage war mein Internet blockiert. Normal ist das ja nicht, oder?

Zu meiner Person: Ich bin 50 Jahre alt und sehe aus wie die alte Frau auf der Postkarte (siehe Anhang). Oder ich bin so alt wie die Frau auf der Postkarte und fühle mich wie 50. Meine Maße sind 90 / 60 / 90. Oder, wie es mal ein Kollege formulierte: Ein Meter mal ein Meter. Kommt wohl auf die Betrachtungsweise drauf an. Danke für den netten Chat."

Letztendlich hat sich dann herausgestellt, dass die mitgesandten Wasserpflanzen so voller Schneckeneier waren, dass mein Bedarf an Wasserschnecken für den Rest meines Lebens als Aquarianerin gedeckt war.

Nebenbei schaffte ich es sogar noch, einen Versandhandel für Schneckeneier im Internet aufzumachen. Erst lief es ganz gut, doch dann legte man mir nahe, ein Gewerbe anzumelden und da stellte ich alles wieder ein. Muss denn dieses Land immer so verdammt bürokratisch sein?

Man wird ja auch nicht jünger. Das merkt frau vor allem auf dem Arbeitsmarkt: Anfang 20 ist man zu jung, man könnte ja noch Kinder bekommen, das mögen die Arbeitgeber nicht so gerne. Als ich dann meine Kinder hatte, bekam ich wegen genau dieser keinen vernünftigen Arbeitsplatz. Und mit 50 war ich schon wieder zu alt auf dem Arbeitsmarkt. Dass die Knochen knirschen und ich mit dem technologischen Fortschritt kaum noch mitkomme, vor allem mit dem, was alles im Internet „abgeht" merke ich selbst. Aber wo bleibt der Selbstwert?

In einem Buch „Ich bin ein glückliches Gotteskind"
von Christa Schneider, falk-verlag, 5. Auflage 1995
findet sich auf Seite 146 ff. folgender Text:

„Im Wandel der Jahreszeiten gleicht nie ein Tag dem anderen, womit ich immer ein neues und vielfältiges Angebot für mein Wachstum erhalte. So kann ich meinem Leben in Jeder Situation Gutes für mich entnehmen. Im Frühjahr entfalte ich mich und offenbare der Welt, wieviel Schönheit und Zartheit in mir ist. Ganz in Weiß gekleidet stehe ich da, und ich werde umschwärmt und bewundert von Bienen und Menschen. Ich bin wunderschön, ich weiß es und ich freue mich. Aber diese Pracht wird nicht lange dauern. Sie muss vergehen, damit Frucht daraus werden kann. ... ich...richte meine Aufmerksamkeit auf das Werden der Frucht.... ...voll Freude ... trage ich die rotgoldenen Früchte. Auch jetzt bin ich von großem Interesse für Menschen und Insekten.... Auch diese Früchte werden nicht ewig dauern... Sie müssen vergehen, um für höheres Leben da zu sein...

Dann wird es immer stiller um mich. Die Tage werden kürzer und kühler, und die Stürme schütteln mich. Nun muss ich mein Blätterkleid loslassen. Und so, wie ich als Baum bereitwillig Blatt für Blatt loslassen kann, lasse ich alle gehegten Standpunkte und liebgewordenen Standpunkte und liebgewordenen Vorstellungen los, Wünsche und Erwartungen, die mich unfrei machen, Befürchtungen und Einstellungen, die mir schaden. All das wollen die Lebensstürme mir nach und nach entreißen. Bis ich dann ohne Schmuck und Beachtung ganz wesentlich dastehe.... Tiefer Frieden, die vollkommene Liebe und das ewig Wahre sollen groß in mir werden."

Ich finde, das ist ein schönes Bild vom Leben: Man / frau kann eben nicht immer jung bleiben. Es gibt Zeiten, da ist man jung und attraktiv, mal hat man die Früchte seines Erfolges und irgendwann wird es ruhiger. Aber vom Auszubildenden bis zum Rentenalter sollten sowohl Mann als auch Frau auf dem Arbeitsmarkt gleichermaßen willkommen sein und sich gegenseitig ergänzen.

In einem anderen Buch (Donald A. Prater, Stefan Zweig, Fischer Verlag 1984, S. 295) habe ich folgendes Zitat gefunden:

„Was für ein Schicksal hat uns gerade in diesen Zeiten geboren sein lassen...ich sehe keinen anderen Weg als auszuwandern, mein Haus zu verlassen und zu gehen wohin immer mich das Schicksal trägt... Wenn an der Schwelle unseres Jahrhunderts eine neue Welt aus den Wogen erstand, so war es, weil die Götter sie bestimmten als ein Refugium, wo die Menschen unter freiem Himmel ihr Feld bestellen sollten, indes das grausame Schwert und eine schmachvolle Plage Europa zum Untergang verdammt. (La Boétie an Montaigne, ca. 1560)."

La Boétie war Hoher Richter in Frankreich und er war politisch sehr interessiert. In welchem Jahrhundert man auch leben mag, man / frau ist doch immer abhängig von den politischen Umständen und auch wenn man / frau unzufrieden ist, so vermag man / frau doch kaum etwas zu ändern.

Immer wieder wird es ja diskutiert, ob es die Strafe Gottes gibt.

Eine Bekannte von mir beharrte darauf, nachdem sie aus ihrer Arbeit in einer kleinen Küche herausgemobbt wurde, es so schnell kein Ersatz für sie gefunden wurde und sie meinte: „Ja, das ist die Strafe Gottes, jetzt muss meine Kollegin alles alleine machen und das, wo sie schon so große gesundheitliche Probleme hat!"

Natürlich kann man es auch als „Ursache und Wirkung" sehen: Person gekündigt, keine Nachfolge gefunden, da muss man es halt selbst machen.

Aber ich war auch mal in einer Küche in seinem Seniorenheim beschäftigt, wo man mich wohl nicht mochte und ich mich schnellst möglichst nach etwas Neuem umsah.

Während meiner Arbeitszeit meinte meine Kollegin: „Ja, du musst erst mal im Sommer hier sein, das ist die Hitze unerträglich – und dann immer mit dem warmen Essen hantieren!" So lange ich da war, gab es nur zwei oder drei warme Tage, da konnte ich ganz gut mit umgehen. Aber im Jahr darauf, als ich schon meine Stelle im klimatisierten Büro angefangen hatte, mit viel besserer Bezahlung, war der Sommer, der kein Ende nahm. Von Anfang Juni bis Ende August immer Temperaturen um die 30 Grad und drüber. Und ich musste an meine ehemaligen Kolleginnen denken. Ist das die Strafe Gottes, dass sie sozusagen in glühender

Hitze in eben dieser Küche malochen mussten? Oder einfach nur Dummheit?

Denn wenn auf dem Speiseplan Eisbein mit Sauerkraut steht oder Bratkartoffeln, dann wird das gekocht und serviert. Und wenn von 30 Bewohnern des Seniorenheimes zehn nicht zum Essen erscheinen, weil sie aufgrund von Kreislaufproblemen in ihren Zimmern bleiben und die anderen Bewohner auf Grund der Hitze nur eine winzige Kleinigkeit essen, einer aber meint: „Super lecker! Eisbein mit Sauerkraut hatten wir schon lange nicht mehr.", dann rechtfertigt das, diese Art von Speiseplan aufrecht zu erhalten, egal wie warm das Wetter noch in den folgenden Tagen und Wochen bleibt. Vor allem, dass der Speiseplan wohl schon in Wochen im Voraus geschrieben wird und die Zutaten bestellt werden: Ob es nun Wirsingkohlsuppe mit Knackern ist, Erbsen- oder Linseneintopf, Schnitzel, Bratkartoffeln oder Rotkohl mit Klößen: Das volle Programm wird durchgezogen. Wer würde schon einfache Pfannkuchen machen wollen, eine leichte Suppe, Nudeln mit Tomatensoße oder Würstchen mit einer Scheibe Brot als Beilage? Wahrscheinlich ist die Küchenleitung dafür nicht flexibel genug.

Genau wie in jenem Sommer auch exakt ab der 35. Kalenderwoche wieder die erste Weihnachtschokolade in den Supermärkten lag, die aber nun wirklich kaum jemand kaufte.

Aber, egal ob es Gott nun gibt oder nicht: Ist es nicht fantastisch, dass es den warmen Regionen wie in Spanien oder auf Hawaii viel Obst zu essen gibt? Orangen, Mangos, Papayas, nahrhafte Früchte, die man nicht groß zubereiten muss.

Man stelle sich mal vor, jemand aus Mitteleuropa würde nach Hawaii auswandern, um dort sein Geschäft mit Knödeln, Sauerkraut, Schnitzeln und Koteletts zu probieren und im Dezember hätte er jede Menge Schokolade und Gans mit Rotkohl im Angebot.

Daran kann man doch sehen, dass jedes Klima und jede Jahreszeit ihre eigenen Besonderheiten haben und wahrscheinlich wird das deutsche Volk genau deshalb untergehen, weil es trotz Klimakatastrophe stur an seiner Deutschen Hausmannskost festhält: Die Küchenkräfte kollabieren bei der Arbeit und die Menschen, die es verzehren kollabieren beim Essen und die Kinder werden immer dünner, weil die Kartoffeln nicht mehr so groß sind wie in früheren Jahren und die Pommes daher immer kleiner werden.

Armes Deutschland!

Vor nicht allzu langer Zeit hatte ich ein Gespräch mit einem Mann: „Du und mit deiner Gleichberechtigung von Mann und Frau! Seit der Gender-Politik ist das doch alles Schnee von gestern. Ist es nicht so, dass ein Mann, der alle Attribute eines Mannes hat, sich, weil er sich so feminin fühlt, als Frau registrieren kann? Und eine Frau mit Gebärmutter,

Vagina und Busen sich als Mann bezeichnen darf?" So genau habe ich mich mit dieser Gender-Politik nicht beschäftigt.

Aber ich erinnere mich an eine Zeit, wo eine Frau mit vier Kindern, die plötzlich Witwe wurde und sich einen neuen Lebensgefährten suchte, als „Nimmersattes Weibsbild" bezeichnet wurde und ein Mann, der ebenfalls vier Kinder hatte und sich als Witwer mit einer Frau einließ gelobt wurde:

„Ja, ist doch richtig, dass er sich eine Frau sucht, die sich um den Haushalt und die Kinder kümmert!"

Hat die oben genannte Frau kein Recht auf einen Mann, der sich um den Haushalt und die Kinder kümmert? Oder um ein geregeltes Einkommen, falls sie sich überfordert fühlt, „nebenbei" noch arbeiten zu gehen?

Früher hatte ich eine Schulfreundin, mit der ich zu jedem Geburtstag der großköpfigen Familie ging. Und immer wenn alle Omas und Tanten so beisammensaßen, wurde der Bruder meiner Freundin gefragt: „Und? Hast Du schon eine Freundin?" Nein, er war erst 15 Jahre alt und dachte noch gar nicht daran. Uns Mädchen hat aber all die Jahre nie jemand gefragt, ob wir schon einen Freund haben. Auch nicht, also wir schon 16, 17 oder 18 Jahre alt waren.

Mein erster Ferienjob war in einem renommierten Restaurant, wo viele Urlauber zum Essen hinkamen und es also in der Küche genug zu tun gab. Als es dann doch mal eine Flaute gab, wurde es erst ganz still in der Küche, dann begann der Chef mit zotigen Witzen und dann fragte er: „oder ist hier noch jemand Jungfrau im Raum?" Ich wurde knallrot, der Chef guckte ganz irritiert und am nächsten Tag kündigte er mir. Was ist daran so schlimm, mit 20 Jahren noch Jungfrau zu sein???

Beim nächsten Ferienjob arbeitete mit mir eine asiatische Frau. Sie war so erzogen, dass ihr Mann automatisch der größte und beste ist. Das gehört zur Tradition ihres Landes. Nun wollte sie aber ihrem Chef schmeicheln, der uns beiden gut gefiel und sie sagte: „Du bist der zweitbeste Mann auf der Welt!" Das schmeckte dem Chef aber gar nicht! Entweder er ist der Allerbeste oder man / frau hält lieber seinen Mund. Kurze Zeit später verlor meine Kollegin ihren Job. Man/n mäkelte an jedem kleinen Fehler rum, den sie machte und fand sie „untragbar". „Mobbing" nennt man das heutzutage.

Dann landete ich in einer kleinen Küche in einem kleinen Altenheim. Es kam ein neuer Koch und wir lieferten uns von Anfang an verbale Schlachten. Meine Schlacht war verloren als ich zu ihm sagte: „Als Gott den Mann schuf, da übte SIE noch." Drei Tage später hatte ich meine Entlassungspapiere in der Hand.

Ja, ich gebe zu, das war noch im vorigen Jahrhundert. Aber auch 2018 hatte ich eine Putzstelle, die ich nach Feierabend erledigte. Alle Büroangestellten waren schon zu Hause, wenn ich mich an die Arbeit machte. Einmal kam aber noch der Chef zurück, er wollte noch was kopieren. Er beobachtete mich bei meiner Arbeit und als mir ein Wischtuch runterfiel, sagte ich so zu mir: „Oh Gott, ich bin aber auch dämlich!" Der Chef fragte: „Ah, beten sie mich an?" Ich verneinte, da ich ja an den Gott glaube, der oben im Himmel ist und die Erde erschaffen hat (s.o.). Dann fiel mein Besen um und ich wiederholte: „Oh, Gott, ich bin aber auch dämlich!" Und der Chef fragte nach: „Sie beten mich also an?" Wieder verneinte ich. Das war ein Samstag. Am Montag erhielt ich einen Anruf vom Chef persönlich, er hätte gerne die Schlüssel des Büros zurück. Auf meine Frage: „Warum?", antwortete er: „Sie machen nicht genug sauber: Da ist noch Staub auf den Computerbildschirmen und auf der Toilette haben wir Haare gefunden."

Ja, wenn es sonst nichts ist! Ich brachte den Schlüssel am nächsten Tag zurück und bedauerte alle Machos dieser Welt.

Wo bleibt da die Gleichberechtigung? Lassen sich die weiblichen Chefs, wovon es ja noch immer wenig genug gibt, auch so vergöttern?

Wenn Mann und Frau absolut gleich sind, dürfen Frauen dann auch mit nacktem Oberkörper Fahrrad fahren, Rasen mähen und im Garten ein Bier trinken?

Und dürfen Männer im Bikini die Strandpromenade entlang spazieren und sich die Nägel lackieren?

Ich blicke gespannt auf die Zukunft!

Ach ja. Und dann war da noch der Professor der Psychologie, dessen Wohnung ich auch regelmäßig reinigte. Er war sehr launisch. Einmal klingelte ich nichtsahnend, da öffnete er mir die Tür und blaffte mich an: „Also wenn mir jemand sagen würde, Gott würde mit ihm reden, den würde ich hochkant hinauswerfen!"

Ich wusste nicht, dass sein Bruder gerade gestorben war und zur Sterbestunde die Nichte einen Pastor gerufen hatte. Dieser Pastor hat dem werten Herrn Professor nach dem Ableben des Bruders wohl eine lange Geschichte von der Realität von Himmel und Hölle erzählt und er konnte damit wohl nicht umgehen.

Na, auf jeden Fall kam ich rein und während ich mir die Jacke auszog meinte ich: „Warum soll Gott nicht zu den Menschen reden? Hat er es nicht auch mit Adam und Eva getan? Oder mit dem Propheten Jona? Oder zu Johannes, der die Offenbarung aufschrieb?

Oder waren die Autoren der Bibel Typen wie Hemingway, die mittellos bei einer Tasse Kaffee in einem Pariser Café saßen und ich überlegt haben: Was kann ich heute schreiben? Was ist eine gute Story? Ah, jetzt habe ich es: Ich habe mich über meine Ehefrau geärgert, jetzt schreibe ich mal, wie die Frau schuld daran ist, dass das Leben nicht mehr wie in einem Paradies ist. Aber ich will es ausführlich machen: „Am Anfang schuf Gott Himmel und Erde..."

Oder ein anderer Schriftsteller dachte sich: Die Welt ist so schlecht. Wie bekomme ich es in eine gute Geschichte verpackt: Einleitung, Höhepunkt, überraschender Wendepunkt und ein Schluss, der zum Nachdenken anregt: Oh, ich hab's, ich schreibe von einem Propheten, der von einem Wal verschluckt wird. Der Wal als solches enthält ja schon eine Tiefe Symbolik. Und den Hauptdarsteller nenne ich mal: Josef? Johannes? Nein, Jona ist ein eher seltenerer Name, der wird den Leuten im Gedächtnis bleiben... Genau, ein Prophet wird von Gott auf eine Reise geschickt, fährt aber in die entgegengesetzte Richtung, fällt ins Wasser, wird von einem Wal geschluckt... und den Rest will ich noch nicht verraten.

Und Johannes war ein ganz krasser Typ. Er schrieb gleich so, dass man noch 2000 Jahre nach der Veröffentlichung seiner Zeilen nicht wusste, was er damit meinte: „...und ich sah einen Stern, gefallen von Himmel auf die Erde; und ihm wurde der Schlüssel zum Brunnen des Abgrundes gegeben. Und er tat den Brunnen des Abgrundes auf, und es stieg auf ein Rauch aus dem Brunnen wie der Rauch eines großen Ofens, und es wurde verfinstert die Sonne und die Luft von dem Rauch des Brunnens. Und aus dem Rauch kamen Heuschrecken auf die Erde, und ihnen wurde Macht gegeben, wie die Skorpione auf der Erde... (Offenbarung, 9; 1 – 3) Die Offenbarung: Der Bestseller schlechthin, weil jede Generation aufs Neue versucht, diesen Text für sich zu entschlüsseln.

Oder ist es nicht so, dass die Leute, von Gott inspiriert, diese Geschichten aufgeschrieben haben und deshalb nach über 2000 Jahren wenigstens die ersten fünf Bücher Moses sowohl von den Juden als auch von den Moslems und Christen gelesen werden?"

Die Augen des Professors verengten sich. Wie kam ich dazu ihm eine Rede zu halten? War er nicht der Professor? Er gab mir meine Jacke, die er an den Haken gehängt hatte, zurück und meinte, das müsse er sich nicht bieten lassen und ich bräuchte auch nicht wiederzukommen. Tja, hätte er mehr psychologisches Einfühlungsvermögen gehabt, hätte er sein Gefühl der Trauer hinsichtlich des Todes seines Bruders als auch das Gefühl der Unsicherheit durch das Gespräch mit dem Pastor als auch das Gefühl des verletzten Egos durch meine paar Sätze als Frau erkannt. Nicht zu vergessen das große Gefühl der Unsicherheit, sollte es doch einen Gott geben? Und was, wenn er doch mal zu ihm reden sollte?

Einmal verlor ich auch einen Arbeitsplatz, als ich es wagte, bei einer Mitarbeiterversammlung eines Betriebes einen Vorschlag für einen neuen Slogan zu machen. Der Chef war ganz verzweifelt, der Umsatz war am Sinken und er wollte ein neues Motto für sein Geschäft. Ich schlug vor auf einen alten Song von den Eagles zurückzugreifen „Hotel California".

Ich fragte ihn: „Wie wäre es mit: You can checkout any time you want but you never can leave?"

Ich bezog mich auf den damaligen Fachkräftemangel: Innerhalb eines Jahres hatten sechs Mitarbeiter den Betrieb verlassen, aber es wurden keine neuen eingestellt. Man fand einfach keine guten Leute. So kam es, dass die verbleibenden Mitarbeiter sich echt krasse Dinger leisten konnten, ohne Gefahr zu laufen, gekündigt zu bekommen. Aber mein Vorschlag gefiel dem Chef nicht.

Ich probierte es mit: „Some try to remember, some try to forget". Eigentlich heißt es: Some dance to remember, some dance to forget, aber mir kam es jeden Tag so vor als müsste ich mich erinnern, was meine Aufgabe in diesem Betrieb wäre und abends versuchte ich das Erlebte so schnell wie möglich wieder zu vergessen. Von Tanzen keine Spur. Das Gesicht des Chefs zog sich noch mehr in die Länge.

Mein letzter Versuch war: „Such a lovley place such a loveley face", aber auch das zog nicht. Wahrscheinlich mochte der Chef weder das Lied „Hotel California" noch die Eagles.

Oder es ging ihm einfach auf die Nerven, dass die männlichen Kollegen noch schlechtere Vorschläge machten als ich.

Ein paar Tage später wurde mir wegen einer Lappalie gekündigt.

Das heißt im Kündigungsschreiben stand: „betriebsbedingt". Das ist ja ein sehr allgemeiner Begriff.

Ich hoffte, dass es nichts damit zu tun hatte, dass mir am Tag nach der Mitarbeiterversammlung der Juniorchef durch meinen gewischten Flur lief. Er hinterließ hässliche Fußspuren und ich forderte ihn spaßeshalber auf, doch selbst mal seinen produzierten Dreck wegzuwischen. Oh, das stieß auf keine gute Resonanz. Der Juniorchef gab sogar zu, dass er zu Hause nicht mal wusste, wo seine Frau die Putzutensilien aufbewahrte. Immer noch im Spaß, warf ich den Wischmop inclusive Teleskopstiel in Richtung des Mannes. Das Teil fliegt wie ein Speer, das hatten wir schon mal in einem Team in einer Großküche ausprobiert. Dort verstand man noch Spaß.

Aber der Juniorchef hatte wohl einen besonders schlechten Tag erwischt, denn als ich ihm im Anfall eines Adrenalinschubes erklärte, dass ich mich sofort beim nächsten Tag der offenen Tür nicht mehr an diese blöde Popcornmaschine stellen würde, sondern einen Selbstverteidigungskurs für Frauen anbieten würde, er könne auch seine Frau mitbringen, frau könne sich schon mit einfachsten Mitteln wehren, seien es Besen, Wischmopstiele oder Küchenmesser, ging er mit ziemlich grimmigen Gesicht wortlos davon und zwar in Richtung Chefbüro.

Kurze Zeit später raunten alle Mitarbeiter, dass beim Tag der offenen Tür die Popcornmaschine das Highlight des Tages war. Ob es die wohl beim nächsten Mal nicht mehr gäbe? Und noch einige Zeit später stand der neue Slogan direkt im Eingang des Unternehmens:

Jeder ist klug, der eine vorher, der andere nachher.

Aber vor dem kompletten Umsatzrückgang und der Anmeldung zur Insolvenz konnte das den Betrieb dann auch nicht retten.

Seit meiner Jugend höre ich Radio. Lieber höre ich Radio als das ich Fernsehen gucke. Denn das Radio kann man im Gegensatz zum Fernsehen fast überall benutzen, auch im Bus, im Auto, bei der Küchenarbeit oder abends im Bett, wenn man die Augen kaum noch aufhalten kann.

Nun hat es sich aber irgendwie eingeschlichen, dass jeder Sender, der etwas auf sich hält, das Beste aus den 70ern, 80ern oder 90ern spielt. Und immer wieder laufen die gleichen Lieder: „Dancing Queen" von Abba, „Hotel California" von den Eagles und „Country Roads" von John Denver. Als hätten diese Musiker ihr Leben lang nur dieses eine Lied komponiert und gespielt. Kein Ton mehr von Hannes Wader, Konstantin Wecker oder Jean-Michel Jarre.

Dennoch ertappe ich mich immer wieder dabei, dass ich, wenn ein Lied angespielt wird, Titel und Interpreten verwechsele.

Sind diese Lieder vielleicht ein geheimer Selbsttest zur Feststellung beginnender Demenz? Oder sollen sie den Geist anregen? Früher hat man ja jeden Text mitgegrölt, egal ob man den Text verstanden hat oder nicht.

Heutzutage frage ich mich zum Beispiel bei: Country Roads - take me home - to the place where I belong von John Denver: Was meinte der Sänger wirklich mit dem Text? Warum fährt er die Landstraße entlang und nicht den etwas schnelleren Highway, den "Highway to hell" oder die "Road to nowhere" wie andere Sänger?

Will er vielleicht etwaige Autobahngebühren sparen? Ist es ein geiziger Mensch?

Und was versteht er unter "home"? Sein Zuhause im Sinne von Haus, Frau und Kinder? Oder vielleicht schon das, was andere Menschen den Himmel nennen, wo man hinkommt, wenn man verstorben ist? Dann ist es natürlich klar, dass er sich auf seiner Reise Zeit lässt und nicht auf dem "Highway to hell" dahinbrettert.

Und wo gehört man eigentlich hin? Was, wenn das persönliche Ziel das Zuhause ist,

also die Wohnung oder das Haus, das Schicksal aber hat womöglich ganz andere Ziele. Schon so mancher Mensch hat eine bestimmte Karriere gestartet, sich dann aber verliebt oder "per Zufall" ein anderes Jobangebot bekommen und landete letztendlich ganz woanders als er sich vorgenommen hat. Und meinte im Nachhinein: Gut, dass es so gekommen ist!

Ja, so könnte man über viele Lieder nachdenken.

Was soll man auch anderes tun, wenn sie einem seit über 30 Jahren tagtäglich im Radio vorgespielt werden?

Und überwiegend rufen zufrieden Anrufer beim Sender an, und erzählen, wann, wo und zu welchem Lied sie sich glücklich verliebt haben und es anscheinend heute noch sind: "1985 in der Disco habe ich meinen Mann kennengelernt.", erklären sie begeistert. Oder: "Zu diesem Lied hatten wir unseren ersten Eng Tanz getanzt." Wen interessiert`s? Und auch diese Leute scheinen nie zu altern und sind seit mehr als 30 Jahren glücklich verheiratet. Wie geht das?

Es gibt Kontaktbörsen im Radio, da melden sich noch 75jährige und suchen die neue große Liebe (nachdem ihr Partner gestorben ist). Sie sind rüstig, unternehmungslustig und mobil.

Als ich etwa 20 Jahre alt war und auf erfolgloser Partnersuche, haben wir Mädels uns immer wieder gesagt: "Jetzt suche ich mir einen reichen Rentner, der stirbt bald und dann erbe ich alles Das ist doch besser als nichts, oder?"

Heutzutage würde ich mich so etwas gar nicht mehr trauen, auch wenn der Altersunterschied zu so einem "alten Knacker" nicht mehr so groß ist wie früher. Aber was, wenn der reiche Mann furchtbar griesgrämig ist, frau das Leben ziemlich schwermacht und noch satte 25 Jahre bei bester Gesundheit weiterlebt? Und die Lebenserwartung nimmt ja heutzutage mit jedem Jahr zu. Und schlussendlich besteht der gute Mann darauf, tägliche seine Platten „Disco 71-82 zu hören. Bis er dann schließlich das Zeitliche segnet, sind die besten Jahre der Frau schon längst vorbei.

Wie mies das Leben einer Frau sein kann, habe ich mal wieder beim Funktionstraining erlebt. Das ist das Training, dass einem der Arzt verschreibt, wenn er meint, dass er sich die Weiterbehandlung sparen kann, wenn der die Patienten zu einer von der Krankenkasse bezahlten Gymnastik schicken kann: Es dient zur Stärkung sämtlicher Muskeln im Körper und ist geeignet für alle Menschen, die sich keine Beitragsleistungen im Fitnessstudio leisten können oder wollen.

Es finden sich dort Menschen in der Altersklasse von 20 bis 80 Jahren ein, das Programm wird aber durchgezogen, als ob man gar keine gesundheitlichen Einschränkungen hätte: „Ja, noch ein bisschen tiefer! Und noch länger die Spannung halten. Ja, da geht noch was!"

Es gibt ältere Menschen, die gehen da bis zu vier Mal in der Woche hin, als scheinen sie keinen anderen Lebensinhalt zu haben. Ich selbst zähle die Stunden rückwärts: Eine Verschreibung für ein Jahr? Schon einmal dagewesen? Dann können nur noch maximal 52 Stunden kommen!

Aber darum geht es mir gar nicht.

Ich erhielt eine entsetzte Email einer Bekannten, die beschrieb, dass sie ein ausländischer Mitbürger auf dem Parkplatz angesprochen hätte, ob sie Sex mit ihm haben wolle? Ängstlich ist sie in den Supermarkt geflüchtet. Doch als sie herauskam, hatte der Mann schon andere Frauen angesprochen, welche mutig die Polizei gerufen hatten. Nun musste sie zu einer Zeugenaussage zur Polizei. Ich finde es eine Frechheit, Frauen auf dem Parkplatz anzusprechen. Was soll man als Frau im Alter von 50 Jahren antworten? Wenn wir selbstsicher genug wären, würden wir sagen: "Klar will ich Sex mit dir. Aber das kostet auch: Einmal blasen 40 Euro, alles Weitere wird noch teurer! Wie viel hast du denn dabei?" Natürlich ist die Polizei rufen richtig und der bessere Weg, aber ich hätte mich das auch nicht getraut!

Und diese Situation hat mich eben wieder an meine Übungsstunde vom Funktionstraining erinnert. Da kam ein neuer toller Trainer. Er sah blendend aus, war lustig, humorvoll und nicht so streng wie die garstige Ziege, die vor ihm die Leitung hatte. Und bei jeder Übung ging er im Raum umher und kontrollierte unsere Haltung. Aber nur die der Frauen. Vor allem den jüngeren Frauen: „Ja, so ist es gut! Und jetzt noch ein bisschen strecken! Und es muss ziehen im Oberschenkel. Ich halte mal eben dein Bein..."

Aber das tat er nicht ohne Grund. Er fasste Frauen eben gerne an.

Je jünger und attraktiver, desto länger stand er bei der entsprechenden Person.

Und ich dachte mir: Was haben wir uns früher immer verbogen und wollten toll sein, aber wofür?

So ein Trainer vergisst einen doch nach der Stunde gleich wieder! Oder? Als Mädels hatten wird natürlich damals anders darüber gedacht. „Oh, er hat mir zugeblinzelt. Bestimmt ist er auch in mich verliebt! Und nächste Stunde spricht er mich direkt an!" Und was, wenn er es wirklich getan hätte? Die meisten Männer nutzen die Frauen doch nur aus. Noch ist der Trainer frisch verheiratet und kommt aus der Elternzeit. Aber wenn er 40 ist oder älter, ist seine Ehe wohl schon abgenutzt. Da kommt ihm etwas "Frisches" doch echt gelegen, oder?

Und später, als ich 30 war, dachte ich, die Männer wären reif genug, um Verantwortung zu tragen. Aber dann lernte ich einen Mann kennen, der erzählte mir, er wäre nicht beziehungsfähig. Kurz darauf lernte sich seine neue Freundin kennen. Sie heißt Renate. Mit der war er viele Jahre zusammen.

Und mittlerweile gibt es greise Senioren, die wirklich glauben, bei jungen Frauen Mitte 20 landen zu können. Und diese stalken die jungen Frauen dann auch noch. Als hätte eine Frau in den besten Jahren, der die ganze (Männer-) Welt noch offensteht, Interesse an einem Rentner mit ungepflegtem Vollbart, der seit 50 Jahren verheiratet ist und mit allen Krankheiten behaftet ist, die so einen Senior nur befallen können.

Und diese Situation auf dem Parkplatz zeigt, dass frau selbst mit im Alter von fünfzig Jahren nicht sicher vor Übergriffen vor Männern ist.

Wie würde die Welt aussehen, wenn die Frauen genauso dreist wären: „Na Süßer? Alles fit im Schritt? Am besten kommst du gleich mal mit mir mit, damit ich es überprüfen kann! - Wie, du musst einkaufen für deine Frau? Die kann warten, der Tag ist ja noch lang genug!"

Ja, so ein Tag kann lang sein. Auch für eine Frau. Ich habe mich mal einen frustrierten Tag lang beobachtet und mich gefragt, ob es anderen Frauen wohl auch so geht? Morgens um sechs Uhr stehe ich mit meinem Sohn auf, damit er pünktlich um 7 Uhr zur Schule fahren kann. Ich duschte, mache Frühstück und unterhalte mich ein wenig mit ihm. Als er aus dem Haus war, bin ich joggen gegangen. Um acht Uhr war ich zurück und hatte erneut geduscht und mich umgezogen. Dann habe ich eine CD mit geistlichem Inhalt gehört, als Input für den Tag sozusagen. Danach bin ich einkaufen gefahren. Das dauert, auf dem schnellsten Wege, eine Stunde, da der nächste Supermarkt ein paar Kilometer entfernt ist. Die Sachen auspacken, in den Kühlschrank und den Küchenschrank räumen, die Wäsche in die Waschmaschine packen plus einer kleinen Kaffeepause, da waren wieder 45 Minuten rum. Um 10.45 Uhr habe ich mein Wohnzimmer geputzt, das hat eine Stunde gedauert. Anschließend habe ich die Wäsche aufgehängt, schon war es 12 Uhr. Blumen gießen, Staub saugen, Haustiere versorgen. Es blieb noch eine halbe Stunde zum Lesen, puzzeln, ein Computer spiel spielen, was auch immer, dann war es Zeit das Mittagessen vorzubereiten.

Nebenbei, von fast niemandem erwähnt: Das Müllproblem: Ich schäle Kartoffeln: Der kleine Eimer für den Biomüll ist voll und ich bringe ihn zum Entleeren nach unten. Ich hole das Fleisch aus der Plastikverpackung und werfe diese in den Eimer für den Müll für den gelben Sack: Auch dieser Eimer ist voll und fülle alles in den Gelben Sack um. Es fällt Einiges für den Restmüll an: Auch dieser Mülleimer ist voll und will entleert werden.

Ein letztes Stück Schokolade aus der Schublade, die Pappe in den Karton für das Altpapier. Ach, ist der schon wieder voll? Muss ich den wohl in den Keller bringen und einen neuen aufstellen. Mir kommt es so vor, dass, was auch immer ich anfasse, es ohne Müll nicht geht. Das macht mich wahnsinnig!

Mein Sohn kam um 13.30 Uhr aus der Schule, wir haben gemeinsam gegessen, dann habe ich Geschirr gespült, einen Mittagsschlaf gehalten und bin zur Arbeit losgefahren. Arbeiten von 16Uhr bis 20 Uhr, um 20.30 Uhr war ich wieder zu Hause, wir haben einen kleinen Film auf Netflix angeschaut, denn einen Fernseher haben wir schon lange nicht mehr, dann bin ich erschöpft eingeschlafen.

Warum? Warum kümmert es so wenige Leute, wie es frau zu Hause geht?

Die einzigen, die das hinterfragten, waren Johanna von Koczian mit ihrem Lied „Das bisschen Haushalt" (...sagt mein Mann, macht sich doch von allein...) aus dem Jahre 1977 und die Rolling Stones mit ihrem Lied „Mothers little helper" worin sie 1966 von kleinen gelben Pillen sangen, die die Mutter eingeworfen hat. Auf jeden Fall ein Lied eindeutig darüber, dass eine Hausfrau das Alltagseinerlei satthat.

Warum kann man sich nicht ein bisschen gegenseitig helfen? Es gibt genügend Berufe, in denen manche Menschen kaum etwas zu tun haben. Sie stehen im Laden herum und es kommt kein Kunde.

Ich keine eine sehr engagierte Frau, die hatte einen Beruf als Sachbearbeiterin, da musste sie die Büroarbeit, die sie normalerweise innerhalb von zwei Stunden erledigt hätte, auf voll acht Stunden Arbeitszeit aufteilen. Auch darüber habe ich mal einen Artikel in einer Zeitschrift gelesen, mit der Überschrift: Emails sortieren, bis der Arzt kommt. Es geht um Menschen am Arbeitsplatz, die krank werden, weil sie so wenig zu tun haben.

Kann man da nicht sagen: „Springen sie mal kurz bei Frau F. ein und holen sie für sie die Einkäufe mit dem Auto." Oder: „Frau M. ist bei Arzt, aber ihre Tochter muss vom Kindergarten abgeholt werden und braucht ein Mittagessen." Oder: „Ich weiß, dass sie gerne Fenster putzen. Im Haus gegenüber, da wo die Mutter mit den fünf Kindern wohnt, sieht es schrecklich aus. Gehen sie doch mal rüber und helfen sie. Ich rufe sie an, wenn es etwas Wichtiges im Betrieb gibt."

Es kommt ja nicht jeden Tag jemand und kauft einen Mercedes, falls man gerade in einem Autohaus als Verkäufer beschäftigt ist.

Wie war es wohl früher? Wann genau ist früher?

Als ich zehn Jahre alt war und von früher erzählte – das war in einem Zeitraum, der etwa fünf bis sechs Jahre zurüc lag, lachten die Erwachsenen. Für mich war es aber schon zu einer Zeit, als ich erst halb so alt war wie zu dem Zeitraum, als ich meine Geschichte erzählte.

Für einen Erwachsenen sind natürlich vier oder fünf Jahre zurück kein großer Zeitsprung.

Aber wann ist dann früher? Früher, als es die Deutsch-Deutsche Grenze noch gab? Früher, als der Intercity der schnellste Zug Deutschlands war? Oder früher, als wir noch einen Kaiser hatten?

Ich versuche meinen Kindern immer die Entwicklung der Technik zu erklären: Als sich alle meine Freundinnen von ihrem Geld, welches sie zur Konfirmation bekamen, eine Stereoanlage kaufen, als alle einen Walkman hatten, als der Walkman vom Discman abgelöst wurde, ein Vierfarbendrucker 2000 DM kostete, als der Computer mit 10 Megabyte Speicherplatz eine superteure Sensation war und es den ersten MP-3-Player gab. Erst steckte man als Speichermedium eine Floppy-Disk in den

Computer, später eine Diskette, dann eine CD. Das ist für junge Menschen alles kaum noch vorstellbar.

Ein Teenager von heute wird vielleicht sagen: "Früher, als ich erst 300 Facebook-Freunde hatte." Oder: "Früher, als die Lochis noch YouTube Stars waren." Oder: "Früher, als ich mein Samsung Galaxy S bekam."

Tante Greta kam vor einigen Jahren in ein Seniorenheim. Da war sie 92 Jahren alt. Sie erzählte auch immer von den alten Zeiten. Ja, früher, da war alles besser. Vor allem, als das Ladenöffnungszeitengesetz noch darauf bestand, dass die Geschäfte von morgens um 8 Uhr bis mittags um 12 geöffnet hatten, nachmittags von 14 bis 18 Uhr, mittwochs und samstags nur vormittags bis auf den einen langen Samstag im Monat, wo auch nachmittags geöffnet war. Dafür hatten die Friseure und Bäcker grundsätzlich montags zu, damit auch diese mal Zeit zum Einkaufen hätten. Das war immer ein Run auf Lebensmittel, vor allem, wenn man oder frau berufstätig war. Und den Online-Versandhandel gab es ja noch nicht. Ich weiß nicht, wie man diesen Zeiten nachtrauern kann.

Wahrscheinlich konnte sich meine Tante sowieso nicht mehr so richtig an die Vergangenheit erinnern, denn als sie ins Seniorenheim einzog, ließ sie auf ihrem Tablet den ganzen Tag alte deprimierende Lieder laufen: Bei "Sound of silence" von Simon & Garfunkel sang sie immer bei der Strophe "Hello darkness my old friend – I´ve come to talk with you again" laut mit.

Ebenso beim Lied von den Rolling Stones "Paint it black": "I see a red door an I want to paint it black. No colours anymore I want them to turn black."

Und ebenso von den Rolling Stones "As tears go by": It is the evening of the day sit and watch the children play. Smiling faces I can see But not for me. I sit and watch as tears go by."

Das ging den Pflegern gehörig auf die Nerven und sie waren froh, als diese Musik allmählich aufhörte.

Natürlich kann es auch sein, dass meine Tante sich sehr gut an die Vergangenheit erinnerte und irgendwie schien schon damals alles irgendwie düster gewesen zu sein. Wie sonst ist die Entstehung – und Bewahrung all dieser alten Lieder zu erklären?

Meine Tante bekam einen neuen Schub der Depression. Sie sang ständig den Refrain von Level 42 aus dem Lied "Living in a box": "I'm a livin' in a box. I'm a livin' in a cardboard box. I'm a livin' in a box. I'm a livin' in a cardboard box. I'm a livin´in a box." Dann: "It´s my party an I`ll cry if I want to, and I`ll cry if I want to. I´ll cry if I want to. You would cry if it happened to you" aus dem Lied von Lesley Gore "It´s my party".

Mehrmals am Tag lief das Lied von The Who: "My generation: " Bei der ersten Strophe: "People try to put us d-down, (Talkin' 'bout my generation) Just because we get around

(Talkin' 'bout my generation) Things they do look awful c-c-cold (Talkin' 'bout my generation)

I hope I die before I get old (Talkin' 'bout my generation)" sang sie immer besonders laut mit.

Wenn ich meine Tante besuchte, merkte ich, dass der eine oder andere Pfleger das Lied mitsummte. Obwohl es aus dem Lied 1965 stammt ist es wohl generationenübergreifend.

Genauso verhielt es sich mit dem Lied der Rolling Stones "Satisfaction": "I can't get no satisfaction, I can't get no satisfaction 'Cause I try and I try and I try and I try I can't get no, I can't get no."

Wer ist schon mit seinen Lebensumständen zufrieden und darf seiner Unzufriedenheit laut kundtun außer den Musikern? Dann beruhigte sich meine Tante wieder ein wenig. Sie ließ weniger ihre Musik laufen und nahm dafür mehr am Leben im Seniorenheim teil, wenn man da überhaupt von Leben sprechen darf. Freizeitangebote gab es wenige und die meisten Bewohner waren mit jeder Menge Tabletten ruhiggestellt. Nur meine Tante schien immer aufgeweckt, was wohl auch an den vielen Besuchen ihres Urenkels lag, der ihr immer "besondere" Pillen mitbrachte. Das durfte aber keiner wissen. Eine davon hatte die Eigenschaft, die chemische Wirkung von Beruhigungspillen ins Gegenteil umzukehren. Die Herstellung chemischer Drogen ist ja mittlerweile vergleichbar mit der legalen

Pharmaindustrie. So versuchte es mir jedenfalls der Urenkel zu erklären.

Das hielt meine Tante aber nicht davon ab, weiter depressive Schübe zu bekommen.

Dann lief das Lied "With a little help von my friends" von allen möglichen Interpreten: Joe Cocker,

Wet Wet Wet, Sam and Mark, Joe Brown, Young Idea, Steve Lee, Bo Katzmann, John Brack, Bee Gees, Ike & Tina Turner, Puddle of Mudd, New Seekers, Jeff Kenner und Santana. Auch Barbra Streisand, Knorkator, David Qualey und die Beatles coverten dieses Lied.

Lieder wie "Fool if you think It's over" von Chris Rea wechselten ab mit "Knockin on heavens door" von Bob Dylan. Wobei "Fool if you think It's over" mehr an den Tagen lief, an denen meine Tante krank war und mache dachten, dass wohl bald ihre letzte Stunde geschlagen hätte oder wenn unliebsamer Besuch kam, der es wohl nur auf das Erbe abgesehen hatte.

An Tagen, an denen die Pfleger besonders unfreundlich waren, lief stundenlang das Lied "Another day in paradies" von Phil Collins.

Manchmal änderte sie auch das Lied: "Am Tag als Conny Kramer starb" um mit der einen Textzeile: Am Tag, als Tante Greta starb und alle Glocken klangen - Am Tag, als Tante Greta starb und alle Freunde weinten um sie- Das war ein schwerer

Tag, weil in euch eine Welt zerbrach... Beim Glockengeläut drehte sie extra laut auf.

Das lockte dann wieder die anderen Bewohner an, weil sie dachten, dass irgendwo im Heim ein Gottesdienst stattfinden würde. Friedlich eingeschlafen ist meine Tante dann beim Lied "Stairways to heaven" von Led Zeppelin aufs dem Jahre 1971. Nachdem das Lied auch am Abend noch lief und meine Tante nicht zum Abendessen kam, fanden die Schwestern sie, wie sie mit geschlossenen Augen in ihrem Lehnstuhl saß, das Tablet auf den Knien, und als die Muskulatur nachließ hat der Zeigefinger wohl mehr oder weniger absichtlich auf die Repeattaste gedrückt.

Der Text des Liedes ist sehr philosophisch. Warum diskutiert man nicht über so etwas in der Schule? Ich habe gehört, dass man in der Schule noch immer Gedichte von Joseph von Eichendorff, welcher im Jahre 1857 verstarb, interpretiert. Warum nicht mal was, das 100 Jahre jünger ist als diese ollen Kamellen? Gab es denn nach Goethe, Schiller und von Eichendorff keine guten Interpreten mehr? Auf jeden Fall schien es, als ich die letzten Habseligkeiten aus dem Zimmer meiner Tante räumen musste so, als wären alle froh, dass diese Musik nicht mehr lief. Dafür dudelte im Gruppenraum stetig still und leise Musik von Wagner.

Aber als ich später noch einige Male wieder in das Seniorenheim kam um andere Bewohner zu besuchen, schien es mir immer wieder so, als ob einige Pfleger und Pflegerinnen ganz leise die Melodie von "My Generation", "With a little help from my friends" und "Sound of silence" vor sich hin summten. Und mir schien es, als ob meine verstorbene Tante in der für uns unsichtbaren Welt laut vor sich hin kicherte.

Eine Zeitlang habe ich mich mit Erich von Däniken beschäftigt. Er behauptet, dass "vor unserer" Zeit. Außerirdische die Erde besucht haben und den Menschen bei ihrem Erdenleben geholfen haben, unter anderem eben auch beim Bau der Pyramiden. Vor allem erwähnt von Däniken immer wieder die Bibelstelle Hesekiel, Kapitel 3, Vers 12 ff.: 12 Und ein Wind hob mich empor, und ich hörte hinter mir ein Getöse wie von einem großen Erdbeben. Gelobt sei die Herrlichkeit des HERRN an ihrem Ort! 13 Und es war ein Rauschen von den Flügeln der Gestalten, die aneinanderschlugen, und auch ein Rasseln der Räder neben ihnen, ein Getöse wie von einem großen Erdbeben.
14 Da hob mich der Wind empor und führte mich weg.

Mit dieser Bibelstelle will von Däniken ausdrücken, dass Hennoch von einem außerdischen Raumschiff abgeholt wurde. Ich frage mich, ob das heutzutage noch so funktionieren würde. Klar, zur Zeiten der Bibel gab es nur die Geräusche der Natur und natürlich noch den Lärm, den die Menschen machen können, zum Beispiel ist auch immer mal von Kriegslärm die Rede und als die Israeliten sieben Tage lang Posaune blasend um Jericho gelaufen sind, war es wohl auch nicht gerade leise.

Aber im gewöhnlichen Alltag war es wohl, im Vergleich zu heute, eher leise.

Ich wohne in einem Dorf. In einer Seitenstraße. Aber wirklich leise ist es da den ganzen Tag über nicht: Zwei Mal in der Stunde kommt der Bus und fährt auch wieder ab. Dann kommt die Müllabfuhr. Gelegentlich fahren die schweren Autos der Abfallwirtschaft umher, um Sperrmüll abzuholen. Der Bauer kommt mit seinem Traktor, um auf Feld zu fahren, im Herbst fährt er mit schweren Erntemaschinen. Die Anwohner fahren, wie mir scheint, pausenlos weg und, wenn sie zurückgekommen sind, gleich wieder los, um Besorgungen zu erledigen. Am Himmel fliegt der Flugverkehr zum Flughafen Hannover, dann Hubschrauber und Düsenflieger auf Übungsflug. Die Rettungsfahrzeuge hört man, auch wenn sie weiter weg zu ihrem Einsatzort fahren. Manches Mal fährt ein schweres Baufahrzeug oder ein Laster, dessen Fahrer sich verfahren hat, aber dann schaue ich schon gar nicht mehr aus dem Fenster.

Sollte also tatsächlich mal ein Raumschiff mit "lautem Getöse" landen, um mich abzuholen, dann würde ich es wahrscheinlich gar nicht bemerken. Da hilft dann vielleicht nur eine SMS auf das Smartphone: "Warte draußen auf dich. Komm schnell. A. Lien." Aus lauter Neugier auf diesen geheimnisvollen Absender würde ich dann vielleicht vor die Haustür treten. Aber den Lärm eines Raumschiffes vom heutigem Verkehrslärm zu unterscheiden ist wohl eher schwer. Und wer weiß? Vielleicht haben ja auch die Außerirdischen ihre Technik verbessert und fliegen mit Hybrid und man würde das Raumschiff im Zweifelsfall überhaupt nicht mehr hören, weil es Drumherum so laut ist?

Als Mädchen hatte ich ja oft das Gefühl, nicht ernst genommen zu werden. Die Jungs wahrscheinlich auch. Warum war es einem strengsten verboten, das Wort Scheiße zu benutzen, laut zu pupsen und in der Nase zu popeln, während es die Erwachsenen ständig taten? Dann, als man noch kleiner war, wurde einem die Ehrfurcht vor dem Weihnachtsmann beigebracht, der einen bestraft, wenn man nicht "lieb" war und einem gegeben Falls keine Geschenke bringen würde. Warum blieb das Verhalten der Erwachsenen stets folgenlos, auch wenn sie, in meinen Augen, viel unanständiger und ungerechter waren als ich?

Als Teenager gab es die Warnungen vor den gefährlichen Drogen wie Marihuana und Heroin, während die Eltern sozusagen Kette rauchten und fast jedes Wochenende besoffen waren. Rein statistisch gesehen ist es wohl kein Vergleich zu dem was die Jugend so "kifft" oder andere illegale Drogen nimmt im Verhältnis zu dem allgemeinen Alkohol- und Nikotinkonsum und deren Folgeschäden, deutschlandweit betrachtet. Aber wen kümmert´s?

Ist es nicht vielmehr so, dass Intelligenz bei Mädchen und Frauen noch immer nicht besonders hoch angesehen wird?

So verlor ich mal wieder einen Job, als ich in einem Unternehmen Fußböden zu reinigen hatte. Ich hatte nur ein einziges Putzmittel zur Verfügung und während der eine Fußboden, es handelte sich um Fliesen, immer sauberer wurde, wurde der andere Fußboden, täglich dunkler. Es war wohl ein Natursteinfußboden. Der Chef stellte mich zur Rede. Natürlich hätte ich sagen können: "Eine Putzfrau kann nur so gut putzen, wie man ihr nützliche Putzmittel zur Verfügung stellt." Oder: "Wenn das Mittel bei der einen Fläche wirkt, heißt es noch lange nicht, dass es auch die andere Fläche reinigt."

Aber es rutschte mir raus: "Das liegt am Energieerhaltungssatz. Das heißt: Keine Energie in einem geschlossenem Raum geht verloren. Wird es irgendwo wärmer, dann wird es an einer anderen Stelle kälter. Beispiel: Kühlschrank: Er erzeugt Wärmeenergie, die er nach außen abgibt, damit es im Kühlschrank drinnen schön kühl ist."

Da ich nicht wusste, ob das so genau richtig ist, fügte ich hinzu: Also wenn man einen großen Sandberg hat und man nimmt davon eine bestimmte Menge weg, um den Sand an einer anderen Stelle anzuhäufen, wird der ursprüngliche Sandberg automatisch kleiner. Je größer der eine Haufen wird, desto kleiner wird der andere Haufen.

Daran gibt es wohl nichts zu rütteln: Die Menge Sand bleibt immer gleich, egal wieviel man wegnimmt. Der Sand wird also nur verlagert, sozusagen.

Allerdings weiß ich nicht, ob das auch bei Licht funktioniert: Wenn ich Licht in einen dunklen Raum bringe, wohin verschwindet dann die Dunkelheit?

Aber wir wollen nicht philosophisch werden. Oder wird es irgendwo leiser, wenn jemand das Radio an anderer Stelle lauter stellt?

Na, auf jeden Fall wollte ich sagen: Gemäß dem Energieerhaltungssatz, kann es da nicht sein, dass, wenn eine Fläche sauberer wird, die andere Fläche dann automatisch schmutziger wird?"

Darüber wollte der Chef nachdenken und am nächsten Tag hatte ich dann meine Kündigung im Briefkasten. Naja. So spielt das Leben.

Wie ich wohl schon einmal erwähnte, fühle ich mich als Frau nicht besonders verstanden. So geht es wohl vielen Frauen.

Wie sonst könnte es sein, dass sich in etwa folgende Geschichte abgespielt hat:

Ein Mann kommt zu einem Polizeibüro und möchte seine Frau als vermisst melden.

Der Polizist fragt: "Wie groß ist ihre Frau denn?"

Der Mann zeigt auf Brusthöhe, dann etwas höher und meinte: "Nein, ich glaube, meine Frau ist doch genau so groß wie ich!"

Der Polizist fragte weiter: "Und die Figur: eher schlank oder dick?"

Der Mann: "Na, so mittel. Eigentlich eher schlank. Aber dann hat sie ziemlich zugenommen. Und zuletzt hat sie eine Diät gemacht. Hat sie jedenfalls gesagt."

Polizist: "Augenfarbe?"

Mann: "Ja, so grün. Grünlich. Ins braune gehend. Oder waren sie doch braun? Also sie fragen vielleicht Sachen!"

Polizist: "Die Haarfarbe?"

Darauf der Mann entrüstet: "Also da fragen Sie mich wirklich zu viel. Letzte Woche waren sie rot. Oder brünett? Diese Woche mehr blond. Nein, sie färbte sie braun. Haselnussbraun? Dunkelbraun? Oder war es doch Schwarzbraun? Woher soll ich das denn wissen?

Aber eines kann ich ihnen sagen: Diese Frau ist mit meinem silberfarbenem Audi A 8 davongefahren. Er hat einen V6-Zylinder-Dieselmotor, ein Common-Rail-Einspritzsystem, eine Abgasturbo -aufladung und eine 7-Gang S-tronic Schaltung. Der Hubraum beträgt 2967cm3. Natürlich hat das Auto einen Allradantrieb. Die Lenkung ist elektromechanisch. Vorne an der Fahrertür ist eine kleine Schramme und der Tank ist noch zu ¾ voll!"

Der Polizist blickt den Mann hoffnungsvoll an und sagt: "Keine Sorge: Ihr Auto finden wir bestimmt!"

Alle Jahre wieder ist Weihnachten. Auf meinem Abreißkalender fand sich folgendes Rätsel: Finden Sie aus den Buchstaben von HEILIGEABEND so viele Wörter wie möglich:

Ich machte mich ans Werk: Heilig und Abend. Das war ja noch leicht. Aber es müssen sich doch noch mehr Wörter finden lassen: agil, baden, Bach, Bali, Band, beige, Beagle, Beil, Bein, Bengale, biegen, Binde, Blende, Dach, Dieb, Diele, Ei, Eibe, Eile, Ende, Gabel, Gaben, geben, Geld, Geil, Giebel. Gilde, Gnade, Hagen, Hebel. hebeln, heben, Heilen, Hege, heben, Hilde, Igel, Lachen, Lage, Land, landen, Leben, Leib, Leihen, Lehen, Leiden, Legen, Lende, Liebe, lieben, Lied, Liga, Nabel, Nagel, Nebel, Neid.

Das sind über 50 Wörter. Es hat aber ein Weilchen gedauert, bis ich sie zusammen hatte. Aber man hat ja sonst nichts zu tun an Weihnachten, außer vielleicht über die Heiligen Drei Könige nachzudenken: Woher kamen sie wirklich? Waren es wirklich Könige oder doch eher Weise, wie es zur damaligen Zeit ja viele im Orient gab? Sie sind ja wohl nicht, wie in den herkömmlichen Krippenbildern immer dargestellt, zu Fuß gekommen, nur mit den Geschenken in der Hand. Haben sie vielleicht schon ein paar Monate vorher in die Sterne, bzw. In ihr astrologischen Aufzeichnungen geschaut und gesagt: "Ja, genau. Das ist es: Hier wird der vorhergesagte Königssohn geboren. Hm. Lass mal rechnen: Eine Strecke von vielleicht 300 Kilometern. Da brauchen wir wieviel Proviant und Klamotten zum Wechseln? Also ich gehe nicht zu Fuß und trage auch nichts. In der Wüste ist es doch IMMER zu heiß. Ich werde ein Lastkamel mitnehmen und ein Kamel zum Reiten. Was denkt ihr?"

Der zweite König, oder Weise, wird eingeworfen haben, dass man Zelte zum Übernachten braucht, die Zwischenstopps an bestimmten Oasen eingerechnet haben und auch einen Umweg auf der Karte eingezeichnet haben, falls man bestimmten Rebellengruppen ausweichen musste. War vielleicht eine Leibgarde notwendig? Dann auch für diese Zelte, Proviant und eventuell Kamele.

Und der dritte König dachte daran, dass man ja ordentlich aussehen muss, wenn man an den Hof von König Herodes kommt, also saubere Klamotten und ein gepflegtes Äußeres und an die Geschenke musste man auch denken.

Es konnte damals ja noch keiner ahnen, dass sie an der Krippe vom Jesuskind landen würden.

Es waren ja wohl keine drei Jungs, die sich zu Hause langweilten, bis einer meinte: "Ey, mein Astrologenkumpel meinte, da in Jerusalem, oder war es Bethlehem? ach egal, da wird ein Riesenevent stattfinden. Da wird ein Königskind geboren. Ist aber so eine Insidersache." Und dann haben sie etwas Taschengeld eingesteckt, was zu rauchen und sind in ihren klapperigen VW-Bus gestiegen, den der Vater am Tag zuvor noch aufgetankt hatte, weil er damit am nächsten Tag zum Baumarkt wollte.

Ja, und wenn sie nicht im Wüstensand steckengeblieben sind, sind sie wohl noch immer auf ihrem

Road Trip, den man, hätte er zu einem noch späteren Zeitpunkt stattgefunden hätte, auf Posts im Internet supi hätte verfolgen können...

Aber Jungs werden ja wohl nie so richtig erwachsen. Beispiel: Wenn Mutti damals zum Zahnarzt oder zum Friseur ging und ihren Sohn mitnahm, sagte sie: "Nimm dir was zum Spielen mit." Der kleine Sohn steckte sich dann also wohl ein Spielzeugauto ein, mit dem er dann nervös auf der Stuhllehne, oder wenn er mutig war, auf dem Fußboden herumkurvte, bis Mutti mit ihrer Behandlung fertig war.

Später hatte das Kind, also meistens eben die Jungs, einen Gameboy, um sich etwaige Wartezeiten zu vertreiben. Dann, als die Jungs volljährig waren und eigene Familie hatten, kauften sie ihren Söhnen, Duplo, Lego und Eisenbahnen, um dem eigenen Nachwuchs zu zeigen, wie man "richtig" spielt. Und bis ins hohe Alter hinein können sich doch wohl die meisten Männer über die "schnittigen" Autos freuen, die es auf der Straße zu sehen gibt.

Warum also haben so viele Frauen Schwierigkeiten, ihrem Mann das Passende zu Weihnachten zu schenken? Vielleicht probieren sie es mal mit einer großen Packung Lego.

Wenn Weihnachten rum ist, und sich die Feiertage hinziehen, mache ich mir Gedanken über die Evolution. Ist es wirklich so, wie Darwin es sich gedacht hat?

Was hat die Fledermaus gemacht, als sie im Zwischenstadium zwischen Maus und Fledermaus war? In einer Höhle abgewartet, bis die passenden Flügel gewachsen waren?

Und wie hat die Natur das beim Menschen hinbekommen: Alleine schon die Drüsen: Nasensekret, Scheidensekret, Schweißdrüsen, Galle, Lymphe: Alles im besten Zusammenspiel, bis man eben mal krank wird und es nicht mehr so richtig funktioniert.

Und dann die Hormone: Chemische Substanzen in allerkleinsten Mengen, die zum Beispiel das Nervensystem am Laufen halten. Und wenn es mal nicht so richtig klappt, muss man nur ein Stück Schokolade essen und schon fühlt man sich besser. Ich bin begeistert! Wenn ein Mensch etwas entwickelt, und sei es nur ein neues Nahrungsmittel wie ein Müsliriegel, dann laufen da monatelang diverse Testreihen, bis das Produkt auf den Markt kommt. Ein Mensch hingegen wird geboren – und dann funktionieren die Grundfunktionen meistens schon tadellos!

Aber die Evolutionstheorie von Darwin ist eben nur eine Theorie. Und eine Theorie ist eben nicht bewiesen! Genau wie die Gedanken der Verschwörungsthoretiker.

Aber eine Evolutionstheorie wird bedingungslos geglaubt, eine Verschwörungstheorie hingeben von vornerein abgelehnt.

Wissenschaftler behaupten ja auch, dass die alten Ägypter Meister in der Bierbraukunst gewesen seien. Um ihr Bier kühl zu lagern, bauten sie die sogenannten Bieramiden, die in späteren Jahren, durch gewisse Fehler in der Überlieferung, dann Pyramiden genannt wurden. Natürlich wurde das Bier auch exportiert und die Handelsschiffe dann auch immer wieder überfallen. Von den sogenannten Bieraten, später Piraten genannt. Und die Logistik der Bierbraukunst und des Exportes des Bieres wurde von den Bierokraten abgewickelt, heutzutage Bürokraten genannt.

Aber auch diese Behauptungen sind noch nicht abschließend bewiesen.

Und wenn dann so meine schlauen Gedanken durch den Kopf wandern, denke ich, dass es doch noch Zeit wäre, eine Doktorarbeit zu schreiben. Aber über welches Thema? Als Diplom-Oecotrophologin sollte es schon mit Ernährung zu tun haben. Aber natürlich muss man politisch korrekt sein. So ist schon seit langem bekannt, dass die Deutschen zu viel Fett verzehren, aber als dann eine Kampagne gestartet werden sollte, wo die Deutschen dazu angeregt werden sollten, täglich 10 Prozent Fett weniger zu essen, spielte die Nahrungsmittelindustrie nicht mehr mit. Sie hatte sich wohl schon ihre etwaigen Umsatzeinbußen ausgerechnet.

Da kam ich auf Zwerge, Kobolde, Trolle, Wichtel und Gnome. Erst einmal: Was unterscheidet diese vier Wesen voneinander? Zwerge leben ja meistens in den Bergen. Laut Wikipedia sind Zwerge eine Sammelbezeichnung für menschengestaltige, kleinwüchsige Fabelwesen, die meist unterirdisch in Höhlen oder im Gebirge leben. Oftmals sind sie gute Schmiede, Bäcker, Schneider oder Schuster.

Kobolde leben als einzelne Individuen an ein bestimmtes Haus, einen Ort oder an eine Familie gebunden. Es handelt sich dabei um Haus- und Naturgeister.

Ein Troll kann sowohl ein Kobold als auch ein Dämon sein.

Ein Wichtel ist ein kleiner Hausgeist, der überwiegend Gutes tut und ein Gnom

Der Gnom (Plural: Gnomen) ist ein kleinwüchsiges, menschenähnliches Fabelwesen, das nach Paracelsus, als ein Elementarwesen angesehen wird und als Berggeist dem Bereich der Erde zugeordnet ist. Später wurde der Begriff Gnom nahezu synonym für Zwerg oder Kobold, die nicht nur unter der Erde, sondern auch in Wäldern, Bergen und Gewässern leben können. In der modernen Fantasy näherte sich der Gnom (besonders durch den Einfluss englischer Literatur) auch dem Goblin an.

Wenn man sich an Schneewittchen und die sieben Zwerge erinnert, dann weiß man, dass Schneewittchen sich an den gedeckten Tisch gesetzt hat, also kann man davon ausgehen, dass Zwerge sich durchaus selbst versorgen können.

Den nordischen Trollen muss man, soweit ich weiß, immer mal ein Schälchen voll Milch hinstellen, um sie gnädig zu stimmen. Ebenso wie die irischen Kobolde.

Na, das ist ja schon ein Anfang. Jetzt muss ich mir nur noch einen Mentor suchen, der meine Doktorarbeit betreut und schon kann ich mit der Dissertation anfangen und eventuell noch eine Habilitation dranhängen, um einen Professorentitel zu bekommen.

Die Welt wird sich wundern, welches Wissen ihr bisher vorenthalten wurde!

Solange trage ich noch mein T-Shirt mit der Aufschrift: „Frau mit Grill sucht Mann mit Kohle"! Denn als alleinstehende Frau hat man es nicht leicht. Auch wenn man älter wird.

Ich bin auch kein Freund von Facebook und ähnlichen öffentlichen Portalen. Einmal habe ich mich aber doch angemeldet und zwar als ich mich ordentlich über einen meiner Söhne geärgert hatte. Deswegen habe ich als Nutzernamen „Deine Mutti" angegeben. Prompt hatte mein Sohn eine Freundschaftsanfrage von „Deiner Mutti". Das war ihm wirklich peinlich. Verschiedene Profile von ihm wurden mehr als 200 Mal geliked von „Deiner

Mutti" und der Beziehungsstatus von „Deiner Mutti" war natürlich „Offen". Schließlich hat mein Sohn mir gedroht mich nie wieder Weihnachten zu besuchen. Da habe ich mit dem Blödsinn aufgehört.

Da ich den technischen Ansprüchen des modernen Computerzeitalters nicht gewachsen war, blieb ich nicht lange in meinem Job bei der Zeitungredaktion. Seit einiger Zeit hatte ich wieder eine kleine Putzstelle in einer kleinen Firma und war „Hartz-IV-Aufstockerin", wie es so schön heißt. Da ich mich aber nicht zu alt für Neues fühlte, bin ich zum Jobcenter gegangen und habe gefragt, ob sie nicht noch eine andere Möglichkeit für mich hätten? Ich wäre bereit, Neues zu lernen, auch die heutige Computertechnologie, wenn man mir nur genug Zeit ließe.

Meine Sachbearbeiterin schlug mir vor, an einer siebenmonatigen Weiterbildungsmaßnahme teilzunehmen. Das hörte sich doch gut an! Das gesamte „MS-Office-Programm", was auch immer das sein sollte. Nun gut. Es war nicht schlecht. Zuerst einmal lernten wir das Word-Schreibprogramm kennen, doch als ich verschiedene Unterschriften ausprobierte:

Dr. Snuggles

Der Präsident

Die Bundeskanzlerin

Euer Hochwohlgeboren

Δ. Γριεχηε

H. HOCHGESTOCHEN

A. Bauhaus

ȳ‿ ~ • ‿ æ⸹ ⋯‿

ε̄‿ ≑Ṡ íḾm̪ǸṔ ĭ ṕṔQ́q́Q̀

Δ. Ρυσσε

Fr. Korrekt

𝔄. 𝔄𝔰𝔟𝔞𝔠𝔥-𝔘𝔯𝔞𝔩𝔱

D. Lehrerin

M. Sonnenschein

John Synclair

𝒜. ℒ. 𝒱𝒾𝓋𝒶𝓁𝒹𝒾

M. ARABIC

E. Lephant

bekam ich meine erste Rüge.

Ob ich hier Unterschriften fälschen wolle? So ginge das aber nicht. Also schrieb ich Backrezepte ab und formatierte diese. Ein Backrezept handelte von Bagels. Meine Sitznachbarin wusste nicht den Unterschied zwischen Donuts und Bagels. Da ich nun keine backen wollte, dazu fehlte mir die Zeit, kaufte ich am nächsten Tag welche. Die Bagels sahen alle gleich aus. Die Donuts hatten verschiedene Farben. Ich nahm die gelben. Ich konnte nicht wissen, dass die Gelben die mit Eierlikör drin waren. Also hatten wir am Vormittag alle einen kleinen Schwips.

Wieder gab es eine Rüge: Alkohol in dieser Bildungseinrichtung zu sich zu nehmen sei strengstens verboten.

Ich verkniff es mir nachzufragen, warum nun ausgerechnet Alkohol verboten sei, aber niemand auch nur ein Wort sagte, wenn andere Teilnehmer völlig zugekifft erschienen und den ganzen Tag nichts anderes taten als sich You Tube-Videos über Elfen anzuschauen.

Die Dozenten waren ausschließlich Männer (so viel zum Thema Gleichberechtigung) und wahrscheinlich konnten sie es einfach nicht ertragen, dass wir Frauen so fröhlich beschwips waren. Und wahrscheinlich waren sie die ersten, die gleich nach Feierabend zu Hause ihren eigenen Joint anzündeten. Anders war der Alltag wohl nicht zu ertragen.

Ich schloss meine Unterrichtseinheit über Word einigermaßen erfolgreich mit einer Prüfung ab. Dann ging es mit Excel weiter. Auch damit war ich bald fertig, denn im Grunde musste man nur die auf die entsprechenden Felder klicken und in der oberen Zeile eine bestimmte Formel eingeben. Verstanden habe ich diese Formeln nie wirklich. Ich habe sie einfach immer wieder abgeschrieben. Auch die Excel-Prüfung hatte ich bald bestanden. Dann ging es mit Outlook weiter. Das ist ein Emailprogramm, welches mir vor allem mit seiner Datenunsicherheit auffiel. Denn ALLE Schüler in diesem Kurs benutzten dasselbe Emailkennwort und schließlich hatte jeder Zugriff auf die Daten der anderen. Da gab es ulkiges zu lesen: Email an Maria: „Willst du mit mir gehen? Dennis". „Hey Tommy, für morgen melde ich mich krank. Lass uns in die Mall gehen., Frank. „Wo zum Kuckuck soll auf der Tastatur die Tab-Taste sein???", Lilly.

Richtig Ärger gab es, als ich alle Daten meiner ehemaligen Mitschüler in eine Excel-Tabelle eingab und diese dann per Word-Serienbrief über Outlook zu einem Ehemaligentreffen einlud.

Man dürfe dieses Emailprogramm auf KEINEN Fall für private Zwecke nutzen!!!

Vorsichtshalber kam ich dann in eine andere Klasse. Ich sollte Photoshop machen. Es hörte sich alles ganz easy an, und ich dachte daran, als „Gesellenstück" sozusagen, einen gefälschten Ausweis zu präsentieren. Aber das ging nun mal gar nicht. Erstens war Photoshop schwieriger als ich es mir vorgestellt hatte, dann arbeiteten wir mit einem völlig veralteten Programm auf einem völlig veralteten Computer mit einem viel zu kleinen Bildschirm. Und zu allem Übel druckte der Drucker nur schwarz-weiß aus. Aus Kostengründen, so hieß es.

Nun blieb mir nur noch PowerPoint. Die erste Aufgabe war es, eine persönliche Bewerberpräsentation von sich zu erstellen. Ich schrieb also fleißig drauflos:

Folie 1: Ich möchte mich bei Ihnen vorstellen.

Folie 2: Wie ich aussehe (Das Bild der Venus von Milo) / Wie ich mich fühle (Comic einer verzweifelten Frau)

Folie 3: Warum ich mich bei Ihnen bewerbe:

- Ich bin nicht mehr ganz jung- pleite, verzweifelt
- und ich brauche das Geld.

Folie 4: Meine Qualifikationen:

Früher wollte ich reich und berühmt werden

- Aber Frauen meiner Generation

  sind dazu erzogen, besonders

- anpassungsfähig,

- duldsam und

- gutmütig zu sein und

- lassen sich leicht ausnutzen

Folie 5: Mein derzeitiger Arbeitsplatz (Bild von einem chaotischen Autohaus)

Folie 6: Ich habe eine künstlerische Ader, bin kreativ, humorvoll und habe eigene Ideen (Bild der Notre Dame, von mir aus 7000 Streichhölzern gebaut)

Aber: Das interessiert den normalen Arbeitsmarkt nicht, denn Frauen werden immer noch diskriminiert. (Daneben ein Werk von Camille Claudel, deren Werke auch immer missachtet wurden, weil sie eine FRAU war.)

Folie 7: Nicht destrotrotz bin ich bereit fast jede Arbeit anzunehmen.

Und sollten Sie schon aus dem Alter raus sein, wo sie mich in Ihrem Betriebe einstellen können: Auch Sie bekommen Ihre Chance:

1. Ohne-Moos-Nix-Los.de (Link zu meiner Kontoverbindung)

2. Sugar-Daddys aufgepasst: Frau-mit-Grill-sucht-Mann-mit-Kohle.de (Link zu meiner Partnervermittlungsseite)

Ja, das wäre ja ganz nett, so sagte man mir, aber damit könne ich mich auf keinen Fall bei einem seriösen Arbeitgeber bewerben.

Dann probierte ich es mit der „Zeit".

Folie 1: „Die Zeit"

Was wissen wir über die Zeit?

Ist die Zeit wirklich nur eine Aneinanderreihung von Augenblicken? (Wikipedia)

Oder spielt es eine Rolle, wie man Zeit wahrnimmt, wie zum Beispiel

in einer schier endlos erscheinenden Schrecksekunde oder in der schönen Zeit, die wie im Nu verfliegt?

Folie 2:

Zeit ist relativ und abhängig von der Raum-Zeit-Krümmung (Nach Albert Einstein)

An sich ist Zeit nicht messbar

Früher haben die Menschen die Zeit nach den Jahreszeiten und dem Stand der Sonne bemessen. Anlagen, wie etwa Stonehenge, dienten dazu, den Sonnenverlauf zu verfolgen

Später wurden die Zeitmessgeräte, wie etwa markierte Kerzen oder Sanduhren erfunden.

Folie 3:

- doch was ist, wenn das Klima sich gravierend verändert,

- die Erde sich schneller oder langsamer dreht

- oder minimal ihre Umlaufbahn verlässt?

was nützt es einem zu versuchen die Zeit zu messen,

- wenn sie einem durch die Finger rinnt,

- sie sich hinzieht wie Kaugummi,

- vergeht wie im Fluge,

man versucht Zeit zu schinden,

man versucht Zeit zu sparen,

man versucht Zeit zu gewinnen,

man versucht vergeblich die Zeit totzuschlagen,

aber man letztendlich hat doch keinen direkten Einfluss auf die Zeit hat?

Folie 4:

Mit Anfang 20 erscheint einem das Leben noch endlos lang und man glaubt, alle Möglichkeiten der Welt zu haben

Mit 50 fragt man sich, wie lange man noch zu leben hat. Nach dem Motto: Jeder will es werden, aber keiner will es sein: ALT

Auf Folie 5 fügte ich einen Link zu einem Video über Zeitreisen ein. Es gibt auf You Tube ganz einfache physikalische Erklärungen, die wirklich jeder versteht.

Leider war der Dozent, der mich betreute, gerade in der Midlife-Krise. Ziemlich schlimm sogar. Deswegen hat er mich für diese PowerPoint-Präsentation auch keine gute Note gegeben. Aber er wollte mir noch eine Chance geben. Das Thema lautete „Freiheit". Also mit Freiheit habe ich kein Problem. Wenn man zeit seines Lebens NICHT in einer Partnerschaft lebt, hat man die Möglichkeit, sich viele Freiheiten zu nehmen…

Ich legte los:

„Freiheit"

Folie 1: Laut Wikipedia versteht man unter Freiheit: „…die Möglichkeit ohne Zwang zwischen unterschiedlichen Möglichkeiten auswählen und entscheiden zu können…"

- Wobei mal Wikipedia selbst nicht als freies Medium bezeichnen kann, da es mittlerweile das EINZIGE Online-Nachschlagewerk ist, von jedem bearbeitet werden kann und durchaus auch Falsches beinhalten kann…

Folie 2: Was Also ist Freiheit?

- Die Gedanken sind frei (nach Hoffmann von Fallersleben), aber nicht folgenlos…

Folie 3: Es gab einmal einen Mann, der glaubte sich frei zu fühlen, stellte dann aber fest, dass er sich vorkam, wie ein Schiff, das ohne Segel, Ruder und Ziel hilflos auf dem Meer Wind und Wellen ausgesetzt ist. Erst als er seinem (Lebens-) Schiff ein Ziel gab, Segel setzte und das Ruder einstellte, fühlte er sich wirklich frei.

Folie 4: Alles ist Relativ: Das Atomium in Brüssel ist eher ein schlechtes Bespiel, da es ein 102 Meter hohes Bauwerk ist. Allerdings stellt es eine aus neun Atomen bestehende Zelle des Eisens dar und auch da ist noch genug Luft zwischen den Zellen.

Genauso verhält es sich mit einem Salzkristall und anderen Molekülen: Zwischen den Atomen ist immer noch jede Menge Platz. Wäre man klein wie ein Ion, könne man in aller Freiheit zwischen den Molekülen hindurchfliegen, obwohl uns ein Salzkristall doch sehr verdichtet vorkommt.

Folie 5: Ein Sklave sehnt sich oft nach Freiheit. Doch wenn er diese dann erlangt hat, weiß er kaum etwas damit anzufangen, weil er es nicht gewohnt ist, für sich selbst zu sorgen.

Folie 6: Schon die Israeliten murrten, als sie nach 400 Jahren Sklaverei ins gelobte Land zogen. Anstatt ihre Freiheit zu genießen und ihr Ziel (Kanaan) im Auge zu behalten, murrten sie nach den Fleischtöpfen Ägyptens.

(2. Mose 16;3: Und die Kinder Israels sprachen zu ihnen: Wären wir doch durch die Hand des HERRN im Land Ägypten gestorben, als wir bei den Fleischtöpfen saßen und Brot in Fülle zu essen hatten!)

Folie 7: Ein Kind, das von seinen Eltern keine klaren Regeln und Grenzen erfährt, wird schnell zu einem kleinen Tyrannen. Durch extrem auffälliges Verhalten fordert er seine Bezugspersonen quasi dazu auf, ihm klare Grenzen zu setzen, oder er erschafft sich die Regeln durch sein Verhalten selbst.

Folie 8: Was wäre ein Land wie Deutschland, wenn es keine festen Regeln / Gesetze hätte? Nicht nur in den 10 Geboten, auch in unserer Gesetzgebung ist es festgelegt, dass man nicht töten und nicht stehlen darf. Auch Ehebruch wurde in Deutschland bis 1969 bestraft. Ohne klare Regeln in einem Land geht bald alles drunter und drüber.

Folie 9: Sogar Fressen und Saufen zählen in der Bibel zu den 7 Todsünden (Gal. 5; 21) Und obwohl es in Deutschland nicht verboten ist kennen wir die Folgen davon.

Folie 10: Manch einer meint seine Freiheit in Genussmitteln wie Zigaretten, Alkohol oder Drogen zu finden, bis er feststellt, dass er ein Sklave dieser Droge(n) geworden ist

Folie 10: ein Teenager kann (in Abwesenheit) eine wilde Party nur genießen, weil er sich damit, wenigstens für ein paar Stunden, von den Regeln seiner Eltern freimacht. Als Dauerzustand ist ein Partyleben nicht zu ertragen.

Folie 11: In unserem Leben ist der Grundrahmen wohl die Geburt und der Tod.

Alles hat ein Ende nur die Wurst hat zwei (Stefan Remmler)

Tricky: Love is like a ring: It never ends.

Wo also ist die Freiheit zwischen Leben und Tod eines Einzelnen?

Folie 12: Für mich ist Freiheit, zu wissen, dass, wann immer sich eine Tür schließt eine neue aufgeht.

Zu wissen, dass nicht alles so sein muss, wie es scheint:

Beispiel: die sechsteilige Trilogie von „Per Anhalter durch die Galaxis" v. A. Douglas:

Wer weiß, ob es die Zeitreisen, Paralleldimensionen und Zeitparadoxen nicht wirklich gibt?

Zu wissen, dass alles im Leben irgendeinen Sinn macht, auch wenn wir es nicht verstehen.

Und zu wissen, dass es nach dem Erdenleben weitergeht...

Folie 13: Cliffhänger: Was ist Wahrheit?

„...und ihr werdet die Wahrheit erkennen, und die Wahrheit wird euch freimachen." (Joh 8,32; ELB)

Folie 14: Verflixt, kaum war ich mit dieser Präsentation fertig, fand ich diesen Text von einem 9 Jahre alten Mädchen:

„When for the first time in my life I was invited to ride a horse on a farm, I felt such freedom! But then I occured to me that the horse would feel free only without me on his back - somewhere in the wild. I reminded me about love: to truly love we have to be free... to truly appreciate love we have to be free when we choose right from wrong. We can be forced to obey, but we cannot forced to love." (Akiane Kramarik, Her life, Her art, Her poetry, 2006

Schöner kann man es wohl nicht sagen, oder?

Dazu fügte ich jede Menge animierte Bilder aus dem Internet ein. Aber ich musste sie alle wieder aus urheberrechtlichen Gründen löschen. Nun gut.

Der Dozent war einigermaßen zufrieden. Aber jetzt wollte er doch noch wissen, was es mit meinem Cliffhänger auf sich hat: „Die Wahrheit"? Die ist ja wohl sehr schwer zu definieren, oder?

Ich hatte ein Wochenende dafür Zeit.

Wo sollte ich anfangen? Bei Wikipedia? Das war ein schlechter Versuch, denn für das Stichwort „Wahrheit" fängt Wikipedia schon mit diesem diffusen Satz an: „Der Begriff der Wahrheit wird in verschiedenen Zusammenhängen gebraucht und unterschiedlich gefasst."

Also überlegte ich selbst: Wahr ist, dass wir in einer polaren Welt leben:

- klein – groß

- dick – dünn

- hoch – tief

- Mann – Frau

- oben -unten

- schwer – leicht usw.

Aber ist eines besser als das andere? Können wir das werten? Ist „klein" besser als „groß"? Ist „dick" besser als „dünn"? Ist ein „Mann" besser als eine „Frau"? Wohl kaum. Denn das eine gibt es ohne das andere gar nicht.

Wäre alles auf der Welt „klein", würde man es gar nicht bemerken, da man den Vergleich zu „groß" gar nicht hätte.

Würden nur Männer auf der Welt leben, wäre diese genauso bald ausgestorben als wenn nur Frauen auf der Welt lebten.

Aber es gibt doch Dinge, die ohne ihren Gegensatz auskommen: Die Wahrheit kann ohne die Lüge existieren. Die Lüge aber nicht ohne die Wahrheit.

Das Licht kann ohne die Dunkelheit existieren, wie es z. B. bei der Sonne der Fall ist. Das Dunkel braucht aber immer das Licht, um überhaupt zu existieren.

Wenn man in einem Raum eine totale Dunkelheit herstellen will, hat man einige Mühe dabei, alles auch wirklich abzudichten. Will man dann aber wieder Licht in den Raum bringen, reicht ein winzig kleines Loch dazu aus.

Die Liebe kann ohne Hass existieren, der Hass aber nicht ohne Liebe.

Man stelle sich vor, ein Mann will eine Frau in einer Kirche heiraten und der Pastor würde fragen: „Willst du diese Frau zur Ehefrau nehmen…" und der Mann würde antworten: „Ja, das ist die, die am meisten o.k. ist. Die anderen Frauen hasse ich noch mehr!"

Meistens heiratet man doch aus LIEBE, oder? Und es soll auch Ehepaare geben, die sich noch nach vielen, vielen Jahren lieben.

Also die Wahrheit:

Ich schaute noch mal in meiner Bibel nach: Dort gibt es tatsächlich 58 Einträge über die Wahrheit.

Der bekannteste Vers ist wohl „Ich bin der Weg und die Wahrheit und das Leben; niemand kommt zum Vater denn durch mich." (Joh 14,6; LUT)

Und natürlich: „Da sprach nun Jesus zu den Juden, die an ihn glaubten: Wenn ihr bleiben werdet an meinem Wort, so seid ihr wahrhaftig meine Jünger und werdet die Wahrheit erkennen, und die Wahrheit wird euch freimachen." (Joh 8,31,32; LUT)

Aber obwohl man denken könnte, dieser Vers ist auf unsere Zeit gemünzt, wurde er schon lange vor Jesus Geburt gesprochen: „Darum sprich zu ihnen: Dies ist das Volk, das auf die Stimme des HERRN, seines Gottes, nicht hören noch sich bessern will. Die Wahrheit ist dahin und ausgerottet aus ihrem Munde." (Jer, 7,28; LUT)

Erich von Däniken hat einst ein Buch geschrieben, das den Titel trägt: „Tomy und der Planet der Lüge". Was, wenn es doch Außerirdische gibt? Was, wenn die Außerirdischen nicht nur „irgendwo" im Weltall herumschwirren, sondern unter der Erde leben, auf dem Mond, auf dem Mars und sogar mitten unter uns? Was, wenn die Regierungen uns schon Jahrhunderte lang für dumm verkaufen. Szenen wie in Star Wars haben längst stattgefunden und die Besiedelung der Menschen auf dem Mars ist längst eine beschlossene Sache? Was, wenn das der Inhalt des sechsteiligen Trilogie „Per Anhalter durch die Galaxis" von Adam Douglas keine Fiktion ist, sondern es tatsächlich Zeitreisen, Paralleldimensionen und Zeitparadoxen gibt? Dann wäre das Leben auf jeden Fall nicht mehr so sterbenslangweilig. Also was genau ist die Wahrheit?

Das hat auch schon Pilatus gefragt, als man Jesus zu ihm schickte. Er fragte: „Was ist Wahrheit? Und als er das gesagt hatte, ging er wieder hinaus zu den Juden und spricht zu ihnen: Ich finde keine Schuld an ihm." (Joh, 18,28; LUT)

Aber wie dem auch sei: „The devil lies in the detail" und so wurde Jesus trotzdem gekreuzigt.

Das Ende des Wochenendes näherte sich und ich kam zu keinem vernünftigem Schluss.

Am nächsten Morgen trug ich meine ersten Erkenntnisse auf die ersten PowerPoint-Folien ein. Allerdings hatte ich einen neuen Sitznachbarn, der war ausländischer Herkunft und ich wollte ihm imponieren, indem ich ihm zeigte, wie man die Spracheinstellungen bei Word von Deutsch auf Arabisch umstellt. Es ging ganz einfach: Word, Optionen, Spracheistellung… Aber plötzlich ging nichts mehr. Das komplette Computersystem war plötzlich im ganzen Haus lahmgelegt. Da nützte es auch nichts, dass ich meine einzigen Brocken arabisch in den Raum warf: Sabib, Yallah Yallah, Habibi und Boko Haram. Und schon ging die Tür auf.

Es kamen drei Männer rein. Sie sahen mal wieder aus wie die „Men in Black". Schnell wurde ich ermittelt als die Person, die den Computer „manipuliert" hatte. Sie nahmen mich mit in ihr Büro, über das ich aber nichts sagen darf. Dann brachten sie mich noch in ein großes weißes Labor, wo man mich allerlei Untersuchungen unterzog. Und immer wieder wurden mir Elektroden ans Gehirn angeschlossen. Die Diagnose lautete: Eine ausgewachsene Psychose. Nun, damit kann ich leben. Leider musste ich aber aufgrund meines Attestes die Weiterbildung abbrechen. Und putzen sollte ich auch nicht mehr, da hätte ich zu viel Zeit zum Nachdenken, was meine Psychose nur verstärken würde.

Also bekam ich einen Job im Grünflächenbereich. Täglich kümmere ich mich um die Pflanzen an Verkehrsinseln und auf Grünstreifen in der Stadt. Zum Nachdenken kommt man da tatsächlich nicht viel, da man viel zu sehr darauf achten muss, während seiner Arbeit nicht überfahren zu werden.

Aber: Ich hatte es vor dem totalen Computerabsturz doch noch geschafft, sämtlichen Emails aus dem Outlook-Programm zu kopieren. Besonders die von einer Person, die mir ein bisschen einsam schien, denn sie schrieb zwar jede Menge Emails, bekam aber nie eine Antwort. Ich habe diese ein bisschen abgeändert und drucke sie hier ab, denn, wenn ich eines in dieser Maßnahme gelernt habe, dann, dass Datenschutz dort nicht besonders großgeschrieben wurde. Und: Psychose hin oder her: So schlecht finde ich die Mail gar nicht!

Die Sterne lügen nicht – Sie schweigen

Lieber Alexander,

ich bereue nichts. „Je ne regrette rien", wie es einst Edith Piaf in ihrem großen Hit gesungen hatte, obwohl sie später sagte, dass sie doch so Einiges in ihrem Leben bereut. Seit 25 Jahren sind wir nun Ökotrophologen. Das Studium der Haushalts- und Ernährungswissenschaft haben wir erfolgreich abgeschlossen, aber für mich als alleinerziehende Mutter war es dann doch mehr ein Titel ohne Mittel. Leider hatte ich nicht die Möglichkeit, in Sachen Qualitätssicherung Karriere zu machen, obwohl niemand die genaue Definition von Qualität kennt... Aber in der heutigen Zeit bieten sich ja

Möglichkeiten ohne Ende. Im Fernsehen war eine Frau zu sehen, die auf einer Messe einen leckeren Schokoladenriegel in der Hand hielt und unter deren auf dem Bildschirm eingeblendeten Namen „Schokologin" stand, was sie als Expertin in Sachen Schokolade ausweist.

Sofort habe ich mich an meinen zuständigen Sachbearbeiter beim „Amt" gewandt. Ich unterbreitete ihm dem Vorschlag, eine Weiterbildung als Schokologin zu machen. Damit hätte ich vor allem die Möglichkeit alle Sorten von Schokolade zu verkosten. Der Traum vieler Menschen! Zudem könnte ich Vergleiche anstellen, ob die Schokolade von Milka besser schmeckt als die von Ritter-Sport. Ich würde herausfinden, ob Bio-Schokolade wirklich so gesund ist, wie sie vorgibt zu sein. Und wird Fairtraide-Schokolade wirklich fair angebaut? Wie kann man die Kinderarbeit in den Anbaugebieten des Kakaostrauches effektiv verhindern? Stammen die Haselnüsse, die in der Schokolade verwendet werden, noch immer aus Gebieten, die damals, also 1986 von Tschernobyl extrem verstrahlt wurden? Ich würde, genau wie die Frau im Fernsehen, auf verschiedenen Schokolade-Messen auftreten und wenn man dann ausgerechnet mich auf dem Bildschirm sehen könnte, so wäre das doch ein super Werbeträger für unser kleines Städtchen! Mein Sachbearbeiter hat geantwortet, dass er sich informieren will, ob für mich die Chance einer solchen Weiterbildung für mich besteht und er fragte mich auch gleich noch, ob ich lieber in die Schweiz oder nach Brüssel wolle?

Gerade als ich diesbezüglich Überlegungen anstellen wollte, schob er mich zur Tür hinaus. Fast wirkte es, als ob er mich loswerden wolle. Aber das kann nur an seinem engen Terminkalender gelegen haben!

Liebe Becky,

gestern kam mein Sohn Max ganz aufgeregt zur Tür herein. Du weißt ja, dass er Politikwissenschaften studiert.

Ja, er ist ein Langzeitstudent, aber das brauchst du mir nicht gleich wieder vorzuwerfen. Du kennst meine Meinung dazu: Nach einer fundiertem Studium wird er sicherlich mal ein guter Politiker.

Wenn er bis zum Alter von 40 Jahren studiert, kann er gleich im Anschluss Bundespräsident werden. Ist doch supi, oder? Also was ich eigentlich schreiben wollte: Max sagte gerade als der Professor zur Tür hereinkam laut zu seinem Sitznachbarn: „Der Herr sah, dass die Bosheit des Menschen groß war auf der Erde, und alles Gebilde der Gedanken seines Herzens nur böse den ganzen Tag." Dies hörte der Professor. Er nahm es gleich persönlich. Er nimmt immer alle gleich persönlich, das genau genommen handelt es sich um den Professor, der einmal von sich sagte: „Ich war bei meinem Psychologen. Dieser meinte, ich sei schizophren. Dafür wollte er 80 Euro von mir haben. Ich gab ihm 40 Euro und als er die fehlenden 40 Euro haben wollte, sagte ich zu ihm: „Die können sie sich von meinem anderen ich holen. Es ist aber gerade nicht da!""

Max hat immer den Eindruck, dass man die 80 Euro auch durch vier oder durch acht hätte teilen können. Manchmal hat man ja nicht nur eine Persönlichkeitsspaltung, sondern mehrere. Aber gibt das schon gerne zu? Also dieser Professor regte sich fürchterlich über Max seinen Satz auf. Es nützte nichts, dass Max sagte, dies sei ein Satz aus der Bibel, 1. Mose Kapitel 6, Vers 5, also schon mindestens 5000 Jahre alt.

Max wurde dazu verdonnert eine Abhandlung darüber zu schreiben, dass der Mensch gut sein, wenn nicht sogar um vieles besser als in vergangenen Zeiten. Abgabetermin bis zum Ende des Semesters. Ich bin gespannt, ob er es schafft.

Deine Antonia

Liebe Peggy,

gestern war ich bei der Agentur für Arbeit. Ich hatte eine Einladung bekommen zur Überprüfung, wie geeignet ich in meinem Alter noch für den Arbeitsmarkt bin, falls das Ding mit der Schokologin doch nicht klappen sollte. Ich bin mir si-her, Alexander hat Dir davon erzählt. Der zuständige Mann begrüßte uns in den Saal kommenden zahlreichen Frauen und die wenigen Männer mit den Worten: „Willkommen bei der Aktion 50 Plus!"

Ich fragte mich, wo all die anderen Männer waren. Sind sie zu Hause geblieben? Gehen die Männer in meinem Alter alle einer geregelten Arbeit nach? Sind sie zu krank oder schon verstorben? Alle Welt redet ja vom Demografischen Wandeln, aber verstehen tun ihn wohl die wenigsten. Ich erwiderte dem mich begrüßenden, relativ jung wirkenden Mann, ich schätzte ihn auf etwa 30: „Ich kann mir vorstellen, dass Sie sich freuen uns zu sehen. Noch vor etwa 150 Jahren würde es uns gar nicht mehr geben!"

Ja, ich weiß, dass ist ein Zeitparadoxon, aber ich fügte erklärend hinzu: „Kennen Sie die Geschichten von Theodor Storm? Da beschreibt er Menschen, die 40 oder 50 Jahre alt sind als furchtbar alte Menschen. „In demselben Augenblicke war eine etwa fünfzigjährige Frau ins Haus getreten. Sie sah blass und leidend aus, und bei dem schwarz seidenen Tuche, das sie um den Hals gesteckt trug, trat der bekümmerte Ausdruck ihres Gesichtes nur noch mehr hervor. "Guten Tag, Nachbar", sagte sie, indem sie dem Wiesenbauer die Hand reichte."" zitierte ich. „Sogar vor 100 Jahren, also 1915 lag die Lebenserwartung noch bei 40,25 Jahren. Aber Gott sei Dank ist sie nun um fast das Doppelte gestiegen, nämlich auf 77, 75 Jahre. Sonst wären sie wohl schon längst arbeitslos…"

Der junge Mann schaute mich fassungslos an. Schnell wies er mir einen Platz in den hinteren Reihen zu. Nach einer kurzen Einführungsrede, in der man uns erklärte, dass wir nun unverbindliche Eignungstest durchführen würden, wurden wir in verschiedene Gruppen aufgeteilt und mussten rechnen, schreiben und etwas aus einem Stück Holz sägen. Es gab ein paar Multiple-Choice-Tests zum Thema Allgemeinwissen auszufüllen, danach folgte ein fiktives Bewerbungsgespräch. Zum Abschluss wurden wir einzeln in ein separates Zimmer gebeten, wo wir eine Beurteilung über unser geleistetes Tageswerk bekamen.

Immerhin waren ja schon drei Stunden vergangen.

Als ich an die Reihe kam, setzte ich mich an einen Tisch hinter dem eine gepflegte Frau, um mindestens zehn Jahre älter als ich, zehnmal gepflegter, zehnmal teurer eingekleidet und mit Sicherheit auch über zehnmal mehr Geld und Beziehungen verfügte. Allerdings sah sie auch um einiges verbrauchter aus als ich, was auch ihre dicken Schichten von Make-up nicht verbergen konnten, die sie auf ihrem Gesicht trug.

Diese Frau schaute mich also an und verkündete: „Also Ihre Leistungen in Mathematik... Ich weiß nicht recht..." Sie zögerte. „Wie soll ich es sagen...?" Ratlos schaute sie mich an.

Ich sagte: „Ich weiß: Mathematik ist meine talentfreie Zone."

„Genau." Sie nickte zustimmend. „Und der Rest, äh, lassen Sie es mich zusammenfassen: Sie sind ein Experte."

Sie sah in mein erfreutes Gesicht und fügte hinzu: „Sie sind ein Experte für Nichts!"

Ja. Klar! Das dachte ich mir schon. Doch dann setzte sie noch eines drauf:

„Sie können Alles. Sie können Alles, aber nicht richtig."

Ja, ich weiß, dass meine Leistungen nur durchschnittlich sind, aber das hätte ich der Dame auch so sagen können. Dafür hätte ich all diese Tests jedenfalls nicht durchführen müssen.

Dann kam noch ein bisschen bla bla, ich wäre ja für mein Alter noch ganz fit und munter, leider hätte man aber momentan keine passende Arbeitsstelle für mich und schließlich durfte ich mit meinem Bewertungsbogen nach Hause gehen.

Mein Gott, manchmal glaube ich, die Agentur für Arbeit würde nur um ihrer selbst willen arbeiten. Was ich damit meine, erkläre ich Dir das nächste Mal.

Deine Antonia

P.S.: Im Radio läuft gerade das Lied von Udo Jürgens: Mit 66 Jahren fängt das Leben erst an. Ist ja nicht mehr lange bis dahin...

Liebe Becky,

heute war Max wieder da. Er bat mich, ihm zu helfen die Abhandlung über den „Besseren Menschen" zu schreiben. Bei Kaffee und Kuchen setzten wir uns zusammen und machten ein Brainstorming.

Max meinte, wir fangen mit dem Satz: „Die Kinder von heute sind Tyrannen. Sie widersprechen ihren Eltern, kleckern mit dem Essen und ärgern ihre Lehrer." an. Er stammt von Sokrates, dem griechischen Philosoph, der 470-399 vor Christi Geburt lebte.

Ich wandte ein: „Obwohl dieser Satz nun zwar schon 2500 Jahre alt ist, meinst Du, daran hat sich etwas geändert?" Max meinte: „Klar! Welche Kinder ärgern denn heutzutage noch ihre Eltern? Die sitzen doch den ganzen Tag vor dem Computer, spielen Playstation, Nintendo, Wii oder X-Box." Da war ich mir nicht so sicher. Vorsichtshalber schrieben wir den Satz aber auf meine Kladde.

Max ist zwar der Meinung, dass man alle seine Gedanken wahllos in den Computer reinhauen kann, aber ich habe immer Angst vor dem Totalabsturz. Da sind mir Stift und Papier lieber!

Dann versuchten wir es andersherum: Noch nie war es der Menschheit möglich, die ganze Welt auszuspionieren. Mittels Satelliten, Handys, Computer, Internet, Überwachungskameras und Wanzen kann man so ziemlich jede Bewegung eines Menschen kontrollieren. Sei es, dass der zukünftige

Chef über einen im Internet recherchiert, zum Beispiel bei Facebook, sei es dass man einen Autodieb per Handyortung verfolgt, Terroristen ihren nächsten Anschlag per Videobotschaft im Internet ankündigen, der einfache Computerbenutzer gezielte Werbung bekommt, nachdem er sich bei Ebay oder Amazon für ein bestimmtes Produkt interessiert hat oder man die Handys der Präsidenten abhört. So weiß man wenigstens, was sie wirklich über einen denken.

Das erinnert mich an eine Zeit, als ich gerade von zu Hause ausgezogen war, zu Besuch bei meiner Schwester machte und meine nervige Mutter anrief. Ich telefonierte kurz mit ihr und legt dann den Hörer auf. So dachte ich jedenfalls. Ich schimpfte jedenfalls drauflos: „Diese blöde Kuh und ihr Kontrollzwang. So was von nervig. Ihre Anrufe sind echt zum Kotzen!" Bis ich feststellte, dass der Hörer gar nicht richtig aufgelegt war. Meine Mutter hatte alles mit angehört. Kaum lag der Hörer wieder korrekt auf der Gabel, klingelte das Telefon wieder und meine Mutter, die alles mit angehört hatte, forderte eine Rechtfertigung von mir... Max wollte wissen, ob das alles wirklich so gut sei.

Ich antwortete, dass es Spionage schon immer gegeben hätte. Nicht, dass Computer und Fernsehen genau zu diesem Zweck konstruiert wurden, aber man denke mal an all die Spione und Doppelagenten aus dem ersten und zweiten Weltkrieg. Darüber gibt es doch massenhaft Filme und Romane.

Oder an die Leute, die sich im Krieg gegen Troja im Trojanischen Pferd versteckt hatten. Das ist auch schon mehr als 3000 Jahre her. Oder damals als die Juden aus Ägypten ausgezogen waren und an die Grenzen Kanaans kamen. Zehn Spione wurden ausgeschickt, das Land zu erforschen. Acht kamen zurück und behaupteten, das Land wäre uneinnehmbar, obwohl Gott es ihnen verheißen hatte und nur zwei, nämlich Joshua und Kaleb, glaubten an die Zusage Gottes und dass man baldmöglichst aus dem Lande Kanaan das Land Israel machen könne.

Leider war Gott mit dem Mehrheitsbeschluss, nämlich, dass das Land nicht einnehmbar wäre unzufrieden und ließ die Israeliten noch weitere 38 Jahre durch die Wüste ziehen.

Ohne Spionage wüsste man doch gar nicht, was der Feind so denkt und treibt. Max zweifelte noch immer, aber wir hatten einen zweiten Stichpunkt auf der Kladde. Dann fiel mir ein, dass die europäische Einheit noch niemals größer war als heute. Das ist doch nur auf den guten, cleveren Menschen zurückzuführen, der weiß, wie man wirtschaftlich und sozial miteinander umzugehen hat. Max wandte ein, dass die heutigen Grenzen der EU so ziemlich die gleich sind, wie sie die Römer damals hatten, kurz bevor das römische Reich zerfallen war. Und das hatte früher nichts mit „sozi-al" zu tun, sondern mit strategischem Machtausbau.

„O.k."., gab ich zu, „aber noch nie war die Globalisierung so groß. Noch nie konnte man Produkte aus aller Welt einkaufen." „Irrtum", korrigierte mich Max. „Funde, die beim U-Bahnausbau in Köln zutage kamen, belegen, dass auch die Römer schon aus aller Herren Länder Waren importiert hatten.

Und denke doch mal an Kolumbus. Glaubst Du, der hat aus Langeweile einen Seeweg gen Westen nach Indien gesucht? Nein, das war reines Konkurrenzdenken. Der wollte nur schneller und billiger an die Gewürze rankommen als anderen!"

Max gähnte laut. Er wollte nach Hause und ein Nickerchen machen. Laut sagte ich: „Die Tür dreht sich in der Angel, der Faule dreht sich im Bett." Max lachte und wollte wissen, woher ich diesen genialen Spruch hätte. Ich sagte, dass der auch in der Bibel stünde, nämlich genau im Buch der Sprüche. Dann ging er.

Deine Antonia

Lieber Alexander,

da Max bald Geburtstag hat, wollte ich für ihn einen Schachcomputer im Internet bestellen.

Ich hatte mich erkundigt und ein Experte meinte "Fritz" wäre das beste Computerprogramm in Sachen Schach. Das kann schon angehen, aber „Fritz" hat auch die besten Preise. Bis 700 Euro. So viel wollte ich nicht ausgeben. Außerdem wollte ich kein Programm, welches man auf den Computer installieren muss, sondern so ein kleines Gerät, dass man auf den Tisch stellen kann. Das günstigste Modell bei einem Internetanbieter gibt es für einen Euro, empfohlen von einem Herrn Karpow.

Ich dachte mir: "Ja, klar! "Karpow" hört sich an wie "Kasparow" in Wirklichkeit ist es aber ein Fake: Irgend so ein russisch klingender Name und das Spiel ist Mist. "Kasparow" kenne ich schon seit 1979, weil meine Mutter mit einer Zeitungsseite auf der ein toller Artikel über Kasparow war, den Kartoffelkorb ausgelegt hatte, mit dem ich immer Kartoffeln aus dem Keller holen musste. So habe ich jeden Tag auf den Zeitungsartikel geschaut, wenn ich mit dem leeren Körbchen in den Keller ging und mir Gedanken über diesen geheimnisvollen Russen gemacht. Jedes Jahr gab es dann neue Nachrichten über Kasparow in den aktuellen Zeitungen zu lesen und ich dachte, mittlerweile müsste der Typ schon uralt sein. In etwa wie Fidel Castro heute. Ach nein, der ist ja schon gestorben.

Oder wenigstens so alt, wie mir Udo Jürgens, Dieter Thomas Heck, Ilja Richter und Phil Collins damals schienen. Auch der Dalai-Lama existiert scheinbar schon ewig. Erstaunlicher Weise treten all diese Leute gewöhnlich bis kurz vor ihrem Lebensende immer noch heute im Fernsehen auf.

Als ich kürzlich eine Internetseite über Kasparow öffnete, stellte ich fest, dass Kasparow auf dem aktuellen Bild jünger aussieht als ich selbst bei meinem Blick heute früh in den Spiegel. Erstaunlich! Aber etwas weniger erstaunlich, wenn man feststellt, dass dieser begnadete Schachspieler nur wenig älter ist als ich. Er wurde 1963 geboren. Ich will nicht sagen, dass er in seinem ganzen Leben noch keinen Finger krumm gemacht hat. Beim Schachspielen muss man ja ständig seine Finger bewegen, um die Figuren zu setzen, aber vielleicht hat er etwas weniger körperlich hart gearbeitet wie ich, hatte nicht den Stress, dem man als alleinerziehende Mutter ausgesetzt ist und er hat wahrscheinlich auch die besseren Ärzte und benutzt sündhaft teure Kosmetikartikel, die ihm erfolgreiche Beraterinnen empfehlen. Als die Zeitungsmeldung über Kasparow 1979 erschien, war dieser gerade 17 Jahre alt und errang einen Meistertitel, weil er den Weltmeister "KARPOV" geschlagen hatte.

"Karpow" ist also kein Fake, sondern nur der Vorgänger von "Kasparow". Sozusagen! Nur nicht ganz so bekannt, weil man zu Karpows Zeiten wohl noch nicht so viel über russische Schachweltmeister in der Zeitung geschrieben hat. Oder ich war zu jung, um diese Meldungen zu lesen. Nachdem ich festgestellt habe, dass "Karpow" nicht unbedingt schlechter ist als "Kasparow" (obwohl: letztendlich hat Karpow gegen Kasparow verloren...), habe ich für Max nun den kleinen tragbaren Schachcomputer, empfohlen von Karpow, bestellt. Ach, was schwafele ich schon wieder...

Deine Antonia

Liebe Peggy,

ich weiß nicht mehr, in welcher Email ich davon schrieb, dass manche Leute wohl niemals altern. Ach, ich erinnere mich wieder, es war, als ich Alexander vom Herrn Karpow schrieb.

Als ich ein Kind war, stand James Last in verschiedenen Sendungen im Fernsehen mit seiner „James-Last-Band" auf der Bühne, dirigierte sein Orchester und kam mir furchtbar erwachsen und alt vor. Ich habe im Internet nachgeschaut, dieser Mann macht noch immer Musik! Genauso verhält es sich mit den Rolling Stones, mit Elton John, Phil Collins und Udo Jürgens.

Als Mario Adorf in den 70er Jahren als Schauspieler in diversen Filmen auftrat, kam er mir vor wie scheintot. Noch heute ist er in seinem Beruf aktiv.

John Travolta, Sylvester Stallone, Arnold Schwarzenegger – noch kein bisschen müde!

Allerdings habe ich mal nachgerechnet: Als Ilja Richter auf der Mattscheibe zu sehen war und rief: „Licht aus – Spot an!", war er gerade mal 21 Jahre alt. Und wären wir damals nicht noch minderjährig gewesen, hätten wir diese Blödelei auch noch hinbekommen, oder?

Deine Antonia

Lieber Alexander,

ich habe gerade ein Buch entdeckt: Ein „Mathe-Sammelsurium". Es lohnt sich darin zu stöbern. Nicht nur die Feststellung, dass, obwohl Algebra nun schon über tausende von Jahren alt ist, x noch immer ein unbekannter Faktor ist, nein, man kann auch den Test machen, ob man ein Mathematiker ist, z. B. wenn man eine Zahl zwischen 1 und 10 sagen soll und man wählt Pi.

Sogar den Tod lässt der Autor nicht aus:

Hört er sein letztes Stündlein schlagen, geht der Mathematiker gegen unendlich,

Der Informatiker erlebt den Totalabsturz,

Der Chorleiter hört dann wohl die Engelein singen,

Der Motorradfahrer kratzt die Kurve,

Dem Computerfachmann würde der Stecker gezogen und

Der Programmierer tendiert gegen Null.

Es gibt aber auch einfache Rechenaufgaben.

$1^3 + 5^3 + 3^3 = 153$

$3^3) + 7^3) + 0^3 = 370$ und

$5^9 + 3^9 + 4^9 + 4^9 + 9^9 + 4^9 + 8^9 + 3^9 + 6^9 = 534494836$

Mathe ist doch gar nicht so schwer, wenn man es nur von der richtigen Seite angeht!

Deine Antonia

P.S.: Die drei Hauptsätze der Statistik lauten laut Autor:

1. 120 Prozent aller Prozentangaben in Statistiken sind falsch.

2. 79,1849432 Prozent aller Statistiken spiegeln eine Genauigkeit vor, die sie nicht haben.

3. Eine von drei Statistiken ist frei erfunden.

Eine Lehrerin klagt ihrer Kollegin: "5/3 der Klasse versteht kein einziges Wort, was ich über Brüche sage."

Paradox sei es, wenn ein Mathematiker unberechenbar ist.

Aber ein eindeutiges Gesetz besagt: "Eine einmalige Zahlung wird für jeden Berechtigten nur einmal gewährt."

Ich bleibe da eher auf dem Level von dem Chemiker, der zum Mathematiker gesagt hat:

"Selbst, wenn wir das meiste Pi mal Daumen machen, müssen wir nicht unbedingt wissen, was Pi ist."

Lieber Alexander,

ich melde mich noch mal. Vorhin war Max da. Es geht noch immer über die Ausarbeitung über den „Besseren Menschen". Max war ganz stolz, herausgefunden zu haben, dass wir Krankheiten wie Pest, Cholera und Typhus weitgehend ausgerottet haben. Dabei hatte er aber nicht beachtet, dass wir die weltweite Viruserkrankung AIDS haben, gegen die es noch kein Mittel gibt.

Dann kam er noch einmal auf den weltweiten Handel zurück. Was war mit den Fuggern, den Habsburgern, Augsburgern und Welfen? Hatten die nicht auch ihre weltweiten Handelsabkommen? Wer reiste denn beständig die Seidenstraße entlang? Und Columbus? Von Fair Trade war damals jedenfalls noch nicht die Rede. „Genau. Wir sind doch viel flexibler als damals.", fand Max. Wir können auf der ganzen Welt umherreisen.

„Ja, so wie damals als die Wikinger als erste nach Amerika kamen, die Spanier Südamerika eroberten, Alexander der Große das Osmanische Reich eroberte und Dschingis Khan bis vor die Tore von Wien zog. Gut, dass die zwei sich nicht unterwegs getroffen haben!

Und die Engländer erst: Sie hatten ein Viertel gesamten Welt unter ihrer Herrschaft.

Napoleon war wohl auch recht reiselustig.", merkte ich noch an.

Ich kochte uns eine Tasse Kaffee und holte ein paar Kekse. Dabei fiel mein Blick auf das Foto von der Peterskirche in Rom, das ich in meinem letzten Sommerurlaub aufgenommen hatte.

„Schau mal Max,", sagte ich „haben wir nicht ebenso großartige Bauwerke geschaffen, wie damals die alten Römer und so grandiose Kunstwerke in den Museen hängen, wie die von Michelangelo, Dürer und Rembrandt?"

„Nee, Mama," korrigierte mich Max: „die Bilder, die du meinst, sind aus dem Mittelalter. In der Neuzeit hat das keiner mehr hinbekommen!"

„Ja, aber die Bauwerke..."

„Die Bauwerke kriegen wir auch nicht mehr so hin! Selbst wenn du jetzt an die Hochhäuser von Dubai denkst, die sind doch in spätestens 50 Jahren wieder baufällig. Aber denk doch mal an die alten Pyramiden in Ägypten! Hat nie wieder einer versucht nachzubauen. Kein Bauplatz, kein Geld für Materialkosten, kein Geld für Bauarbeiter und die Baupläne sind auch verschwunden!"

„Genau!", fiel es mir ein: „Und wenn heute der Präsident von Amerika solch ein pompöses Grab wollte, würde der nächste Präsident es ihm vereiteln, weil er mit dem vorhandenen Geld bessere Pläne hätte. So ist es in unserer neu errungenen Demokratie eben!"

„Was soll denn daran neu sein?" fiel mir Max ins Wort.

„Die Demokratie gibt es schon seit den alten Griechen und die Franzosen haben schon fünf Mal die Demokratie ausgerufen. Und immer kam ein Kaiser und wollte es wieder besser machen."

„Ja, aber jetzt doch nicht, oder?", fragte ich etwas verunsichert nach.

„Nein, der Sarkozy war ja ein Freund von der Angela Merkel, die hätte es ihm sicherlich übelgenommen, wenn er plötzlich Kaiser geworden wäre und er ihr kein Stelldichein mehr hätte geben können und der Hollande taugt doch nur für eine Sauce hollondaise..." So kamen wir nicht weiter.

Wir diskutierten noch über die Vorzüge der alten Musik, wie sie in Wien beliebt war: Beethoven und Bach und so und über das kulturelle Leben im alten Venedig, als Musik, Theater und Kunst dort eine große Rolle spielten, aber wir konnten uns nicht einigen, ob Hollywood und der Broadway in New York da mithalten konnten.

Angeblich hat sich mal jemand bei dem französischen Autor Voltaire beschwert: „Das Leben ist hart." Voltaire stellte die Frage: "Verglichen womit?"

Deine Antonia

Liebe Peggy,

ich habe gestern einen Typen getroffen, der meinte, wir müssten uns alle echt mal disziplinieren. Er war der Ansicht, dass, wenn wir mal eine Stunde lang nicht auf unseren Handys herumtippen könnten, wir uns aufführen würden wie Crack-Kids. Hat der eine Ahnung! Moment, kriege gerade eine SMS von Alexander... Nee, war nicht so wichtig... Äh, was wollte ich schreiben?

Huch, was vibriert da in meiner Tasche? Ach so, eines SMS von Max, er kommt heute nicht zum Kaffeetrinken. Nicht so schlimm.

Also wie oder was? Wo war ich stehen geblieben? Eine Stunde ohne Handy, das geht doch gar nicht. Also im Prinzip geht es schon..., ah, gerade kommt eine Nachricht von Becky, willst Du auch heute Abend mit zum Walken? Natürlich kann ich gut auf mein Handy verzichten, eine Stunde geht locker, ein Tag auch, im Urlaub könnte ich auch ganz darauf verzichten. Sind doch Idioten, die sich davon abhängig machen! Oh, ich sehe gerade, mein Handy Akku ist hinüber. Ich glaub ich flippe aus!!! Ich melde mich später wieder. Muss sofort in die Stadt, einen neuen Akku besorgen.

Wirklich, ich flippe gleich aus...

Liebe Becky,

ich habe mich lange nicht mehr bei Dir gemeldet. Sorry! War das eine Rennerei, bis mein Handy wieder funktionierte. Ist ja nicht gerade das neueste Modell, da hat der Fachhändler eine ganze Weile gebraucht, bis er den richtigen Akku besorgt hat. Und ich habe mir den Mund fusselig geredet, bis er kapiert hatte, dass er mich nicht für ein nagelneues I-Phone 11 überzeugen konnte. Bin ich Krösus, Rockefeller, Bill Gates oder was? Das Geld, was der für ein neues I-Phone 5 wollte, habe ich das letzte Mal für meinen Gebrauchtwagen ausgegeben.

Also was ich eigentlich schreiben wollte: Max muss endlich seine Abhandlung darüber zu Papier bringen, dass der Mensch gut sein, wenn nicht gar besser als in vergangenen Zeiten. Wir hatten ja schon einige Punkte zusammen bekommen, obwohl diese nicht wirklich belegen, dass die Menschen sich in den letzten 6000 Jahren in ihrem Wesen grundlegend geändert hätten. Deswegen will Max nun deutlich herausheben, dass der Satz: „Der Herr sah, dass die Bosheit des Menschen groß war auf der Erde, und alles Gebilde der Gedanken seines Herzens nur böse den ganzen Tag." genauso veraltet ist wie das Zitat aus der Bibel: „...Offenkundig sind aber die Werke des Fleisches, als da sind: Unzucht, Unreinheit, Ausschweifung, Götzendienst, Zauberei, Feindschaften, Streit, Eifer, Zornausbrüche, Selbstsüchteleien, Zwietracht, Parteiungen, Neid, Trunkenheit und Schwelgereien und dergleichen..."

Vorsichtshalber erwähnte er den Satz: „...Dies aber wisse, dass in den letzten Tagen schwere Zeiten eintreten werden; denn die Menschen werden selbstsüchtig sein, geldliebend, prahlerisch, hochmütig, Lästerer, den Eltern ungehorsam, undankbar, unheilig, ohne natürliche Liebe, unversöhnlich, Verleumder, unenthaltsam, grausam, das Gute nicht liebend..." aus dem 2. Brief an Timotheus der Bibel gar nicht, da man sowieso nicht genau weiß, wann diese letzten Tage sein werden.

Vielmehr sei zu loben, dass wir Menschen der höchsten Zivilisationsstufe seien, die es geschafft haben, sowohl die Meere zu beherrschen, durch intensiven Fischfang, durch modernste Errungenschaften dem Boden seine Schätze zu Tage zu fördern (Erdöl, Kohle, Diamanten, Gold...) und den Luftraum zu beherrschen durch Flugzeuge, Satelliten, Raumstationen und Flügen zum Mond und zum Mars.

Man hat es geschafft, das kleinste unteilbare Teilchen, das Atom zu spalten, Atom- und Wasserstoffbomben herzustellen und mit nur wenigen Bomben kann man ganze Nationen schützen (indem man andere Nationen auslöscht).

Mit Fernseher, Computer und Handy kann man in kürzester Zeit die ganze Welt informieren oder beeinflussen, je nachdem und auch die Managerkrankheit: „Eine Epidemie, die durch den Uhrzeiger hervorgerufen und durch den Terminkalender übertragen wird.", laut John Steinbeck, haben wir bald in den Griff bekommen. Schließlich sagen die

Afrikaner: „Die Europäer haben die Uhr, wir haben die Zeit." Dank der Globalisierung werden wir den Afrikanern bald jede Menge Uhren schicken, während sie uns im Gegenzug Zeit schenken...

Halt, das Ganze ist noch immer nicht ganz ausgegoren, aber Max bekommt das schon hin!

Deine Antonia

Lieber Alexander,

ich habe gestern einen schönen Witz gelesen: Kommt eine Haushälterin zu ihrer Chefin uns sagt: „Ich möchte mehr Lohn!"

Drauf die Chefin: „Warum?"

Haushälterin: „Ich koche besser als Sie, sagt ihr Mann!"

Chefin: „Aha!"

Haushälterin: „Und ich kann besser bügeln als Sie, sagt ihr Mann!"

Chefin: „So?"

Haushälterin: „Und ich bin besser im Bett als Sie."

Chefin: „Sagt das auch mein Mann?"

Haushälterin: „Nein, Ihr Gärtner."

Chefin: „O.k. Wie viel mehr Lohn wollen Sie?"

Deine Antonia

Liebe Peggy,

nimm es nicht so tragisch, dass Deine Freundin Dich mit den Worten beschimpft hat: „Eine Irre, die einen Trottel, der mit einer Schlampe verheiratet ist, ein Leben lang liebt." hat sie sicherlich nicht so gemeint. Es ist ein Zitat aus dem Film „La Boum – Die Fete" aus den 70er Jahren.

Sicherlich ist Deine Freundin nur neidisch, dass Du Roger Whitaker schon so lange die Treue hältst!

Deine Antonia

Hallo Alexander,

erinnerst Du Dich noch, als wir unsere Partei: „Freie Liste Umweltschutz Berlin - FLUB" gründen wollten und uns Joschka Fischer solchen Ärger gemacht hat, weil er die Popularität seiner „Grünen" gefährdet sah? Dabei hatten wir schon einen guten Sponsor, diese Spinatfirma mit dem Blubb. FLUB – BLUBB, da hätte man viel draus machen können!

Jedenfalls besser als das Ding mit Maggi: „In der Kürze liegt die Würze", da hätte man uns im Bundestag immer gleich das Wort abgeschnitten: „Denken Sie an Ihren Slogan!"

Ich bin gestern wieder über den längsten Satz gestolpert, den Max mir jemals in einer Email geschrieben hat: Das Eichhorn, das eigentlich Eichhörnchen heißt, da es ja so niedlich aussieht, weshalb die Verniedlichungsform, von der wohl so mancher unbedarfter Mensch denkt, ihr lateinischer Name sei „Formus Niedlichus" oder so ähnlich, obwohl der korrekte lateinische Name bekanntlich „Diminutiv" lautet, was das genaue Gegenteil des „Augmentativ" ist, welches übersetzt Zuwachs bedeutet, wobei dies wiederum nicht so bekannt ist, höchstens unter den Italienern unter uns, dass es diese Form im Deutschen, im Gegensatz zum Italienischen gar nicht gibt, angewandt werden muss, ist vom Aussterben bedroht, da durch den Klimawandel, der bekanntlich von Gasen wie Kohlendioxid verursacht wird, und nur noch schwer aufzuhalten ist, obwohl bereits viele Projekte zu diesem Zwecke vorgeschlagen wurden, wie zum Beispiel die Atmosphäre jährlich mit einer Million Tonnen Schwefel zu vergiften, wofür jährlich Kosten von 50 Milliarden US-Dollar anfallen würden; oder für ein paar Billionen US-Dollar einen gewaltigen Sonnenschirm im Weltall aufzuspannen, wodurch eine perfekte Waffe geschaffen werden würde, da man mit diesem Schirm jederzeit einem beliebigen Staat die Licht- und Wärmezufuhr abdrehen könnte, was sehr gefährlich werden könnte, da die Eichhörnchen dadurch aufgrund von Nahrungsmangel, denn da wo der Schirm seine Funktion ausübt würden ja keine Nüsse mehr wachsen, sterben würden; andererseits würden sich die Eichhörnchen da, wo mehr Sonne ist, schlagartig vermehren, da erst einmal mehr Nüsse wachsen würden, das Nahrungsangebot also sehr hoch wäre, und die Populationsrate so lange ansteigen würde, bis das Nahrungsangebot erschöpft wäre, woraufhin auch in extrem sonnenreichen Gegenden, die Eichhörnchen aussterben würden.

So oder so sterben also nach Max seiner Ansicht die niedlichen Eichhörnchen aus. Aber nichtdestotrotz sollten wir Max als Pressesprecher einstellen, wenn wir unsere Partei doch noch gründen sollten. Er kann so lange quatschen, bis die Medienleute nicht mehr wissen, was sie eigentlich gefragt haben! Es ist ja nicht mehr lange hin bis zu unserer Pensionierung, da können wir dann so richtig durchstarten!

Deine Antonia

Lieber Alexander,

Max hat für seine Ausarbeitung über den „Besseren Menschen" doch eine ganz gute Note bekommen! Vor allem, als er im Anhang noch Bilder des „idealen Menschen" angehängt hat: Den griechischen Diskuswerfern aus dem Jahre 450 vor Christi Geburt, die Venus von Milos aus dem Jahre 100 vor Christi Geburt, den Denker von Auguste Rodin aus dem Jahre 1882 und die Skulptur eines Geschäftsmannes mit Handy in der Hand, der irgendwo in China steht. Max hat das letzte Bild aus meinem Readers`s Digest Heft, 09/12 kopiert. Da Max nicht die Entstehungsdaten der Figuren dazugeschrieben hat, hat er Professor, der von Kunst und Kunstgeschichte nichts, aber auch gar nichts weiß, die präzisen Arbeitsmethoden gelobt, mit der man es schafft, den modernen sportlichen wohlgeformten

Körper des heutigen Menschen darzustellen. Das hatte er mit der Hand auf das Bild, das oben auflag, nämlich der Venus von Milos, geschrieben.

Deine Antonia

Liebe Becky,

ich habe in der Zeitung einen Bericht von dem Philosophen Friedrich Nietzsche gelesen, der sich über das damalige elitäre Schulsystem beschwert hat, aber ansonsten hätte er sich mit Latein und Griechisch noch gut arrangieren können. Ich dachte zuerst, wie soll das denn gehen? Zwei Sprachen auf einmal lernen? O.k., wir hatten ja auch Englisch und Französisch gleichzeitig in der Schule, aber das war ja etwas ganz anderes, oder? Genaugenommen mussten wir aber schon in der Grundschule einerseits Haupt- und Tuwörter lernen, gleichzeitig aber auch Verben und Nomen. Da gab es also Namenswörter und Nomen, Wie-wörter und Adjektive, Umstandswörter und Adverbien.

In Chemie verwendete man zur Ph-Wertbestimmung Indikatorpapier, Lackmuspapier oder Phenolphtalein. Je nach Laune des Lehrers.

Schwierig wurde es dann in der Mathematik, der Biologie, in Geschichte und in Physik:

Wir bekamen die Hydraulik erklärt, die Hydrolyse, die Hyperbel, die Hypotenuse, die Hypothese und die Identität.

Es gibt eine Immission, eine Emission, etwas wird impliziert, wir haben den Integral errechnet, ein Intervall erfolgte, eine Invasion erfolgte im Geschichtsbuch, manches ist isometrisch und Kaskaden und Katalysatoren sind in unserem Umfeld überall präsent.

Es gibt einen Senator, einen Zirkus, ein Forum, eine Prämie, man geht in die Defensive, trifft eine Bestie und repetiert, bis man etwas auswendig kann.

Von A bis Zet, von Alpha bis Omega, die Lehrer setzen unser Wissen meistens voraus und merken nicht, dass wir keine Ahnung hatten was gemeint war, wenn der Geschichtslehrer davon sprach, dass die alliierten Truppen feindliches Gebiet okkupierten und in vier verschiedene Territorien aufteilten, nur um später aus dem annektierten Land einen föderalistischen Staat zu gründen.

Aber als ein Kamerateam dieser Tage umherging und einen Umfrage machte, um herauszufinden, was die deutsche Bevölkerung davon hält, dass unsere Bundeskanzlerin Angela Merkel einen Staatsstreich, finanziert mit Geldern der EU, plant, war die Empörung doch sehr groß!

Noch mehr Geld solle Frau Merkel nun doch wirklich nicht zum Fenster herauswerfen, war die Meinung der meisten befragten Bürger.

Liebe Peggy,

ich habe gerade in einem Magazin gelesen: „Wenn Stiftung Warentest Vibratoren mit „befriedigend" beurteilt, ist das dann besser als „gut"?

Werde es auf Facebook posten, obwohl ich da ja nicht mehr so oft bin.

Ich habe gelesen, dass immer mehr jüngere Facebook verlassen, weil dort so viel „alte" sind. Ist 46 schon alt?

Meine Nachbarin hat sich als Mutter bei ihrer Tochter auf Facebook als „Freundin" angemeldet. Da war vielleicht was los! Seitdem wird nur noch über das Internet kommuniziert: „Könnte das wehrte Fräulein Tochter mal ihr Zimmer aufräumen?" Dazu das Bild des Zimmers mit der Handykamera aufgenommen. Unter uns: Das Zimmer sah aus wie ein Schlachtfeld. Aber so sind Teenager nun mal. Dann die Rückantwort: „Der Nudelauflauf schmeckte echt unter aller Kanone. Kochen eure Mütter besser?" Der Vater versuchte zu vermitteln: „Ist es nicht normal, dass Teenager ihren Freiraum brauchen?" Daraufhin kam dann der Kommentar: „Wer kommt denn hier jeden Tag später von der Arbeit nach Hause und tut keinen Handschlag im Haushalt???"

Ich frage mich, ob das Ganze nicht bald in einer Familientragödie endet?

Liebe Becky,

diese Woche habe ich nicht viel zu tun und ich krame in meinem Terminkalender rum: Frauenarzt, Kardiologe (Mammografie), Zahnarzt, Check-up 35, irgendwie werde ich den Kalender schon voll kriegen...

Also Max hat ja nächsten Monat Geburtstag. Er bekommt von mir einen Schachcomputer.

Er hat zwar dieses kostenlose Schachprogramm auf seinem Tablet, aktualisiert mit einem Tutor, aber der Tutor hat die Angewohnheit, die Figuren allesamt in den Selbstmord zu schicken... Vielleicht ist das Absicht: "Schachmatt in neun Zügen" oder: "Es ist doch gar nicht so schwer, schlauer als ein Tutor zu sein, oder???"

Jedenfalls hat der aktuelle Schachweltmeister kürzlich gegen Bill Gates, diesem Computerspezialisten und Erfinder von Microsoft in neun Zügen gewonnen. In der Zeit habe ich noch nicht mal meine Bauern sinnvoll positioniert, aber das hatte Bill Gates wohl auch nicht...

Lieber Alexander,

vorhin war meine Nachbarin bei mir. Ihr Sohn geht noch fleißig zur Schule, Freitag war Elternsprechtag, So ist sie also hingegangen, um sich über das Wohlergehen ihres Sohnes zu erkundigen.

Sie meinte, es war ganz lustig: So viele nette Eltern und Kinder auf den Fluren und gratis Kaffee und Kuchen gab es auch! Im Nachhinein fragte ich ich mich, warum ich nie zu diesen Elternsprechtagen hingegangen bin, aber dann fiel es mir wieder ein, als meine Nachbarin vom Gespräch mit dem Lehrer berichtete: "Nein, es besteht kein Anlass zur Sorge, ihr Sohn ist zwar ein Einzelgänger, aber er kommt schon irgendwie durch...", so meinte der Lehrer. Der Junge hätte ja gute Noten. Das reiche aus!

Mir fielen wieder diese Amokläufer ein, die ja, im Nachhinein, und genauer betrachtet, auch Einzelgänger waren. (Nicht dass wir jemals an so etwas gedacht hätten. Nein, meine Mitschüler und ich wollten in unserer Fantasie immer nur das GEBÄUDE sprengen, selbstverständlich auf einen Sonntag (samstags hatten wir ja noch Schule), so wäre garantiert niemand zu Schaden gekommen (Und das Dach der Turnhalle wäre auch viel früher repariert worden...) Na ja, welcher Schüler hat in seiner Schulzeit keine Fantasien?

Äh, ja, so unterhält man sich dann eben schriftlich weiter.

Untenstehend die Antwort auf die Frage, ob die Eltern der Klasse des Sohnes meiner Nachbarin an einer Medienbildung teilnehmen wollen, wie lange die Kinder im Internet surfen dürfen, welche Spiele sie spielen dürfen und welche Bilder man hochladen soll...

„Hallo Herr M.,

solange mir meine Kinder beibringen, wie man eine neue Festplatte bestellt, installiert, das neue Betriebssystem hoch lädt, den Internettreiber in Gang setzt und sich das neue Antivirensystem besorgt, brauche ich, glaube ich, keine Medienschulung.

Im Gegenzug habe ich meinen Kindern beigebracht, niemals Emails zu verschicken, mit den Inhalten: "Heute war in der Schule echt das totale Chaos. im Chemieunterricht gab es eine Explosion. Erst brach Panik brach aus, aber schließlich brachte der Lehrer dann alles wieder in seiner Gewalt. Bald war alles wieder unter Kontrolle und auf dem Schulhof ist auch keiner Amok gelaufen. Schließlich hatten wir ein Bombenwetter!"

Es gibt ja Wörter, die klingen terrorverdächtig und rufen unangenehmen Besuch hervor, möglicherweise kommt man in das Visier der NSA, dabei waren sie Begriffe doch wirklich harmlos gemeint! Moment, es klingelt gerade an der Tür....

Hochachtungsvoll Ihre Frau S."

Ja, genau.

Die zwei Herren, die an der Tür geklingelt haben, trugen dunkle Anzüge und dunkle Sonnenbrillen, aber die Blues Brothers waren es nicht...

Ehrlich gesagt sind meine Nachbarin und ich uns computermäßig, also in Sachen Gewaltspielen, einig: Wir haben beide resigniert, nachdem wir im Fernsehen gesehen haben, wie erwachsene Männer (gibt es auch unerwachsene Männer?!?) an überlebensgroßen Bildschirmen die Menschen auf dem Bildschirm abschießen...) Wie sollen die Kinder etwas lernen, wenn die Erwachsenen so ein schlechtes Vorbild sind?

Lieber Alexander,

ich muss mich noch mal melden. In Sachen Gewalt bin ich da auf eine interessante Sache gestoßen:

Es kam der Western „High Noon" im Fernsehen, also ein Film, der in der Anfangszeit der Siedler in Amerika spielt: Mann, was wurde da geschossen! Ist es nicht so, dass die ersten Siedler sich ihr Land sowieso nur unter Waffengewalt erobert haben. Soweit ich gelernt habe, wurde damals auf alles geschossen, was sich bewegt hat: Büffel, Indianer, Hyänen... Dann, in den ersten Städten, wurde ein Sheriff bestimmt, der mit Waffengewalt für Recht und Ordnung gesorgt hat. In allen Filmen, die in dieser Zeit spielen, wird geschossen, was das Zeug hält. In den amerikanischen Spielfilmen, die in späterer Zeit spielen ebenfalls.

Später wurden noch Specialeffekts eingesetzt, alles was fährt und irgendwie kollidiert explodiert wie ehedem das Luftschiff „Hindenburg". Selbst wenn ein Schiff versinkt, dann nicht, ohne vorher noch zu explodieren. Auch wenn es nur ein Segelschiff war und gar kein Benzin an Bord hatte. Und kein James-Bond-Film ohne eine großartige Schießerei. Und dann debattiert man wieder und wieder um eine Verschärfung der Waffengesetze, wenn ein Jugendlicher Amok läuft. Sollte man nicht die Einstellung zum Thema Gewalt einmal neu überdenken?

Deine Antonia

Liebe Becky,

vorhin war im französischen Fernsehen der zweite Teil eines französischen Widerstandskämpfers des 2. Weltkrieges, der gegen die deutsche Besatzungsmacht kämpfte. Im Gegensatz zu Deutschland, wo es nur Hans und Sophie Scholl als Widerstandskämpfer gab, welche Flugblätter verteilten, die wohl keiner gelesen hat (jedenfalls weiß ich nichts davon), gab es in Frankreich tausende von Widerstandskämpfern, die von London aus geführt wurden.

Der harte Kern davon hatte als Ziel vor Augen, dass General Charles de Gaulle (er hatte seinen Generaltitel aus den 1. Weltkrieg), der damals in Frankreich nicht nur Staatssekretär, sondern auch Widerstandskämpfer war, Staatspräsident werden würde. Das gelang ihm dann auch in der 5. Republik! Schade, dass man so wenig vom Vorleben der deutschen Staatspräsidenten, äh Bundeskanzler, aber auch anderer Politiker, weiß...

Deine Antonia

P. S.: Nun läuft auch ein Film auf arte über französische Widerstandskämpfer. Es ist aber auch eine französische Produktion. Zeitzeugen berichten darüber, dass es darum ging, es den deutschen Besatzern in Paris so schwer wie möglich zu machen. Das erklärt einiges. Wofür hätte man auch in Deutschland kämpfen sollen?

Laut Umfragen der 70er Jahre des vorigen Jahrhunderts haben die meisten Deutschen ja „von nichts gewusst". Und das, obwohl der Tod überall allgegenwärtig war.

Liebe Peggy,

ich versuche gerade ein Theaterstück zu schreiben. Es handelt in etwa davon, dass eine Hausfrau, Moment, gibt es heutzutage überhaupt noch eine Hausfrau? Das klingt so diskriminierend.... Also die Dame des Hauses, nein, das klingt zu vornehm... Die „Leiterin eines kleinen Familienunternehmens", wie es in einem Werbespot so schön heißt, nein ist auch blöd, seit wann bekommt eine Hausfrau und Mutter Geld für ihre Arbeit?; erwartet den Besuch ihrer Schwiegermutter, die sich kurzfristig angekündigt hat. Also will die Hausfrau – nun bin ich doch bei diesem Begriff hängen geblieben – einen Kuchen backen. Eier, Mehl, Zucker, Milch, Backpulver, Vanillezucker, Butter, Kakao, Rum, Kuchenglasur..., alles ist da für einen leckeren Marmorkuchen. Alles? Nein, die Milch fehlt.

Warum backt diese Frau heutzutage überhaupt noch einen Kuchen? Da kann sie doch auch schnell zum Supermarkt fahren und einen kaufen, oder? Sei´s drum. Diese Frau beschließt also den Kuchen selbst zu backen und will mit ihrem Auto schnell ins Städtchen fahren, die Eier im nächstgelegen Supermarkt kaufen. Bis dahin sind es sechs Kilometer. Ungelogen, bei mir ist es auch soweit!

Die Frau fährt los, vorher muss sie aber noch tanken. Davor muss sie aber noch Geld von der Sparkasse holen, nein, sie bezahlt nicht mit ihrer Kreditkarte, die hat ihr Mann im Tiefkühlfach eingefroren, weil er über die Maße ärgerlich ist, dass sie sein sauer verdientes Geld ständig beim Shoppen ausgegeben hat! Nun muss sie ihre Kreditkarte jedes Mal erst wieder auftauen, wenn sie etwas Schönes kaufen will. Wie bekommt die Frau jetzt Geld von der Sparkasse, wenn sie keine Kreditkarte hat? Egal. Kostbare Zeit geht verloren.

Die Frau fährt zur Sparkasse, sie tankt ihr Auto auf, sie kauft die Milch ein. Wieder zu Hause beginnt sie zu backen. Die Butter in die Schüssel, dann den Zucker. Die leere Zuckertüte ins Altpapier werfen. Das Mehl ist dann auch alle, auch die leere Mehltüte wandert ins Altpapier. Leider ist der Karton für das Altpapier schon ziemlich voll, die Papiertüte fällt wieder raus. Mehlreste verteilen sich staubig in der Küche. Die Hausfrau flucht. Jetzt ist auch die Milchtüte leer.

Gott sei Dank steht im Kühlschrank noch eine zweite Packung Milch. Der leere Tetrapack wandert in den Eimer für den gelben Sack. Auch der ist schon ziemlich voll. Die neue Milch wird aufgemacht, noch den Nippel vom Verschluss abziehen, ab in den Müll, auch der Nippel fällt runter. Nützt alles nichts. In der Rumflasche ist auch nur noch ein kleiner Rest. Der reicht gerade noch für den Kuchen. Die allerletzten Reste trinkt die Hausfrau aus. So, die Flasche kommt in den Korb zu den anderen leeren Flaschen, nun ist auch dieser voll, der Kuchen für eine Stunde in den Ofen.

Leider verträgt die Hausfrau überhaupt keinen Alkohol, nun ist sie etwas angetrunken und auch etwas angesäuert, denn bevor die Schwiegermutter kommt, muss sie noch den Müll wegbringen: Das Altpapier ab in den Kofferraum des Autos, ab damit zum nächsten Altpapiercontainer. Der gelbe Sack ist auch voll. Leider war es der letzte. Also kann sie auch gleich neue Säcke besorgen.

Während der Kuchen im Ofen ist, fährt die Frau los, Altpapier und Altglas wegbringen und neue gelbe Säcke besorgen und ist gerade rechtzeitig fertig, als die Schwiegermutter klingelt. Diese beschwert sich, dass der Kuchen zu frisch ist: Ein Marmorkuchen schmeckt am besten, wenn er ein oder zwei Tage alt ist. Und überhaupt, die Hausfrau sehe so gestresst aus, und dies zu einer Zeit, wo man alles hat: Umluftherd, Geschirrspülmaschine, Waschmaschine, Auto.... Zu ihrer Zeit war alles noch nicht so einfach!

O.k., das Stück ist noch nicht ganz ausgereift. Aber es ist doch wahr: Wann gibt es mal etwas speziell für Frauen Zugeschnittenes zu sehen?

Weiß ein Mann, wie es sich anfühlt, wenn man alles, was man in der Küche essbares anfasst, erst aufschneiden muss: Das Brot in der Plastiktüte, Der Salat in der Folie, die Spaghetti als Fertiggericht in vier verschiedenen kleinen Tütchen verpackt plus Umkarton? Frau will sich ein Wurstbrot machen, die letzte Scheibe Wurst reicht nicht, also die Umverpackung in den gelben Sack, dieser ist voll, also erst einmal selbigen zuschnüren und rausstellen, einen neuen gelben Sack hinhängen, dann die neue Verpackung Wurst aufmachen und die zweite Scheibe auf das Brot legen. Mahlzeit. Selbiges mit Kaffee, Milch, Butter, Marmelade...

An manchen Tagen könnte ich verrückt werden!

Und abends gibt es Fernsehen, da bekommt man in den Werbepausen nur Bier, Autos und junge schlanke Frauen zu sehen. In den Filmen wimmelt es von Verfolgungsjagden und wilden Schießereien.

Mal ehrlich: Das interessiert doch nicht wirklich viele Frauen, oder?

Die einzigen wirklichen Frauenversteher waren wahrscheinlich Onkel Ludwig von den Drombuschs, Doktor Brinkmann aus der Schwarzwaldklinik und Doktor Sommerfeld aus der Praxis am Bülowbogen, aber die wirkten auch zu einer Zeit, als es noch nicht so viel Verpackungsmüll gab.

Lieber Alexander,

ich habe gestern einen interessanten Text gelesen:

„Alles hat seine bestimmte Zeit, und jedes Vorhaben unter dem Himmel hat seine Zeit. Geboren werden hat seine Zeit, und Sterben hat seine Zeit; Pflanzen hat seine Zeit, und Ausreißen des Ge-pflanzten hat seine Zeit; Töten hat seine Zeit, und Heilen hat seine Zeit; Abbrechen hat seine Zeit, und Bauen hat seine Zeit; Weinen hat seine Zeit, und Lachen hat seine Zeit; Klagen hat seine Zeit, und Tanzen hat seine Zeit; Steine werfen hat seine Zeit, und Steine sammeln hat seine Zeit; Umarmen hat seine Zeit, und vom Umarmen fernbleiben hat seine Zeit; Suchen hat seine Zeit, und Verlieren hat seine Zeit, und Hassen hat seine Zeit; Krieg hat seine Zeit, und Frieden hat seine Zeit."

Nein, der Text ist nicht aus dem Magazin „Stern", vielleicht unter der Rubrik: „Wie die Deutschen ihre Freizeit verbringen" Dann bekämen sie jetzt sicherlich jede Menge empörte Leserzuschriften zum Thema Töten und Steine werfen und der Aktivisten, die dagegen sind, dass man irgendwelche Pflanzen ausreißt. Ungeachtet dessen, dass man in seinem eigenen Garten pflanzen kann, was man will. Ich habe den Text aus der Bibel, dem Buch der Prediger, Kapitel 2.

Aber obwohl die Bibel doch recht alt ist, hat der Text nichts an seiner Aktualität verloren, oder?

Liebe Peggy,

für gestern hatte ich wieder eine Einladung von der Agentur für Arbeit.

Man hat die Hoffnung noch nicht aufgegeben, Frauen wie mich effizient auf dem Arbeitsmarkt unterzubringen, trotz Krampfadern an den Beinen, Bandscheibenvorfall, Arthrose an den verschiedensten Gelenken und beginnender Demenz. Äh, was genau wollte ich noch mal schreiben? Ach, ja, jetzt habe ich es wieder: Man fragte mich, wie ich mir meine Zukunft vorstelle. Ich sagte, ich wolle, da es ja mit meiner Fortbildung als Schokologin nicht geklappt habe, zum Film. Wie, zum Film? Ob ich dafür nicht schon etwas zu alt wäre? Ich verneinte. Ich sagte, ich stelle mir eine Rolle vor wie die von Gudrun Okras in „Neues vom Bülowbogen". Die weise Hanna, die als Omaersatz versucht die Familie zusammenzuhalten. Oder Denise Gray, die agile Oma, die als Poupette Vic Bretton durch ihre erste Verliebtheit hilft. Natürlich ist seit dem Film „James Bond – Skyfall" auch die Stelle von Frau M. vakant geworden. Judy Dench wird so schnell niemand ersetzen können.

Keinesfalls wolle ich so enden wie Uschi Glas, die immer noch aussieht wie 35 und seit Jahrzehnten das gleiche dämliche Grinsen hat, wahrscheinlich, weil sie noch immer nichts Wirkliches zu sagen und sich schlussendlich mumifizieren lässt, um auch nach dem Tode noch jugendlich auszusehen. Na, man wird sich wundern, wenn ihre Mumie, wann auch immer, wieder ausgepackt wird...

Nun ja, leider hat die Agentur für Arbeit keine Beziehungen zum Film, da müsse ich mich schon selber bemühen. Ersatzweise bot man mir eine Umschulung als Hauswirtschaftshelferin an. Mir platzte fast der Kragen: Da bin ich nun seit über 20 Jahren Hausfrau und halte meine Wohnung in Schuss, ich habe drei Jahre lang unseren Bahnhof sauber gemacht, zwei Jahre lang in einem Hotel als Zimmermädchen gearbeitet, ich habe, bis ich mir fast die Schultern ausgekugelt habe, die Stühle in diversen Schulen auf die Tische gestellt, um die Klassenzimmer sauberzumachen und in diversen Privathaushalten geputzt und dieser Agentur fällt nichts Besseres ein, als mir eine Um-schulung als Hauswirtschaftshelferin anzubieten? Ich lehnte dankend ab.

Man konnte mich auch nicht dazu überreden Busfahrerin zu werden und mein EU-weit gültiges Zertifikat als qualifizierte Tagesmutter habe ich schon vor Jahren gemacht. Mittlerweile ist der Markt von Tagesmüttern überschwemmt, ungeachtet der Tatsache, dass, zumindest in Deutschland, immer weniger Kinder zur Welt kommen.

Liebe Peggy,

ich bin noch immer frustriert von meinem gestrigen Besuch bei der Agentur für Arbeit. Ich habe mich vor den Spiegel gestellt und mich gefragt, was noch aus mir werden soll. Da entdeckte ich wieder ein paar Haare am Kinn. Dieser Damenbart wird auch immer schlimmer. Das sind wohl die Hormone. Vielleicht sollte ich diese ewige Zupferei lassen und die Haare einfach wachsen lassen. Ich habe mal im Internet geschaut. Auch in den vorigen Jahrhunderten gab es Damen mit Bart. Aber die meisten Artikel handeln davon, wie man einen Damenbart wieder loswird: Zupfen und mit Wachs abziehen sind die gängigsten Methoden.

Warum sollen nur die Männer Bärte tragen dürfen. Vielleicht probiere ich es mal aus. Die Möglichkeiten sind ja vielfältig: Dreitagebart, Vollbart, Schnurrbart, Kinnbart, Ziegenbart, Spitzbart, Backenbart, Schnäuzer oder so hässliche Dreiecke wie sie der „Graf" von der Band Unheilig trägt. Die Krönung ist das die Teilnahme der Frauen in den Bartwettbewerben. Ist nur die Frage ob man beim Vollbart-Freestyle mitmacht oder doch lieber beim Schnurrbartcontest. Das Trinken von gutem Whisky soll den Bartwuchs ja fördern.

Ich habe mal einen Film gesehen, oder war es eine Geschichte in einem Buch? wo der junge Mann darunter litt, dass er keinen Bartwuchs hatte und dann traf er eine junge Frau, die unter ihrem starken Haarwuchs am Kinn litt. Die beiden verliebten sich ineinander, der Hormonhaushalt beider Menschen pendelte sich ein und ihm wuchs fortan ein Bart und sie war frei von dieser Last!

Liebe Becky,

ich bin kürzlich wieder über diesen Witz gestolpert, wo die eine Frau einen nagelneuen Rasierapparat für Damen durch den Zoll bringen will ohne dafür zu bezahlen. Kurzerhand bittet sie einen Priester den Apparat an sich zu nehmen. Er versteckt ihn unter seiner Soutane. Am Zoll wird der Priester, der ja nicht lügen darf, gefragt, ob er etwas zu verzollen habe. Er antwortet: „Von Kopf bis zur Mitte habe ich nichts zu verzollen."

„Und von der Mitte abwärts?"

„Nun, dort habe ich einen Apparat für Damen, der noch nie benutzt wurde."

Lachend wird der Priester durchgewunken.

Lieber Alexander,

die deutsche Sprache ist schon seltsam. Ich weiß, dass der Lehrer in der Schule mich früher immer kritisiert hat, wenn ich von einem weißen Schimmel, einem schwarzen Rappen oder einem alten Greis redete. So etwas nennt man Tautologie oder Pleonasmus. Aber nie beschwert sich jemand, wenn davon die Rede ist, dass jemand seine letzte Henkersmahlzeit einnimmt. Man sitzt um eine heiße Glut herum, trifft auf einen kleinen Zwerg und hat eine subjektive Empfindung, bevor man das Feuer mit nassem Wasser löscht.

Traf ich kürzlich einen blöden Trottel oder ein begabtes Genie? Jedenfalls war der kohlrabenschwarze Rabe kein Einzelindividuum.

Liebe Peggy,

bin total angenervt. Den ganzen Tag bin ich im Haushalt dabei, irgendetwas auszupacken, wegzuwerfen oder aufzuräumen. Das fängt bei den Frühstücksbrötchen mit der leeren Papiertüte schon an. Dann ist die Nuss-Nougat-Creme alle, das alte Glas muss weg, das neue Glas kommt raus aus den Schrank, die Schutzfolie abziehen und auch die Schutzfolie wegwerfen. Schließlich ist auch die Frühstückswurst am Ende, Pelle weg, neue Wurst raus aus der Folie und rauf aufs Frühstücksbrettchen. Manchmal kommt es mir vor, als müsse man sich alles erst erarbeiten. Genau wie früher, nur auf eine andere Art und Weise. Dann räume ich den Frühstückstisch wieder ab und stelle den Geschirrspüler an. Leise ist der ja auch nicht gerade.

Manchmal frage ich mich, was wäre, wenn die Männer den Haushalt schmeißen würden.

Ich meine, die chilenische Schriftstellerin Isabelle Allende hat ja einmal geschrieben, dass die Emanzipation nur einseitig war. Den Frauen war es zwar erlaubt arbeiten zu gehen, die Autos zu reparieren, Hosen zu tragen und ihr Meinung zu sagen, aber die Männer sind so gut wie gar nicht in die Frauendomänen vorgedrungen.

Also ich stelle mir vor, die Mehrheit der deutschen Männer würde also den Haushalt regelmäßig über einen langen Zeitraum verrichten. Wie würden sie dann wohl unsere elektronischen Haushaltshelfer beurteilen: Der Morgen beginnt mit den lauten Geräusch des Föns im Badezimmer. Dann wird die Wohnung gestaubsaugt. Staubsauger sind zwar nicht mehr so laut wie noch vor 30 Jahren, aber einen Hybridmotor haben sie auch nicht gerade und mein Staubsauger ist irgendwie unhandlich. Ich muss ihn immer wie einen störrischen Hund an der Leine hinter mir herziehen. Das tut dem Schlauch auch nicht gerade gut.

Der Geschirrspüler braucht etwa eine Stunde zum Spülen, dabei gibt es Modelle die in jede Küche passen würden, aber nur für die Gastronomie verkauft werden. Dann würden die Männer das Gemüse in vier Schichten in den Dampfgarer packen, die Kartoffeln in der Moulinex reiben, damit es später leckere Kartoffelpuffer selbstgemacht gibt oder die Fritteuse für die Pommes erhitzen, obwohl bis heute nicht geklärt ist, wohin mit dem alten Fett. Der bequeme Mann würde für die Familie etwas Leckeres im Wok kochen oder gar die Zutaten für ein Raclette kleinschneiden. Ist klar, dass sie nachher auch wieder alles abwaschen und saubermachen!

Über jeden Einkauf im Supermarkt würden sie sich freuen, weil es die Muskeln stärkt und beim Putzen kann man seine Aggressionen abbauen. So geht es mir jedenfalls. Ja, und am Abend ist dann auch noch die Tiefkühltruhe abgetaut, weil es ja fast keine Arbeit macht. Oder irre ich mich? Ich lebe ja fast die ganze Zeit meines Lebens alleine und weiß weder, wie man diese Haushaltshelfer verbessern könnte, noch kann ich sagen, wie die Mehrheit der

Männer dieser Aufgabenstellung gewachsen wären. Meinen Nachbarn kann ich dazu nicht fragen. Er ist zwar den ganzen Tag zu Hause, schafft es aber nicht einmal, alle zwei Wochen den gelben Sack an die Straße zu stellen. Dementsprechend riecht es im Keller. Und meine andere Nachbarin bekommt jedes Mal, wenn sie völlig gestresst als Zimmermädchen aus Hotel zurückkommt, von ihrem arbeitslosen Mann zu hören: „Nee, im Haushalt habe ich noch nichts gemacht. Ich musste erst dieses Spiel hier auf dem Tablet zu Ende spielen." Da will ich sie nicht noch mit so einer komplizierten Thematik belasten.

Wie sieht es bei dir aus?

Deine Antonia

Lieber Alexander,

heute hatte ich die Faxen dicke!

Jeden Tag liest man in der Zeitung vom demografischen Wandel, dass die Alten immer älter werden und dass immer weniger Kinder geboren werden. Hat sich schon einmal jemand Gedanken darübergemacht, was ist, wenn die Rentner alle gestorben sind?

Dann können die Arztpraxen, Pharmafirmen, Altenheime, Seniorenresidenzen und Pflegedienst dichtmachen! Wer würde dann noch dreimal im Jahr in Urlaub fliegen, Luxuskreuzfahrten buchen, Blutdruck-messgeräte kaufen und jeden Morgen mit dem Mercedes bei Aldi vorfahren, um über die Maßen Schnäppchen zu kaufen? Darauf will ich aber gar nicht hinaus.

Ich habe unserer Bundeskanzlerin Frau Merkel einen Brief geschrieben. Ganz einfach, mit einer Milchmädchenrechnung, wie man sie uns in der Schule beibrachte: Wenn man zwei Mäuse hat und diese nach drei Wochen zehn Junge bekommen, habe ich 12 Mäuse. Wenn diese nach drei Wochen wiederum je 10 Mäusekinder bekommen, sind es schon 120 kleine Nager. Noch einmal drei Wochen später sind es schon mehr als 1200 Mäuse.

Natürlich stimmt das nicht, denn die männlichen Tiere bekommen keine Jungen, es gibt Totgeburten, manche Tiere sterben früh oder sind unfruchtbar. Und die Lebenserwartung einer Maus liegt so oder so nur bei etwa zwei bis drei Jahren, Fressfeinde und schädliche Umwelteinflüsse wie Nahrungsmangel nicht mitgerechnet.

Aber, wie gesagt, die Lehrer haben uns damals in der Schule nur diese Milchmädchenrechnung beigebracht, wie man ruck zuck aus zwei Mäusen eine Population von mehr als 1000 Tieren erhält.

Ich schrieb also, dass meine Uroma, damals, etwa um 1900 geboren, zehn Kinder hatte. Auch bei der Generation meiner Oma war das noch üblich, auch wenn es mit meiner Oma und meinem Opa so nicht geklappt hat. Sie waren wie Katz und Maus, so sagt man, hatten aber immerhin auch noch drei Kinder.

Auch in der Generation meiner Eltern, also der Nachkriegsgeneration, etwa um 1940 bis 1950 geboren, gab es viele Kinder, die sieben oder acht Geschwister hatten. Dann gab es den Pillenknick. Dazu gehöre auch ich, also ist es mehr oder weniger ein Wunder, dass es meine Generation überhaupt gibt. Na ja, obwohl auch meine Eltern wie Katz und Maus waren, haben sie trotzdem drei Töchter bekommen.

Dann hört es aber auch schon auf. Viele Frauen meiner Generation haben sich für ein Kind oder auch gar kein Kind entschieden und ihr Glück in der Karriere gesucht. So kommt es, dass heutzutage eine deutsche Frau durchschnittlich 1, 36 Kinder bekommt.

Kurzgefasst teilte ich also Frau Merkel mit, dass, wenn die Deutschen sich so fleißig weitervermehrt hätten, wie meine Uroma, jeder geborene Mensch bekommt wiederum zehn Kinder, es nach der vierten Generation schon über 1000 Personen wären. Kindersterblichkeit, Unfruchtbarkeit, Homosexualität, Krankheiten und Umwelteinflüsse, Kriege und mögliche Hungernöte oder andere wirtschaftliche Faktoren nicht mitberücksichtigt.

Bekommt aber, wie es seit den 80er Jahren der Trend ist, jede Frau einer Familie jeweils nur ein Kind, so würden bis zur vierten Generation nur drei weitere Kinder geboren. Jedenfalls sollen Medien endlich mal aufhören zu jammern und stattdessen einfach mal nachrechnen!

Lieber Alexander,

ich noch eine witzige Geschichte, die ich zum Thema meiner letzten Mail gelesen habe:

„Die Rückkehr des Rattenfängers

Plötzlich stand er da. Er sah mit seinen bunten Kleidern aus wie jeder andere.
Die Touristen liefen achtlos an ihm vorbei. Nein, er sah nicht aus wie jeder andere Tourist. Sondern er sah aus wie jeder andere Rattenfänger, der durch Hameln lief. Und davon gab es nicht wenige: Bunt gekleidete Männer, die, gegen ein geringes Entgelt, im Kostüm des Rattenfängers die auswärtigen Besucher im Auftrag der Stadtverwaltung Hameln durch die mittelalterliche Altstadt führten und diese erklärten.
Dazu gehörte auch die Sage, dass der Rattenfänger im Jahre 1284, aus Verärgerung, dass er, als er die Stadt von der Rattenplage befreite und dafür den Lohn nicht erhielt, sämtliche Kinder der Stadt mitnahm. Dies hatte die Stadt ihm bis heute nicht vergessen.

Entschlossen trat er einen Schritt nach vorne. Diesmal wollte er sich nicht beschämend abspeisen lassen. Aber er musste sich erst einmal orientieren: Die Stadt hatte sich in den über 700

Jahren seiner Abwesenheit doch stark verändert. Ja, er war es: Der einzig wahre Rattenfänger, damals wie heute. Und er sah noch immer so aus wie ihm Jahre 1284, als er erst die Ratten und dann Kinder mitgenommen hatte: Um keinen Deut gealtert!

Nun hatte er etwas entdeckt: Ein kleines blondes Mädchen. Es wirkte selbstsicher und lebenslustig. „Entschuldige...", sprach er sie an. „Entschuldige, kannst Du mir sagen, wo es hier zum Rathaus geht?" Das Mädchen blickte ihn skeptisch an: „Bist wohl neu hier? Hast du dich verlaufen?"
Sie lachte ihm direkt ins Gesicht. Er wurde unsicher und wusste nicht, ob sie ihn auslachte. „Ich, ja, nein, äh, ich habe nur gerade im Gewirr der Altstadt die Orientierung verloren. Bin wohl etwas müde..."
„Na komm! Ich führe dich. Es ist nicht weit!", bot ihm das Mädchen offenherzig ein. Er folgte ihr.

Kurz darauf standen sie vor dem Rathaus. Das Mädchen verabschiedete sich, der Rattenfänger stieg, wie von einer inneren Stimme geleitet, die Treppe hoch, bis er direkt vor der Tür des Büros der Bürgermeisterin stand.
Seit wann bekleiden Frauen so hohe Ämter, fragte er sich?
Da ging auch schon die Tür auf und ein kleiner

untersetzter Mann mit jeder Menge Papiere unter dem Arm kam heraus. Der Rattenfänger schlüpfte, wie selbstverständlich, durch den offenen Türspalt herein. Die Bürgermeisterin blickte amüsiert auf. Eine kleine Abwechslung von ihrer manchmal langweiligen, aber immerzu anstrengenden Arbeit, kam ihr gerade Recht.

„Was kann ich für Sie tun?" Sie glaubte, einen der angestellten Touristenführer vor sich zu haben, für die sie natürlich normalerweise nicht zuständig war.

„Ich will mein Geld!" kam es etwas sehr fordernd vom Mann in den bunten Kleidern vor ihr. Ihr Lächeln verschwand: „Da müssen Sie runter zur Stadtkasse. Auszahlung ist immer am 15. des Monats!"

„Ich will die 1000 Gulden, die Ihr Vorgänger mir vor über 700 Jahren versprochen hat, und zwar von Ihnen! Es war ja auch der Bürgermeister, der mir damals das Geld versprochen hat!"

Die Bürgermeisterin wirkte verunsichert. Sie schaute, ob sie vielleicht gefilmt würde für „Versteckte Kamera" oder einer anderen Fernsehsendung, die Prominente gerne aufs Korn nahm. Obwohl sie nichts Verdächtiges entdecken konnte, winkte sie wage mit der rechten Hand und lächelte unsicher.

„Wie bitte?"

„Na, damals. 1284, als ich die Stadt Hameln von

der Rattenplage befreit hatte, mein Geld nicht bekommen habe und dafür die Kinder mitgenommen haben. Es tut mir Leid! Den Kindern ist damals nichts passiert. Ich habe sie lediglich eine Gegend geführt, wo es mehr zu Essen und zu Trinken gab als hier, es wärmer war und man sie weitaus besser behandelte. Keines ist von ihnen gestorben. Im Gegenteil. Sie haben sich vermehrt wie die Ratten, äh, Mäuse..." Der Rattenfänger errötete leicht.
„Na, also, wenn das so ist!" Die Bürgermeisterin glaubte schließlich, es mit einem Touristenführer vor sich zu haben, der wohl nach den vielen, vielen Stadtführungen bei Wind und Wetter irregeworden war. Dieser Job ist ja auch nicht ganz leicht, wenn man es genauer betrachtet, dachte die Bürgermeisterin bei sich. Dann erhob sie ihre Stimme: „Ja, ich verstehe: Das muss ich mit meinen Ministern besprechen. 1000 Euro, äh Gulden: So viel Geld haben wir gerade nicht in der Stadtkasse. Kommen Sie nächste Woche wieder!"

Der Rattenfänger kam nächste Woche wieder und übernächste Woche. Aber sein Geld bekam er nicht.
Dafür zog er wieder mal seine Flöte. Und blies. Wie von unsichtbaren Fäden gezogen folgten ihm diesmal alle Senioren der Stadt. Sie verließen die Seniorenheime, einsame Wohnungen und

Shoppingzentren als hätten sie nie irgendwelche körperlichen Beschwerden gehabt. Zurück blieben jede Menge Rollatoren, Gehilfen, schlecht geparkte Autos und weinende Enkelkinder.
Und die Stadt Hameln hatte wieder einmal ein Problem: Die Seniorenheime mussten geschlossen werden, die Arztpraxen blieben weitgehend leer, weil niemand mehr aus Altersgründen medizinische Hilfe brauchte und etliche Pflegedienste mussten schließen. Auch gab nun keinen Senior mehr, der seine Rente oder gar seine Ersparnisse für Konsumgüter oder Urlaubsreisen ausgab. Die kränkelnde Wirtschaft Hamelns brach nun vollends zusammen."
Ja, soweit wird es noch kommen...
Deine Antonia

Lieber Alexander,

natürlich ist es nicht nur schlimm, wenn die Deutschen aussterben, es stellt sich auch die Frage, wer unser Land bis dahin verteidigen soll?

Mir geht auch immer wieder die Frage durch den Kopf, die ein Kriegsdienstverweigerer aus den 80er Jahren angeblich gestellt bekommen hat: „Aha, sie wollen also den Dienst an der Waffe verweigern. Aber nun stellen sie sich mal vor, es klingelt an ihrer Tür und jemand will ihre Oma erschießen. Was würden sie tun?" Ich weiß bis heute nicht, was man darauf antworten sollte: „Einen Moment bitte!"

Man geht zur Schreibtischschublade oder zum Wohnzimmerschrank, holt seine Pistole raus und erschießt den Mann an der Tür? Das wäre politisch nicht korrekt, immerhin weiß man gar nicht, ob dieser Mensch an der Tür tatsächlich die Oma erschießen wollte oder es nur ein Fake war, zum Beispiel von „Verstehen Sie Spaß?" Und dann hätte man noch den Besitz der Pistole erklären müssen.

Oder man ruft: „Oma, da ist jemand für dich an der Tür!" und wartet bis die Oma kommt. Heutzutage gibt es ja keine Kriegsdienstverweigerer. Genaugenommen wurde die Wehrpflicht erst einmal ausgesetzt. Und irgendwann gibt es, aus Nachwuchsmangel, überhaupt keine Leute mehr in der Bundeswehr. Dann erübrigt sich auch die Frage mit der Oma.

Heutzutage wäre die Beantwortung der Frage ja noch schwieriger: „Oma, die ist gerade einkaufen. Ich weiß auch nicht, wann sie wiederkommt!"

„Oma, die ist mit ihrem Lebensabschnittspartner in Urlaub. Kommen sie in 14 Tagen noch mal wieder!"

„Es ist Winter. Von September bis März ist Oma immer in ihrem Ferienhaus in Spanien."

„Was wollen sie überhaupt? Meine Oma lebt 700 Kilometer von hier entfernt!"

„Oma? Gut, dass sie nach ihr Fragen. Sie lebt im Seniorenheim. Ich wollte sie demnächst wieder besuchen, fast hätte ich es vergessen."

„Keine Ahnung, wo die ist. Haben sie es schon mal in der Spielhalle versucht? Soll ich ihr eine SMS schicken?"

In der Bibel gibt es ja diese Geschichte von Rut und Noomi.

Die Schwiegermutter kehrt mit ihrer Schwiegertochter von Moabit nach Israel zurück. Die Männer sind in Moabit gestorben. Die Schwiegermutter Noomi verkuppelt ihre Schwiegertochter Rut mit einem entfernten reichen Verwandten, der Landwirt ist, damit sie finanziell abgesichert sind.

Ich habe mal in einem Bibelkreis gefragt, welche Schwiegermutter heutzutage noch ihre Schwiegertochter verkuppeln würde. Die würden sich doch alle den reichen Kerl selbst unter den Nagel reißen, oder?

Daraufhin sind die anwesenden Damen, alle schon über 50, ziemlich rot und verlegen geworden.

Liebe Becky,

heute kam im Radio der Spruch: „Der Lokomotivführer liegt in den letzten Zügen."

Das ist genauso beknackt wie: „Der Motorradfahrer kratzt die Kurve." und „Der Chorleiter hört die Englein singen."

Kann man es nicht pietätvoller ausdrücken, wenn jemand im Sterben liegt?

Dann war da noch die Frage, worin der Unterschied zwischen schlagen und prügeln wäre? Der Gefragte antwortete, da gäbe es keinen Unterschied. Der Fragesteller meinte: „Und warum haben dann alle Leute gelacht, als ich gesagt habe: „Die Kirchturmuhr hat zwölf geprügelt?““

Liebe Peggy,

ich hatte wieder Besuch von meiner Nachbarin. Sie hat eine zwölfjährige Tochter, die Oma, die etwas weiter weg wohnt hat hohe Ansprüche:

Die Enkelin soll ihrer Oma ständig einen Bericht schreiben, wie es in der Schule läuft. Das Kind meinte, es würde nur noch am Monatsende schreiben. Am 2. März riet die Mutter also, den Bericht für Februar zu schreiben. Die Tochter schrieb drei Zeilen, das sollte reichen, der Februar ist ja relativ kurz!

Nein, es kam die Rückmeldung der Bericht wäre nicht ausführlich genug. Meine Güte, was soll das Mädchen denn schreiben? Vielleicht einen Tagebucheintrag:

1. März, ich habe "ihn" wiedergesehen. Er hat mir zugelächelt!

2. März, "er" kam nicht zur Schule. Ich bin todtraurig (nicht tot traurig! (Dann würde es diese Email gar nicht geben)).

3. März, "er" ist heute mit Sabine gegangen, bin verzweifelt..."

Oder: 1. Stunde: Heute trug der Deutschlehrer rosa Söckchen. Ist er schwul?

2. Stunde: Die Biolehrerin nervt total. Konnte einen Oktopus nicht von einem Kalmar unterscheiden.

Kennt sich denn keiner mit den Tintenfischen aus?

3. Stunde: Der Chemielehrer hat Wasserstoff und Sauerstoff nicht unter der Abzugshaube gemischt. Habe die Explosion auf dem Handy gefilmt und anonym dem Rektor geschickt. Äh, ja und natürlich gleich auf Facebook gepostet..."

Was geht das die Oma an?

Oder wie wäre es mit etwas Sachlichem: Ich habe in letzter Zeit noch nie so viel über die Ukraine gelernt wie in den letzten Tagen. Erst einmal dachte ich, die Ukraine liegt an der Ostsee. Habe mich dann aber gewundert, dass es "Schwarzmeerflotte" heißt und nicht "Ostseeflotte". Von der Kornkammer Russlands war zwar nicht die Rede, aber die Ukraine ist der Hauptabnehmer von Landmaschinen. Wenn man den Handel damit einfriert, bekommt Deutschland nicht nur weniger Geld, sondern auch noch weniger Erdgas. Das ist problematisch!

Man hat deutlich im Fernsehen gesagt: "Es wird

keinen Krieg geben." Aber hat man nicht damals auch gesagt: "Und wir werden keine Mauer bauen!"

Dann wollen wir mal glauben, dass es stimmt!

Lieber Alexander,

eben wieder dieses Lied von Udo Jürgens im Radio: „Paris, einfach so nur zum Spaß". Der frustrierte Ehemann singt: „so nahm ich ein Papier und schrieb zurück..."

Wie würde er wohl heute auf eine Kontaktanzeige antworten? Würde er das Geld für eine Kontaktbörse ausgeben? Würde er beim Speed-Dating auf seine eigene Ehefrau treffen? Auf jeden Fall würde er den Brief doch wohl mit dem Computer schreiben, oder?

Liebe Becky,

in der Ukraine tobt der Bär. Die Ukraine will zur westlichen EU gehören, der russische Präsident Putin will das Land nicht loslassen.

Da wundert man sich immer wieder, dass es überall auf der Welt Krieg gibt. Aber wenn man sich mal die Ländergrenzen ansieht, ist das doch kein Wunder. Vor 30 Jahren war die Ukraine noch fester Teil der UdSSR, der Union der Sozialistischen Sowjetrepubliken. „Ihre größte Ausdehnung, welche sie auch bis zu ihrem Ende beibehielt, erlangte die Union im Verlauf des Zweiten Weltkrieges mit der Einverleibung der baltischen Länder (Estland, Lettland, Litauen), Bessarabiens, Tuwas, des nördlichen Teils Ostpreußens sowie finnischer, polnischer, tschechoslowakischer und japanischer Gebiete.", wie in Wikipedia so schön heißt. Sie umfasste ein Sechstel der Erdoberfläche. Das ist nicht zu unterschätzen. Bis 1917 gab es das „Russische Reich". Ich weiß noch nicht einmal, wie das Land zwischen 1918 und 1945 hieß.

Die Stadt Danzig jedenfalls war mal deutsch, jetzt ist sie polnisch. Ostpreußen gehörte auch zum Deutschen Reich, jetzt ist es russisch.

Österreich gehörte mal zum Deutschen Reich, mal war es selbständig.

Um Elsass-Lothringen stritten sich immer wieder die Deutschen und die Franzosen.

Belgien gehörte zum römischen Reich, zu Österreich, zu Frankreich, dann wurde es den Niederlanden und Luxemburg zugehörig und mal gehörte es auch zum Deutschen Bund. Da ist es schwer, eine dauerhafte Identität zur Zufriedenheit aller zu finden.

Den Staat Jugoslawien, also das erste Jugoslawien gab es von 1918 bis 1941, dann gab es noch ein zweites Jugoslawien und ein drittes Jugoslawien. Immer wurde es ein bisschen kleiner.

Den neuen Staat Israel gibt es erst seit 1948. Klar, dass die Palästinenser, die sich dort vorher angesiedelt hatten, beschwert haben! Den Staat Pakistan gibt es seit 1947. Eine Folge der englischen Kolonialmacht. Überhaupt sind die Einflüsse der Kolonialmächte nicht zu unterschätzen. In Indien herrscht zum Beispiel immer noch Linksverkehr auf der Straße, obwohl die Engländer schon lange weg sind. Und die Eisenbahnstrecken, die die Engländer gebaut haben, werden auch nicht mehr gepflegt und gewartet und werden zu lebensgefährlichen Transportstrecken. Wenigstens in Pakistan.

Nordafrika war größtenteils französisch besetzt. Nun tummeln sich tausende von Marokkanern in Paris herum und wollen alleinstehende Touristinnen heiraten, um eine Aufenthaltsgenehmigung zu bekommen.

In fast ganz Südamerika spricht man Spanisch. Ich werde den Verdacht nicht los, dass Völker, die sozusagen „annektiert" werden und ihrer Eigenständigkeit beraubt werden, nicht nur unzufrieden werden, sondern auch ziemlich sauer, mal abgesehen davon, dass ihre eigentlichen Traditionen unterdrückt werden. Ja, und irgendwann, wenn es denn dann eine Möglichkeit gibt, lassen sie die „Sau raus", wie zum Beispiel in Algerien, Libyen und Ägypten.

Ich weiß noch, dass unser Geschichtslehrer Anfang der 80er Jahre erzählt hat, dass die Deutsch-Deutsche Mauer nicht lange halten wird, da noch keine Ländergrenze länger als 100 Jahre gehalten hat.

Ausnahmen wie China hat er nicht erwähnt, also war ich zutiefst beeindruckt von den Worten des Lehrers. Nun, die Deutsch-Deutsche Grenze hat genau 27 Jahre gehalten.

Deine Antonia

Liebe Becky,

heute Vormittag wollte ich einen wichtigen Brief schreiben. Auf dem Computer natürlich. Erst einmal musste ich aber auf Toilette. Dann war das Toilettenpapier alle, es war die letzte Rolle. Ich musste schnell los, neues kaufen. Alles auspacken, Plastikumverpackung in den Gelben Sack. Der war voll, also den Gelben Sack raus auf den Balkon stellen und erst mal eine Tasse Kaffee kochen. Es war der letzte Kaffee, ich habe eine neue Verpackung aufgeschnitten, dabei habe ich Kaffeepulver schüttet. Na gut, staubsaugen musste ich sowieso dringen mal wieder. Das hat hungrig gemacht. Zum Glück hatte ich noch den leckeren Kuchen aus dem Supermarkt. Beim Öffnen der Verpackung habe ich mir den Fingernagel eingerissen. Ab ins Bad, Fingernägel schneiden. Mein Gott, wie sah es da aus? Warum war mir das vorher nicht aufgefallen? Wann hatte ich das letzte Mal das Bad geputzt? Schnell habe ich über Toilette, Waschbecken und Badewanne gewischt. Die Handtücher habe ich gleich in die Waschmaschine gesteckt. Dann habe ich meinen Kaffee getrunken, das Stückchen Kuchen gegessen, die Zeitung ein letztes Mal durchgeblättert und anschließend in den Karton zum Sammeln des Altpapiers geworfen. Nun war der Karton randvoll. Da konnte ich ihn auch gleich zum Altpapiercontainer bringen. Aus dem Keller habe ich dann einen neuen Karton für weiteres Papier hochgeholt. Jetzt waren auch die Handtücher schon fertig gewaschen und ich habe sie aufgehängt.

Was wollte ich noch gleich? Ach ja, meinen Brief schreiben. Der Text war leicht geschrieben, aber leider war die Druckerpatrone leer. Mein Gott, war das ein Gepfriemel, bis der Drucker wieder ging. Den fertigen Brief in der Hand suchte ich nach einem Briefumschlag. Ich steckte ihn hinein. Leider hatte ich keine passende Briefmarke mehr. Also bin ich noch mal los zum Kiosk, der verkauft auch „Postwertzeichen in kleinen Mengen", wie es so schön heißt. Nachdem ich den Brief in den nächsten Postkasten geworfen hatte, ich musste noch ein ganzes Stück laufen, nein, ich fahre nicht für jede Kleinigkeit mit dem Auto, schaute ich auf die Uhr. Es waren zwei Stunden vergangen und gleich wollte Max zum Mittagessen kommen.

Es reichte gerade noch für eine Tiefkühlpizza.

Max beschwerte sich nicht über die Pizza, aber er war wirklich sehr besorgt, als ich ihm erzählte, dass ich für das Schreiben eines einzigen Briefes zwei Stunden gebraucht hätte und dass, ohne nebenbei ein einziges Computerspiel gespielt zu haben!

Liebe Becky,

mach Dir nichts daraus, dass dein Mann so eifersüchtig ist! Max sein Vater war für weit geringe Sachen eifersüchtig als auf einen Trainer im Fitnessstudio, der es schafft Liegestütze mit einer Hand auf dem Rücken zu machen und dabei noch gut auszusehen.

Einmal war ich bei meiner Freundin in Hamburg und Max sein Vater wollte wissen, was wir gemacht haben. Ich sagte, wir wären auf der Reeperbahn gewesen. Da ist er knallrot geworden und ist bald an die Decke gegangen. Warum?

Als Teenager war ich öfters mit meinen Eltern auf der Reeperbahn zum Bummeln. Das Panoptikum, ein Wachsfigurenkabinett, ist dort sehr schön. Nur in die Herbertstraße darf nicht jeder rein. Und was man da zu sehen gibt, läuft heute auf fast jedem Fernsehprogramm.

Also gut, beschwichtigte ich, das mit der Reeperbahn war nur ein Scherz gewesen, meine Freundin und ich waren nämlich viel zu müde um abends noch wegzugehen und wir hatten „Wetten dass….???" mit Thomas Gottschalk im Fernsehen gesehen. Da wurde der arme Kerl schon wieder eifersüchtig. Was hat Thomas Gottschalk, was er nicht hat? Die Liebe zu Gummibärchen? Das smarte Lächeln? Das gute Aussehen? Die charmante Art? Die blauen Augen? Die lockigen blonden Haare?

Mann kann eben nicht alles haben.

Ich hatte auch mal einen, der wurde schon eifersüchtig, als ich nur den Refrain des Liedes „Alle die mit uns auf Kaperfahrt fahren" gesungen habe. Ich kenne das Lied noch aus meiner Schulzeit, als wir Shantys, also Seemannslieder, zum Thema hatten. Ich das Lied lange nicht mehr gehört. Mittlerweile wird es wieder von der Band „Santiago" gesungen:

„Alle die mit uns auf Kaperfahrt fahren, müssen Männer mit Bärten sein.
Alle die mit uns auf Kaperfahrt fahren, müssen Männer mit Bärten sein.
Jan und Hein und Klaas und Pit,
Die haben Bärte, Die haben Bärte.
Jan und Hein und Klaas und Pit,
Die haben Bärte, die fahren mit."

Einen Jan kenne ich ja noch, aber ich habe bislang noch keinen Hein, keinen Klaas und keinen Pit kennengelernt und jeder Mann kann doch selbst entscheiden, ob er sich einen Bart wachsen lassen will oder nicht?

Liebe Peggy,

warum fragst Du, ob Du den Hund Deiner Nachbarin erschießen darfst?

Ich weiß, er sitzt jeden Abend auf dem Balkon und heult, während sein Frauchen in die Kneipe geht.

Für mich wäre das auch Ruhestörung. In Amerika würde es als Notwehr gelten, wenn du den Hund erschießen solltest.

Man muss abends früh ins Bett, weil man am nächsten Tag früh zur Arbeit muss und wenn jeden Abend der Hund auf dem Balkon heult und man kann über einen längeren Zeitraum nicht schlafen, kann es die Gesundheit gefährden, man wir unkonzentriert auf der Arbeit und verliert eventuell seinen Arbeitsplatz. In einem Land wie Amerika, ohne Sozialversicherung, kann es den totalen Ruin bedeuten. Da ist Selbstjustiz eine gängige Methode.

Aber hier in Deutschland würdest du ein langes Gerichtsverfahren bekommen, für den Fall, dass du nicht nur den geliebten Hund einer einsamen Frau erschossen hättest, und diese Frau nun noch einsamer gemacht hättest (vielleicht kommt sie niemals über den den Verlust ihres geliebten Tie-res hinweg...), nein, du hättest durch die geschlossenen Balkontür auch noch die Frau treffen kön-nen, die vielleicht unerwartet früher aus der Kneipe nach Hause kommt, und schlimmstenfalls würde man dir einen vorsätzlichen Mord anhängen.

Also liebe Peggy, lass die Finger davon. Vielleicht probierst du es mal mit einem Anruf beim Tierschutzverein?

Lieber Alexander,

ich weiß, auch früher haben uns unsere Eltern schon nicht verstanden. Jungs, die nach der Schule nicht zur Bundeswehr wollten, Mädchen, die weder heiraten noch Kinder kriegen wollten und die Kinder, die jeweils 80 DM für das letzte, das allerletzte und das aller allerletzten Abschiedskonzert der Rolling Stones wollten. Mittlerweile sollten wir in der Lage sein, das Eintrittsgeld selbst zu bezahlen, auch wenn der Preis für eine Karte im Jahr 2014 bei über 100 Euro lag.

Aber was will Max mir sagen, wenn er mir mitteilt: „Mama, wir haben mit den Kids der Uni einen super Tanz performed. Dazu haben wir ein megastarkes Plakat gelayoutet und gescannt. Du kannst es im Internet googeln. Ganz viele Leute haben es schon geliked. Wir wollen nämlich einen neue encouragement culture schaffen!"

Ja, eine neue ermutigende Kultur könnten wir wirklich gebrauchen. Vorgestern war eine Sendung im Fernsehen, wo sie die Aussagen zweier Männer gegenübergestellt haben. Der eine Mann hat seine Tochter beim Amoklauf in der Schule von Winnenden verloren, und wollte, dass die Waffengesetze verschärft werden.

Vor allem die großkalibrigen Waffen sollten verboten werden, von denen eine Kugel erst eine Glastür und dann eine Lehrerin durchschossen hat, bevor sie in einem Aluminiumrahmen stecken blieb.

Demgegenüber stand ein Mann aus dem Schützenverein, der als Jude im Jom-Kippur-Krieg 1973 in Israel mitgekämpft hat und nun für die deutsche Polizei tätig ist. Er forderte, dass jeder Deutsche eine Waffe tragen darf und notfalls Selbstjustiz üben darf.

Da steht natürlich Aussage gegen Aussage, aber ich glaube, wenn hier in Deutschland jeder eine Waffe tragen darf, hat sie die Anzahl der Einwohner in kürzester Zeit drastisch reduziert!

Liebe Becky,

ich gebe die Hoffnung nicht auf. Untenstehend ist der Text des Liedes von Udo Jürgens, „So ist der Mann" aus dem Jahre 2014.

Die Einsicht kommt etwas spät, aber vielleicht kann sie in der Männerwelt noch etwas bewirken!?

„Der Mann ist das Problem
Wer hält sich für den Größten,
seit sich diese Erde dreht.
Wer spaltet die Atome,
bis das ganze Land untergeht?
Wer rast wie ein Gestörter,
Drängelt auf der Autobahn.
Wer traut sich nicht zum Zahnarzt,
Aber Kriege fängt er an?
Es ist der Mann
Ja, ja der Mann...

Wer pocht auf seine Ehre
und linkt zugleich den Staat.
Wer geht in Freudenhäuser
und erfand das Zölibat?
Wer spielt mit Handgranaten
Und wer steckt den Urwald an.
Wer hält sein Auto sauber
Und verdreckt den Ozean?
Es ist der Mann
Ja, ja der Mann...

Das ist nun mal die Wahrheit,
Er ist der Fehler im System,
Der Mann
Ist das Problem

Wer macht nicht nur in Fukushima
einen Super-GAU.
Wer hört schon aus Prinzip
sowas von nicht auf seine Frau?

Wer ist ein Besserwisser
Und läuft Amok dann und wann.
Wer verhandelt über Frieden
Und schafft sich neue Waffen an?
Es ist der Mann
Ja, ja der Mann...

Ozonloch, Spionage und versiert im Drogendeal,
Ob Mafia, ob Camorra - wenn schon,
dann im großen Stil...
Primitive Stammtischwitze
Und akuter Größenwahn,

Produziert er eine Ölpest.
Sind die ander'n Schuld daran.
So ist der Mann
Ja, ja der Mann...

Das ist nun mal die Wahrheit,
Er ist der Fehler im System,
Der Mann
Ist das Problem

Er ist Diktator, Rambo, Bürokrat.
Heiratsschwindler, Luftpirat,
Treulos, vorlaut und auch noch bequem.
Doch die Frauen lieben ihn trotzdem.

Das ist nun mal die Wahrheit,
Er ist der Fehler im System,
Der Mann
Ist das Problem

Das ist nun mal die Wahrheit,
Er ist der Fehler im System,

Der Mann
Ist das Problem"

Liebe Peggy,

heute hat Max mir wiederholt versucht klarzumachen, dass ein Satz wie: „Ein Neger mit Gazelle zagt im Regen nie." politisch nicht korrekt sei. Ich will doch nicht rassistisch sein. Ich will nur ein kleines Wortspiel spielen, wo man einen Satz von vorne und von hinten lesen kann. Sage ich eben nächstes Mal:

„Die Liebe ist Sieger – rege ist sie bei Leid." oder

„Trug Tim eine so helle Hose mit Gurt?" oder

„Vitaler Nebel mit Sinn ist im Leben relativ."

Deine Antonia

Lieber Alexander,

gestern war meine Nachbarin wieder da. Am Tag zuvor war eine war eine Klassenkameradin ihrer Tochter zu Besuch da, um gemeinsam die Hausaufgaben zu machen. Eigene Gedanken zum Buch "Die Vorstadtkrokodile"

Beim Elterngespräch hatte die Mutter als erstes den Deutschlehrer gefragt, warum er nicht im Internetversandhandel einen Klassensatz Bücher für 7 Cent pro Stück bestellt hat, anstatt 5,95 Euro im Buchhandel? Man müsse doch auch die finanziell schwachen Schüler, bzw. Eltern berücksichtigen. Der Lehrer überhörte dies.

Dann gestaltete die Mutter einen Entwurf als Deckblatt für die Arbeitsmappe, die musste das Kind nur noch abmalen. Oder durchpausen. Das muss aber auch unter uns bleiben! Den alten Film „Die Vorstadtkrokodile" von 1976, hatte die Mutter mit ihrer Tochter letztes Jahr schon gesehen, wegen der genialen Filmmusik, aber das wollte die Frau nicht zugeben. Die neuen drei Kinofolgen (2009 bis 2011) auch. Die sind zwar auf die heutige Zeit zugeschnitten, aber die Musik gibt nicht viel her.

Nun sollten die beiden Mädchen für die Hausaufgaben für den Rollstuhlfahrer einen Brief an seine Freude schreiben. Ich schlug vor: "Meine lieben Freunde, da ich so schlecht laufen kann, könnt ihr mich doch mal zum Computerspielen besuchen kommen!" Einwand: Gab es damals schon Computerspiele? Da das Buch aus den 70er Jahren ist, wird es den C 64 schon gegeben haben. Also: Einladung an alle zum "Ping-Pong" spielen.

Bestimmt hatte Kurt aber auch schon einen Atari und hat stundenlang "Pac-Man" gespielt. Heutzutage würde auch kein Nachbar mehr die Feuerwehr rufen, wenn er ein Kind ein Dach herabrutschen sieht. Er würde es ignorieren, die Polizei informieren oder Selbstjustiz üben.

Außerdem haben heutzutage die Kinder ja wohl selbst ihre Handys dabei, oder? Den erfolgten Feuerwehreinsatz müssten die Eltern natürlich selbst bezahlen, dazu gäbe es eine Verwarnung wegen unbefugten Betretens des Geländes der alten Ziegelei.

Ich habe beim Elterngespräch bewusst nicht gesagt, dass 50% der schulischen Leistungen von der Elternmitarbeit abhängen. Man ist ja nicht blöd, oder?

Liebe Peggy,

heute war ich wieder im Sportzentrum beim Funktionstraining. Das ist so etwas wie Gymnastik ab 45. Für die morschen Knochen. Normalerweise läuft dort immer so Hip-Hop-Musik. Diesmal spielte die CD aber „Let´s spend the night together" von den Rolling Stones, ein Medley von den Beatles und ein Lied von den Beach Boys.

Wow. Ich wollte schon unten an der Rezeption einen Vorschlag machen, dass man überhaupt für uns Grufties entsprechende Musik spielt. Es muss ja nicht gleich „Cocaine" von Eric Clapton sein, „Brown Sugar" von den Rolling Stones, „Lucy in the Skys with Diamonds" von den Beatles mit einer angeblichen Anspielung aus LSD oder „Legalize it" von Peter Tosh.

Aber vielleicht doch noch ein paar Lieder von den Beatles, den Stones und Simon & Garfunkel?

Natürlich nicht themenorientiert wie etwa: „Das bisschen Haushalt" von Johanna Koczian, „Neue Männer braucht das Land" von Ina Deter oder „Wenn du denkst du denkst dann denkst du nur du denkst" von Juliane Werding. Obwohl wir fast nur Frauen sind. Und die werden immer jünger.

Als ich so um die 20 war, das habe ich noch Spagat vor meinem Sportlehrer gemacht, Liegestütze, bei denen ich zwischendurch in die Hände klatschte und die Brücke konnte ich auch ohne Hilfestellung. Aber leider war ich eher klein und pummelig, mein Sportlehrer hatte aber nur Augen für die Mädchen mit den längeren Beinen und den schon etwas weiter entwickelten Brüsten. So blieb meine Sportnote immer mittelmäßig.

Dafür war ich aber heute die Einzige, die im Sitzen mit ihren Händen die Fußspitzen umfassen konnte!

Liebe Becky,

sei nicht traurig darüber, dass deine Chefin dich drei Wochen lang nicht zum Dienst eingeteilt hat. Sicherlich liegt es nicht dran, dass du nicht gründlich genug putzt. Deine Kolleginnen sind auch nicht reinlicher, das weiß ich. Und die werden auch nicht vom Dienst befreit. Bestimmt hat sich deine Chefin darüber geärgert, dass ihr Mann ein Auge auf dich geworfen hat. Und dass der neue Haustechniker dich immer so lieb anlächelt, während er ihren dicken Hintern keines Blickes würdigt. Es kann aber auch sein, dass einer der Angestellten beobachtet hat, wie der ältere Haustechniker dir zwei CDs seiner selbst komponierten Lieder à la Reinhard Mey zugesteckt hat und du ihm dafür einen deiner unveröffentlichten Essays zum Lesen gegeben hast.

Nun hat man Angst, dass sich eine neue linke intellektuelle Szene bildet. Andere Menschen haben schon aus geringfügigeren Anlässen ihren Job verloren. Alles was noch bleibt sind Glaube, Hoffnung und Liebe. Die Liebe sei aber die stärkste unter ihnen!

Lieber Alexander,

nun war wieder meine Nachbarin bei mir.

Sie beschwerte sich, dass ihre Tochter in der Schule lernen sollte, dass das Mittelalter durch und durch finster war und überwiegend aus Folter, Hexenverfolgung, Vierteilung und Pesttoten bestand. Dabei gab es doch auch zu dieser Zeit noch viel mehr. Genaugenommen umfasst das Mittelalter das 6. bis 15. Jahrhundert.

Die Menschen sind doch nicht, nur weil das Römische Reich sich aufgelöst hat, ausschließlich in die Barbarei verfallen. Schon im Jahre 391 wurde das Christentum in Konstantinopel als Staatsreligion ausgerufen.

Etwa ab dem Jahre 1100 begann man immer größere Kathedralen zu bauen.

Was wäre gewesen, wenn es damals schon die Zeitung, Internet und Fernsehen gegeben hätte: „News Spezial: Die Einweihung des höchsten Gebäudes der Welt: Notre Dame von Paris mit einer Höhe von 96 Metern und Platz für 10 000 Personen. Gibt die Katholische Kirche zu viel Geld aus?"

„Welfen gegen Staufer: Spielt der Adel sich gegenseitig aus?"

„1273, der Adel ist empört: Müssen alle deutschen Kaiser aus der Familie der Habsburger stammen? Wir fordern einen Machtwechsel!"

„Augsburg, 1367: Familie Fugger wird immer reicher! Die ungerechte Verteilung des Geldes. Wir fordern eine soziale und finanzielle Gerechtigkeit!"

„1497: Leonardo da Vinci, Allroundgenie seit vielen Jahren, hat das Abendmahl fertig gestellt. Besuchen Sie seine Tournee auf denen es nicht nur die neuesten Erfindungen zu sehen gibt, sondern auch einen Katalog mit allen seiner bisher gemalten Bilder und Entwürfen zu diversen Maschinen! Ein Mann, der die Wissenschaft immer wieder begeistert und die Wirtschaft in ungeahnter Größe vorantreibt! Wird sein Fluggerät bald in Serie gehen?"

„Ist Albrecht Dürer ein besserer Künstler als Leonardo da Vinci? Stimmen Sie jetzt ab!"

„1492: Sensation: Christoph Columbus hat einen kürzeren Seeweg nach Indien entdeckt. Das italienische und das portugiesische Königshaus sind schockiert. Hätte das spanische Königshaus ihn überhaupt reisen lassen dürfen???"

„1508: Michelangelo beginnt seine Arbeit in der Sixtinischen Kapelle. Wird das Supergenie bald einen Burn-out erleiden? Gibt die Katholische Kirche noch immer zu viel Geld aus?"

Überhaupt hätte die Boulevardpresse noch viel mehr zu berichten gehabt als heutzutage. All die Königshäuser, all die Kinder, die überall hin verheiratet werden und wieder Kinder bekommen:

„Heinrich VIII. von England heiratet zum sechsten Mal. Wer ist diese Frau?" Wird er diesmal glücklich? Und wie oft will er noch heiraten?

„Marie-Antoinette bekommt ihr drittes Kind von Ludwig dem XIV. Wird es ein Junge oder ein Mädchen?

„Lieselotte von der Pfalz: 2000 Briefe nach ihrem Tod gefunden. Schockierende Details aus dem Königshof des Sonnenkönigs werden offenbar. Neueste Enthüllungen werden ab morgen in Fortsetzung bekannt gegeben!"

Was wird von unserer Zeit übrigbleiben?

Nur Geschichten über Kriege, Krebs, Aids und Umweltzerstörung?

Oder wird man auch die weltweiten Transportmittel wie Auto und Flugzeuge erwähnen?

Die Möglichkeit, gegen fast jede Krankheit ein Medikament entwickelt zu haben, den Lebensmittelreichtum in westlichen Ländern und die technischen Fortschritte. Die Tatsache, dass man auch aus entfernten Ländern mit bestimmten Mitteln einen Menschen auf Schritt und Tritt überwachen konnte?

Die riesigen Produktionshallen die mit Maschinen und Robotern fast alles herstellen können, von der Stecknadel bis hin zu Autos, Computern, Nahrungsmitteln aller Art und weiteren Computern.

Wird es eine Erwähnung von Hollywood geben, der größten Traum- und Filmfabrik, die es vielleicht je gab?

Möglicherweise werden nur drei Filme gefunden:

Das Musical „West-Side-Story", „Denn sie wissen nicht was sie tun" mit James Dean und „The last action hero" mit Arnold Schwarzenegger.

Die Schüler der Zukunft müssen vielleicht fächerübergreifend für Deutsch und Geschichte einen Aufsatz schreiben mit folgenden Fragen:

a) Was bedeutet ihrer Meinung nach der Satz: „Im letzten Film wurden noch 119 Menschen getötet, in diesem hier nur 48."?

b) In dieser Stadt (New York) laufen 8 Millionen Irre mit einer Knarre herum." Ist dieser Satz auf das historische New York aus dem Jahre 1984 übertragbar? Was will der Held mit diesen Worten ausdrücken?

c) Warum schneiden die Väter in allen drei Filmen so schlecht ab? Gab es damals keine Väter, die Verantwortung übernommen haben? Ist es möglich, dass sich ein Kind der damaligen Zeit einen Filmhelden als Vaterersatz gesucht hat? Setzen Sie es in

Bezug mit der Biografie von Schwarzenegger, die wir zuvor gelesen haben.

Zusatzaufgabe: „Was stellen Sie sich unter dem Begriff „Den Rambo machen" vor, der in verschiedenen Zusammenhängen der damaligen Zeit immer wieder auftaucht, vor?

In der Abiturprüfung der Zukunft dann vielleicht die Fragen gestellt: „Wie konnte die Menschheit trotz des zahlreichen Gebrauchs von Schusswaffen überleben? Konnte sie überhaupt überleben?"

Liebe Becky,

es gibt Dinge, die kann ich überhaupt nicht leiden.

Zum Beispiel Sätze wie:

„Dieser Satz besteht aus dreiundvierzig Buchstaben." Oder:

„Dieser Satz besteht nicht aus achtundvierzig Buchstaben."

Nachzählen kannst du selbst...

Lieber Alexander,

seit drei Monaten esse ich schon keine Schokolade mehr. Ich habe beschlossen zu fasten. Nicht von

Aschermittwoch bis Ostern, sondern so lange ich kann.

Natürlich will ich auch als Ökotrophologin nicht sagen, dass Schokolade süchtig macht, aber die Geschmacksnerven haben sich deutlich verfeinert, seitdem ich das braune Zeugs nicht mehr esse. Ich habe mehr Appetit auf Obst und Gemüse und langfristig will ich es auch noch schaffen, von den anderen Süßigkeiten wegzukommen.

Schließlich trinke ich ja auch keinen Alkohol, rauche keine Zigaretten, schaue keine Pornofilme, verzocke mein Geld nicht in Spielhallen und nehme keine übermäßigen Mengen an Medikamenten zu mir, auch wenn andere Menschen damit Probleme haben. Ist doch komisch, dass manche Menschen von Dingen nicht loskommen, die für andere Leute gar kein Problem sind. Ich kenne jedenfalls einige Leute, die sich aus Naschkram gar nichts machen!

Liebe Peggy,

nun war Max wieder mit seinem Freund zu Besuch.

Der Freund hat sein Studium abgebrochen, ebenso seine Ausbildung als Erzieher und er gammelt so durch den Tag. Er macht keinen Hehl daraus, dass regelmäßig Haschisch raucht. Auch wenn Haschisch als harmlose Droge betitelt wird, so warf ich doch dem Freund als Einwand ein: „Kiffen macht gleichgültig!"

„Mir doch egal.", war die lapidare Antwort. Dann gingen Max und sein Freund aus dem Raum. Was soll ich davon halten?

Liebe Becky,

gestern war ich wieder beim Arzt.

Früher bin ich so gut wie nie zum Arzt gegangen, aber je älter man wird, desto mehr ziept und zieht es im Körper. Also hin zum „Check-up 35" auf den man alle zwei Jahre einen Anspruch an. Das Wartezimmer war voll. Alle Patienten warteten geduldig.

Natürlich war niemand ohne Grund da, aber wenn ich mir überlege, wie die ärztliche Versorgung zum Beispiel in Afrika aussieht, wo der Kranke von seinen Verwandten zwei Tage getragen wird, bis das nächste Krankenhaus erreicht wird oder wenn ich mich an den Radiobericht erinnere, wo der deutsche Reporter, der sich ernsthaft mit einem Messer in die Hand geschnitten hatten, dem Arzt in Rumänien, dessen Grenzen sich gerade geöffnet hatten, erst einmal 10 DM Bestechungs-geld geben musste (ich geben zu, der Radiobericht ist schon etwas länger her), damit dieser ihn überhaupt behandelt, dann geht es uns doch noch relativ gut!

Was ist das immer für ein „Hallo", wenn man das Wartezimmer betrit: „Ach, hallo! Sie auch hier? Was haben Sie denn für eine Krankheit? Also bei mir hat der Arzt festgestellt..." So viele persönliche Gespräche erlebe ich selten an einem Tag.

Liebe Becky,

schon wieder war meine Nachbarin da. Ihre Tochter sollte die Unterschiede von Römischen Reich zur EU für die Schule herausarbeiten. Noch schwieriger geht es ja wohl kaum, oder?

Also wir setzten uns hin und überlegten: Die Grenzen jedenfalls sind weitgehend gleich. Nur dass Nordafrika noch nicht zur EU gehört, aber das kommt sicherlich bald auch noch. An der Spitze steht der Adel, bzw. die Politiker, also die Präsidenten und die Millionäre. Die lassen es sich, zumindest was den Konsum angeht, gut gehen.

Falls sie arbeiten, dann mit dem Kopf.

Dann kommen die Plebejer und die Patrizier, also die Politiker, Wirtschaftsbosse und Geschäftsleute, die nicht nur mit ihrem Geld die Politik bestimmen und ganz unten an der Hierarchieleiter st-hen diejenigen, die den meisten Teil der Bevölkerung machen, also die Bürger und Sklaven. Diese erledigen für wenig Geld den Großteil der Arbeit. Heutzutage nennt man sie Arbeitnehmer.

Ja, zerfallen ist das Römische Reich, weil die Grenzen zu groß wurden, unfähige Leute an der Spitze standen und aus allen Enden und Ecken Leute eingewandert sind, wie zum Beispiel die Westgoten und Vandalen.

Der Zerfall des Römischen Reiches zog sich über Jahrhunderte hin, solange gibt es die EU noch gar nicht. Und EU existiert ja noch!

Man spricht zwar noch von „Vandalismus", aber die Vandalen gibt es schon lange nicht mehr!

Liebe Peggy,

gestern hörte ich einen Kabarettisten im Radio. Er sagte zu seinem Mädchen: „Du, ich bin der Nikolaus. Ich weiß alles! Also diese Email neulich... Die hättest du lieber nicht schreiben sollen!"

Das Mädchen war sehr erschrocken. Der Nikolaus fügte hinzu: „Ja, ist doch klar: NSA – Nikolaus sieht alles."

Lieber Alexander,

mir geht der Bericht dieser Schriftstellerin nicht aus dem Kopf, die in den 80er Jahren schrieb, dass die Spendeneinnahmen von „Brot für die Welt" für 20 Jahre zusammengerechnet so viel betrugen, wie damals ein Fünftel eines atombetriebenen U-Bootes kosteten.

Was wollte die Autorin uns damit sagen? Dass man 100 Jahre lang die Spendeneinnahmen für „Brot für die Welt" stehlen soll, um sich dann auch endlich mal ein leistungsstarkes U-Boot kaufen zu können? Oder dass gewisse Herren in Sachen Rüstung ein bisschen kürzertreten sollten, um den hungernden Menschen in der Dritten Welt effektiv helfen zu können?

Liebe Becky,

ich lese gerade einen englischen Krimi. Er ist einfach geschrieben, so dass ich ihn auch in der Originalfassung lesen kann.

Eine liebestolle Frau wird ermordet aufgefunden, nachdem sie nach zahlreichen Affären endlich einen Mann getroffen hatte, für den sie ehrliche Gefühle hegte.

Nun verdächtigt man ihren eifersüchtigen Ehemann als Mörder. Einer der Bekannten der ermordeten Frau, dem der ganze Polizeirummel etwas zu viel wurde, meinte: „Man hätte dieses mannstolle Weibsbild damals zu Hitler in den Bunker schicken sollen, dann hätte Hitler den Zweiten Weltkrieg wahrscheinlich gar nicht angefangen, weil er gar nicht erst wieder aus seinem Bunker raus gekommen wäre... Ja, das wäre eine gute Idee gewesen. Leider darf man nur im Ausland so denken.

Hier in Deutschland ist es egal, was man über Hitler sagt. Eine Meinung darüber ist unerwünscht. Und wenn man sie doch ausdrückt, ist sie falsch. Aber so kann man auf Dauer auch keine Probleme lösen.

Lieber Alexander,

und schon wieder war meine Nachbarin da. Sie war ganz verzweifelt, weil ihr Kinder wieder mal eine schlechte Note in der Schule bekommen hatte.

Die Tochter sollte in der Geschichtsarbeit beantworten, zu welcher Zeit folgende Umstände passen: - Die Großbauern werden immer reicher,

- Die Kleinbauern verarmen,

- Die höheren Schichten haben viel Geld und arbeiten kaum,

- der Großteil der Bevölkerung macht den meisten Teil der Arbeit für nur wenig Geld.

- Es gibt viele Arbeitslose.

Sie ordnete das Ganze in die heutige Zeit ein: „Die Wirtschaftsverhältnisse in der EU", schrieb sie dazu. Der Lehrer war empört, ob die Tochter denn nicht mitbekommen hätte, dass sie die ganze Zeit über das Römische Reich zum Thema hatten? „Doch, doch, hatte sie.", entschuldigte sich die Mutter. Die hätte nur gerade immensen Liebeskummer, weil ihr erster Freund sie gerade verlassen hatte. Da war sie wohl nicht ganz bei der Sache. Aber im Übrigen hatte sie doch nicht ganz Unrecht, oder?

Liebe Becky,

ich habe in einer Jugendzeitschrift folgenden Witz gefunden: „Kaffee, Alkohol, Zigaretten?, fragt der Zollbeamte.

„Nein, danke", sagt Onkel Max, „davon haben wir selbst einen ganzen Koffer voll!"

Was lernen die Kinder denn heutzutage? O.k., ich gebe zu, der Witz ist schon sehr alt. Umso schlimmer! Aber es gibt immer mehr Probleme mit den sogenannten sozialen Netzwerken. Klar ist es schön, mit anderen zu kommunizieren, aber meine Bekannte ist total genervt, da sie eine weitere Bekannte als „Freundin" in ihrem Profil aufgenommen hat und nun bekommt sie alle zehn Minuten eine Nachricht: „Habe mir gerade die Beine rasiert." „Habe meine Fingernägel gefeilt und lackiert." „Habe einen neuen BH anprobiert. Sieht Scheiße aus!" Aber das ist noch gar nichts, was andere Menschen durchmachen, bis hin zum Cybermobbing mit anschließendem Selbstmord.

Deshalb spricht man nun nicht mehr nur von „sozialen" Netzwerken, sondern auch von „asozialen" Netzwerken!

Liebe Peggy,

ich habe mal wieder die Bibel durchgeblättert. O. k., das Buch ist schon ein paar tausend Jahre alt, wenn man das Alte Testament liest. Das Neue Testament gibt es seit knapp zweitausend Jahre. In den meisten Bibeln gibt es im Anhang Karten aus der damaligen Zeit. Paulus zum Beispiel lief, als er noch Saulus hieß, regelmäßig von Jerusalem nach Damaskus, um Christen zu denunzieren. Das sind 219 Kilometer Luftlinie. Noch heute ist Damaskus die Hauptstadt Syriens. Man kann noch Bethlehem reisen, um die Geburtsstadt von Jesus Christus zu besuchen, in Jerusalem an den Resten des Tempels, erbaut von König Salomo, im Jahre 515 vor Christi Geburt fertig gestellt und im Jahre 70 nach Christi Geburt von den Römern zerstört, beten, nämlich an der Klagemauer oder, wenigstens mit dem Finger auf der Landkarte, die Reisen des Apostels Paulus nachvollziehen. Zypern, Malta und Rom sind noch heute beliebte Urlaubsziele. Die Stadt Korinth hat heute ca. 60000 Einwohner. Nicht bekannt ist, ob die sogenannten Korinthenkacker auch von dort kommen.

Aber ich bin mir ziemlich sicher, dass man in etwa 2000 Jahren keiner, der sich nicht wirklich mit Deutschland befasst hat, weiß, wo Berlin, München und Hamburg liegen, falls es diese Städt dann noch geben sollte.

Liebe Peggy,

ich habe gerade im Fernsehen eine Frau gesehen, die gesagt hat, dass der Iran 150 Tausend Raketen gen Israel gerichtet hat und Syrien etwa 40 Tausend Raketen.

Wo sollen die denn alle landen?

Und was hat alle Welt gegen den Staat Israel?

Man stelle sich mal vor, ständig stünden Belgien oder die Niederlande im Kreuzfeuer der Weltpolitik!

Andererseits haben wir ja auch keine Vergleichswerte. Vielleicht hat Amerika 100 Tausend Raketen auf Deutschland gerichtet und Russland eine halbe Million? Nur für alle Fälle?

Im Kalten Krieg von 1947 bis 1989 war zwar immer von Pershings, Cruise-Missiles, Atombomben im Allgemeinen und der Wasserstoffbombe im Speziellen die Rede, aber man wusste auch nie genau wer wie viele wovon hat und auch bereit wäre, sie einzusetzen. Fakt ist, dass wir auch nach 1990 noch alle am Leben waren!

Liebe Becky,

gerade eben bekam ich einen Anruf einer Zeitung, ob ich etwas zum Thema „radioaktiv" schreiben könnte?

Was erwarten die von mir?

Soll ich den Artikel aus Wikipedia abschreiben in welchem steht: Mit Radioaktivität (lat. radius ‚Strahl' und activus ‚tätig', ‚wirksam'; dt. Strahlungsaktivität) bezeichnet man die Eigenschaft instabiler Atomkerne, sich spontan in andere Atomkerne umzuwandeln und dabei ionisierende Strahlung auszusenden. Die Bezeichnung wurde 1898 erstmals vom Ehepaar Marie Curie und Pierre Curie für das 1896 von Antoine Henri Becquerel entdeckte Phänomen geprägt. Dieser Umwandlungsprozess wird auch als radioaktiver Zerfall oder

Kernzerfall bezeichnet. Atomsorten mit instabilen Kernen werden als Radionulleide bezeichnet.

Soll ich von verschiedenen Radiosendern berichten, die sich „radio aktiv" nennen?

Ich könnte das Wort auch auseinandernehmen: „Radio", das kleine Gerät, aus dem Musik und Nachrichten kommen und immer mehr von iPod, iPad und iPhone verdrängt wird und „aktiv" wie wirksam, tätig, rege. Es ist immer gut, wenn jemand mal „aktiv" wird und etwas tut, besonders, wenn er einer trägen Masse gegenübersteht.

Dann gibt es noch den „Radioaktive Man", einem Comichelden aus der Fernsehserie „Die Simpsons", der bestimmt eine besondere Aufmerksamkeit verdient!

Mist, jetzt ist Redaktionsschluss, da kann ich nicht noch mal nachfragen. Kein Wunder, dass in der Zeitung immer so viel Blödsinn steht, wenn die Reporter nicht wissen, worüber sie genau schreiben sollen!

Liebe Becky,

klar, dass du wieder zwei Wochen Berufsverbot bekommen hast! Du kannst doch nicht einfach dem neuen Mitarbeiter auf deiner Arbeitsstelle erzählen, dass es das wichtigste auf der Arbeit sei, herauszufinden was ein PAL ist. Vor allem, wenn du mit PAL nicht das Phase-Alternating-Line-Verfahren meinst, mit dem man beim analogen Fernsehen die Farbübertragung herstellst. Und auch nicht die Prüfungsaufgaben- und Lehrmittelentwicklungsstelle. Wenn du mit PAL nicht einen österreichischen Berg meinst und nicht die Praktisch Anwendbaren Lebenshilfen, sondern das Problem anderer Leute, wird deine Chefin richtig sauer, da es in deinem Betrieb nun mal nicht erlaubt ist, Betriebsgeheimnisse auszuplaudern.

Aber das solltest du ja nun langsam mal wissen!

Lieber Alexander,

gestern war ein interessanter Bericht über Deutschland im Fernsehen. Mal überschreitet es Grenzen, wie im Zweiten Weltkrieg, mal schottet es sich über die Maße ab, wie bei der DDR. Kaum einer kennt noch Böhmen und Mähren, Schlesien, Oberschlesien und Ostpreußen. Ich auch nicht wirklich. Aber irgendwo müssen ja auch die Russlanddeutschen herkommen.

Es handelt sich dabei wohl nicht um die ersten Rückkehrer der Staffel „Goodby Deutschland" des Fernsehsenders VOX.

Wusstest Du, dass Russland ursprünglich von den Wikingern besiedelt wurde? Und später unter mongolischer Herrschaft war? Die ganze Weltgeschichte ist immer im Wandel. Die Grenzen verschieben sich weltweit. Jedes Land dehnt sich mal aus und mal wird es erobert. Nur schade, dass der

Geschichtsunterricht in der Schule meistens so langweilig ist, dass man davon gar nichts mitbekommt.

Man sollte nicht ein Brettspiel „Im Wandel der Zeiten" nennen, sondern die Schulbücher mit diesem Titel versehen!

Liebe Peggy,

die deutsche Sprache ist schon seltsam. Andere Sprachen natürlich auch. Da gab es eine Kindersendung, in der der Reporter einen Zettel hochhielt, auf dem stand: „Made in England".

Der Reporter meinte, man könne es so verstehen, als wäre eine Person, wie die sprichwörtliche Made im Speck, vielleicht jemand, der einen betrogen hat, nach England gereist. Also „Made in England" in etwa gleichbedeutend mit „Abzocker in England" oder „Gauner in England".

Es könnte aber auch heißen, dass ein Mädchen nach England gereist ist. Made vielleicht als Kurzform für Madeline. Man könnte es bedauern, dass das Mädchen mit dem Kosenamen Made fort ist: „Made in England".

Oder man liest es so, wie es wohl wirklich gemeint ist. „Made in England" = Hergestellt in England. Möglicherweise als Stempel auf wertvollem Porzellan!

Nur einen Tag später traf ich zwei Mädchen, etwa im Alter von 6 und 10 Jahren am Bahnhof, die mit ihrer Mutter verreist sind. Um sich die Zeit zu vertreiben, gaben sie sich Buchstabieraufgaben: „Wie buchstabiert man Wien?" Und Riga? Und Berlin? Und Bonn? Natürlich alles viel zu einfach. Also probierte ich es auch einmal: „Wer von euch kann mir sagen, wie man Aserbaidschan buchstabiert? Und Kasachstan? Und Usbekistan?"

„Wer weiß, wie viele Buchstaben „Dominikanische Republik" hat?

Das gefiel der Mutter gar nicht gut. Zum Glück kam da gerade mein Zug und ich konnte einsteigen.

Lieber Alexander,

heute habe ich es endlich geschafft, mit Max auf dem kleinen Schachcomputer zu spielen, dem ich ihm zum Geburtstag geschenkt habe. Das Ding hat 72 Level und 40 einprogrammierte Spiele, die erfolgreiche Schachspieler einmal gegeneinander ausgetragen haben.

Weil ich gerade etwas faul war, wollte ich mit Max einmal eines der berühmten Spiele nachspielen. Erst gab der Computer alle Züge an. Sie waren nichts Besonderes, so ziehe ich auch meistens: Bauern nach vorne, mit dem Pferd den Gegner irritieren und die Dame erst einmal im Hintergrund halten. Dann setzte der Computer aus. Er gab keinen Ton und keine Zeichen mehr von sich. Wir spielten ohne den Computer weiter, nach drei Zügen war Max schachmatt.

Erst wunderte ich mich, wie so berühmte Leute wie Kasparow so bescheuert spielen können, aber dann kam ich darauf, dass man in einem Computer dieser Preisklasse sicherlich nicht die Spielzüge offenbaren wird, in denen sich Kasparow in den Kandidatenkämpfen 1983/84 in überzeugender Manier als Herausforderer des Weltmeisters Karpow qualifizierte.

Viel mehr wird es sich um Spiele handeln, in denen Kasparow mit einer starken Grippe infiziert gegen einen relativ unbekannten Herrn Mayer spielt, der sich ausgerechnet einen Tag zuvor in ein hübsches Mädchen, in dem Hotel in welchem er untergebracht war, verliebt hat und welches ihm nun nicht mehr aus dem Sinn geht.

Ich meine natürlich das Mädchen an welches er denken muss und nicht das Hotel, obwohl es über Hotels auch einiges nachzudenken gibt: Unsaubere Bettwäsche, kratzige Handtücher, Schampooflaschen, aus denen kaum etwas herauskommt, dünne Zimmerwände, durch welche man die Nachbarn hört...

Mehr oder weniger unkonzentriert werden diese Männer dann eben gespielt haben.

Liebe Becky,

gestern war wieder einmal ein interessanter Bericht im Fernsehen: Der Experte meinte, dass man, in Anbetracht der Tatsache, dass wir schlechte Ernten hatten und zudem immer mehr in Biogasanlagen landet anstatt in die Mägen der Rinder, es davon auszugehen war, dass das Rindfleisch immer teurer werden würde, im Gegenzug aber das Pferdefleisch in Rumänien um 80% billiger sei als das Fleisch in Deutschland. Kein Wunder also, dass das rumänische Pferdefleisch 2013 in unseren Tortellini in den Tiefkühltheken unsere Supermärkte gelandet ist.

Leider hat er aber nicht gesagt, was seine nächsten Lebensmittelskandalprognosen sind, aufgrund der aktuellen Marktlage. Dabei dachte ich, ich könne auch mal eine kniffelige Frage an das Fernsehen schreiben: Wenn es weltweit 1426 Dollarmillionäre gibt und ca. 7,7 Millionen Millionäre, welches Jahr schreiben wir dann, warum werden die Armen immer ärmer und wann fangen die Reichen endlich an Steuern in dem gleichen Maße an zu zahlen wie wir auch?

Ich habe mal gehört, dass, wenn man alles Geld, welches auf der Erde im Umlauf ist, bzw. in gültiger Währung existiert, man gleichmäßig auf sämtliche Einwohner dieser Erde verteilen würde, jeder Mensch eine Summe von 7 Millionen Euro zur Verfügung hätte. Egal wie und wo er lebt, vom Schwarzafrikaner bis hin zum Eskimo. Bewiesen ist es allerdings nicht.

Liebe Peggy,

Sonntag war ein Gastprediger in unserer Freikirche. Er ist Pastor einer anderen Gemeinde. Seine ersten Worte waren: „Eine gute Predigt kann über alles gehen. Wirklich über alles. Nur nicht über 35 Minuten!"

Ich finde, alleine für diese einführenden, einfühlsamen Worten sollte man ihn zu einem Papst der Freikirchen ernennen, denn dann hätte er so etwas wie eine Allmacht und würde der geistlichen Welt viele Peinlichkeiten ersparen, zum Beispiel, wenn sich Sonntag für Sonntag nach mehr als 30 Minuten Predigt die Häupter aus Müdigkeit oder gar aus Langeweile immer mehr zur Seite neigen...

Lieber Alexander,

im Fernsehen gab es wieder eines dieser Gewinnspiele zum Anrufen. Ein paar Buchstaben waren schon vorgegeben, aber der erste Buchstabe fehlte noch. Das Wort endete auf _ ichte.

Was war denn nun gemeint?

- Dichte,

- eichte (Verb),

- Fichte,

- lichte (Adjektiv),

- Nichte,

- richte (Verb),

- sichte (z. B. ich sichte die Akten (nicht: er siechte dahin...)) oder

- Wichte?

Es gab auch keinen Hinweis darauf, was gemeint war. Und ich will auch nicht mein ganzes Geld dafür vertelefonieren, bis ich das richtige Wort gefunden haben.

Lieber Alexander,

nun war im Fernsehen der Bericht über diesen Drogenabhängigen, der von seiner Sucht freikam.

Die Moderatorin fragte den eingeladenen Gast: „Und während der Zeit ihres Drogenkonsums rauschte das Leben im wahrsten Sinnes des Wortes das Leben an ihnen vorbei?"

Der Mann nickte eifrig und ich schaltete um.

Auf einem anderen Programm lief der Walt-Disney-Film: „Rapunzel – voll verföhnt".

Dieser Film ist wirklich and den Haaren herbeigezogen!

Liebe Peggy,

dieses Jahr gab es kurz vor Ostern eine Sendung im Fernsehen, die 24 Stunden lang über das Leben in Jerusalem berichtete. Sie zeigte Abschnitte aus dem Leben verschiedener Menschen, z. B. von einem Mann, der eine „kleine" Familienfeier organisierte, mit etwa 20 Gästen. Wieder einmal fiel mir auf, dass das Land Israel in seiner Geschichte unvergleichlich ist. Man stelle sich einmal vor, alle Einwohner Deutschlands müssten ihr Land verlassen. Um nicht politisch zu werden, nehmen wir einmal an, es wäre ein chemischer Stoff ausgetreten, den die Deutschen einfach nicht vertragen und der sich dann nach etwa 2000 Jahren von selbst abgebaut hat.

Welcher deutsche Nachfahre würde sich nach 2000 Jahren an seine Wurzeln erinnern und dann freiwillig zurückkehren wollen? Obwohl es hier so übel gar nicht ist. Die meisten Medien wollen sich immer nur an das „Nazi-Deutschland" erinnern, aber das Land hat ja auch noch andere Seiten: Ein abwechslungsreiches Klima von der Nordsee bis an die Alpen, Das Land ist relativ reich und die Infrastruktur, die Arbeits-, Sozial- und Verteidigungspolitik relativ gut. Aus Deutschland kommen berühmte Persönlichkeiten wie Goethe, Schiller, Beethoven, Bach, Händel, Martin Luther, der als erster die Bibel von Latein ins Deutsche übersetzte, Gutenberg, der die Bibel dann druckte, und viele Adelige aus Königshäusern sind in alle Welt verheiratet, so stammt Königin Silvia aus Schweden eigentlich aus Heidelberg, Prinz Charles aus England

Charles gehört mütterlicherseits dem Haus Windsor an und väterlicherseits dem Haus Schleswig-Holstein-Sonderburg-Glücksburg, einer Nebenlinie des Hauses Oldenburg. Wir lieben die Weißwurst, die Bratwurst ist bis Südafrika bekannt, alle Welt kauft unsere Kuckucksuhren und Produkte von Siemens, Thyssen und Krupp, BASF, Bayer, Grundig, Philips, Mercedes, BMW, Opel und VW.

Gerne kommen die Menschen, um sich die Frankfurter Buchmesse, die Hannover Messe, also die weltweit größte Industriemesse und die Cebit anzuschauen.

O.k. Obwohl es im Jahre 1948 nicht so viel an Israel zu erinnern gab, kamen doch bis heute jede Mengen Juden zurück ins Land Israel und 2014 lebten dort etwa 7 Millionen. Die Palästinenser, also Menschen arabischen Ursprungs, die sich derweilen dort angesiedelt haben, haben sich natürlich nicht gerne vertreiben lassen. Dieser Streit dauert bis heute an. Es ist ähnlich wie mit Deutschland in der Zeit des Kalten Krieges. Es gibt einen Ostteil des Landes Israel und einen Westteil. Jerusalem selbst ist auch in einen Ostteil und einen Westteil aufgeteilt. Den Westteil beanspruchen jeweils die Juden, die an ihrem Erbe, den biblischen Wurzeln festhalten, im Ostteil leben die Palästinenser. Dann wird es noch komplizierter.

Leider gehört zum Ostteil gehört auch die Altstadt mit den Resten des Tempels, den König Salomo lange vor Jesus Geburt hat bauen lassen. Und die meisten anderen biblischen Stätten, die in Jerusalem der Bibel angesiedelt sind.

Dieser Teil der Altstadt ist in vier Teile aufgeteilt, je ein Teil ist von den Juden besiedelt, ein Teil von den Palästinensern, also den Moslems, ein Teil von den Christen und ein Teil von den Aramäern. In genau diesem Teil steht der Altstadt steht auch die Grabeskirche, in der Jesus Christus beerdigt sein soll. Diese Grabeskirche wird wiederum von gläubigen Juden, Christen, Moslems und Aramäern gleichzeitig beansprucht. Die genannten Glaubensrichtungen bewohnen die Kirche in den verschiedenen Teilen, ähnlich wie Mönche ein Kloster bewohnen und unten, in dem Teil den die Besucher betreten dürfen sind wiederum alle vier Glaubensrichtungen vertreten.

Und über das ganze Land verteilt gibt es Kirchen, gestiftet von Gläubigen aus aller Welt. Es gibt römisch-orthodoxe Kirchen, Kirchen erbaut von den Baptisten, evangelische Kirchen, Moscheen die von Pilgern ebenfalls aus aller Welt besucht werden. Drumherum haben die Nachbarländer die Raketen auf ein Land gerichtet, das nicht größer ist als unser Bundesland Hessen.

Wie ich also in einem echt verrückten Heft aus den 80er Jahren gelesen habe zu der Frage „Was wäre wenn...?" Also es ging in etwa folgendermaßen:

Frage: „Was wäre wenn den Vereinten Nationen ein Weltfriedensabkommen vorgelegt würde?"

Antwort: „-1.: Iran würde die UNO sofort verlassen, weil ihre Religion es ihnen verbieten würde KEINE Menschen umzubringen.

2.: Deutschland würde nur zustimmen, wenn die Amis samt ihren Raketen und Stützpunkte hierbleiben dürften und

§.: Syrien würde nur zustimmen, unter der Voraussetzung, dass Israel vom Erdboden verschwindet

Alles längst veraltet? An den Haaren herbeigezogen? Oder bin ich zu kritisch? Wo bleibt die political correctness

Liebe Becky,

heute bin ich mit dem Bus in die Stadt gefahren. Der Bus war schon ziemlich voll, also musste ich auf einen dieser Plätze sitzen, bei denen man nicht nach vorne schaut, sondern zur Seite. Ein ungewohnter Anblick des Stadtbildes. Auffallend die ganzen Bausünden der verschiedenen Jahrzehnte. Es gibt Häuser, die passen vom Stil her gar nicht zur Umgebung, andere, wie zum Beispiel das alte Krankenhaus haben einen Anbau an dem anderen. Jeden aus einer anderen Epoche. Manche Gebäude sind schon längst nicht mehr bewohnt. Ich weiß nicht, wem sie gehören.

Aber ich habe einen Bekannten, der hatte wiederum einen Bekannten, der wurde unversehens Millionär, nachdem sein Vater gestorben war. Leider gehörte zu dem Erbe auch ein leerstehendes siebenstöckiges Bürohaus aus den 70er Jahren, welches man nicht mehr nutzen konnte, da die Baubehörde feststellte, dass sich erhebliche Mängel in dem Gebäude befanden. „Pfusch am Bau", wie man es kurz zusammenfassen könnte. Mein Vorschlag war, dass Hochhaus abzureißen und auf dem Gelände einen Park zu errichten.

Leider wurde mein Vorschlag nicht erhört. Aber vor meinem geistigen Auge sah ich schon die Kritiken in der Zeitung: „Marodes Hochhaus abgerissen. Ein kostspieliges Unternehmen." „Anwohner beschweren sich über den neuentstandenen Park". „Pollenallergiker demonstrieren". „Drogenabhängige im Park von Polizei aufgegriffen". „Obdachloser schlafend auf Parkbank gefunden". „Lärmbelästigung durch Jugendliche im Park". „Hundekot verunreinigt Park. Wer kommt für die Müllbeseitigung im Park auf? Stadtverwaltung spricht sich von jeglicher Verantwortung frei." Leider weiß ich nicht, was aus dem Hochhaus geworden ist.

Man wird wohl warten, bis das Haus von selbst vergammelt ist und eine Bedrohung für die Bevölkerung darstellt, zum Beispiel durch herabstürzende Stahlbalken, oder bestenfalls wird man es abreißen und einen Parkplatz auf dem Gelände errichten.

„Saftige Parkplatzgebühren für das Parken in bester Innenstadtlage", liest man dann vielleicht bald in der Zeitung.

Jedenfalls hatte ich bei meiner Busfahrt in die Stadt die Wunschvorstellung, jede dieser leerstehenden Bausünden abzureißen und auf dem freiwerdenden Gelände kleine Parks zu errichten. Aber das wird wohl nur ein Traum bleiben, denn als vor ein paar Jahren eine Umfrage gemacht wurde, wie die Bürger der Stadt sich die Erneuerung der Fußgängerzone vorstellen und die meisten Bürger sich einfach nur mehr Grün und mehr Bänke wünschten, wurden diese Vorschläge einfach ignoriert und für viel Geld ein neues Pflaster verlegt. Und als das Geld ausging, hat man den Rest einfach zugeteert.

Wahrscheinlich geht der Trend sowieso dahin, alles zuzubetonieren wie in New York oder wenigstens zuzuteeren...

Liebe Peggy,

ich hatte einen Traum. Es wurde verboten, Lieder wie „Rasputin" von Boney M. Lover in Radio zu spielen, ebenso wie „On the rivers of Babylon", „Moskau" von Dschingis Khan, „YMCA" von Village People und „You are in the army know" von Status Quo. Diese Lieder wären politisch unkorrekt, da man nicht singen könnte, „Rasputin, the lover of the russian Queen", gerade jetzt, wo das Verhältnis zu Russland sowieso schon so angespannt ist (wann war es das jemals nicht?). Babylon gibt es schon lange nicht mehr, mit „YMCA", also der amerikanischen Version des CVJM, des Christlichen Vereins Junger Menschen würde man andersgläubige verletzen und „You are in the army now" war ein Propagandalied für den amerikanischen Wehrdienst. So etwas sollte man auf keinen Fall unterstützen.

Dies war aber, Gott sei Dank, nur ein Traum. Ich träumte ihn wohl, weil tags zuvor die drei langweiligsten Radiosender gekürt wurden: Langweilige Moderation, sehr kurze und besonders oberflächliche Beiträge, absolutes Fehlen von Tiefgang selbst in den Nachrichten und immer wieder dieselben Lieder.

O.k., auch das war ein Fake, denn es war der 1. April und es handelte sich um einen Aprilscherz. Aber zuerst habe ich ihn geglaubt.

Denn, wann immer es den Hörern möglich ist, ihr Programm selbst zu gestalten, sei es über eine Spendenaktion oder um die 500 beliebtesten Hits der letzten 50 Jahre zu wählen, da kommen die tollsten Lieder im Radio und es stellt sich heraus, dass die Eagles mehr als nur den einen Hit „Hotel California" geschrieben haben.

Aber kaum sind diese Aktionen zu Ende, dudelt immer wieder die gleiche Musik im Radio.

Liebe Peggy,

ich muss noch einmal auf das Thema Musik zurückkommen.

Im Fernsehen lief ja diese Sendung, wo Kinder und Jugendliche ihre selbst komponierten Lieder einsenden konnten und eine Jury wählte dann ein paar Kinder aus, gab ihnen einen Paten zur Seite und die Lieder wurden neu arrangiert.

Nun bin ich ja selbst nicht gerade besonders musikalisch und auch schon viel zu alt für diesen Wettbewerb.

Außerdem mag ich es nicht, wie sich manche Musikpaten in den Vordergrund drängeln, die Erwachsen sich über die Bedürfnisse der Kinder hinwegsetzen und manche Lieder einfach „verschlimmbessert" werden,

aber dennoch fragte ich Max, bei welchem Contest ich denn seiner Meinung nach Chancen hätte. Er meinte: „In einem Comedy-Contest!"

Mal sehen, wann der nächste im Fernsehen stattfindet. Es gibt ja schon so vieles: Deutschland sucht den Superstar, Voice of Germany, Kids Voice, Frauen-tausch, Bauer sucht Frau, Die Auswanderer, Die Rückwanderer, da sollte doch jeder normale deutsche Bürger einmal im Leben eine Chance haben, ins Fernsehen zu kommen, oder?

Lieber Alexander,

im Fernsehen war wieder diese Diskussion über die Gleichberechtigung ausländischer Mitbürger. Man hat zwei fingierte Bewerbungen von Schulabgängern an verschiedene Firmen geschickt. Die Zeugnisse waren genau gleich, nur hat man einmal einen deutschen Namen eingesetzt, einmal einen türkischen. Der deutsche Junge wurde wesentlich öfter zu Vorstellungsgesprächen eingeladen als der türkische.

Da stellen sich mir doch ein paar Fragen: Erst einmal: Warum hat man keine Mädchennamen benutzt? Wo bleibt denn nun unsere Gleichberechtigung?

Dann sollte man doch auch einen vergleichbaren Test in der Türkei durchführen: Die gleichen Bewerbungsunterlagen werden an Unternehmen in der Türkei versandt. Wer wird wohl öfters eingeladen? Der Türke oder der Deutsche? Und wie oft würde man wohl die Mädchen zu einem Vorstellungsgespräch einladen?

Und was, wenn der deutsche Junge in der Türkei fordern würde, dass auch seine Mutter eine qualifizierte Arbeitsstelle bekommt, sein jüngerer Bruder solle in der Schule christlichen Religionsunterricht bekommen, der Vater hätte Anspruch auf Arbeitslosengeld und die ältere Schwester wolle in der Türkei auf jeden Fall studieren. Wie sieht das mit dem türkischen Bafög aus?

Also manches ist in Sachen Gleichberechtigung noch einfach nicht durchdacht!

Liebe Becky,

kennst Du den schüchternsten Mann der Welt? Nein? Ich weiß auch nicht wie er heißt. Aber er wohnte lange Zeit, genau 24 Jahre lang, Tür an Tür mich Alice. Warum hat er sie nie angesprochen? Warum muss er sich von seinem Freund anrufen lassen, der ihm mitteilt, dass Alice auszieht? Also wenn ihn unserem Mietshaus jemand auszieht, wissen wir es fast zeitgleich wie der entsprechende Nachbar. Uns entgeht jedenfalls nichts. Ich werde mal Howard Carpendale fragen, der hat das Lied über Alice ja gesungen.

Smokie, von denen das Original ist, frage ich lieber nicht, die nuscheln schon beim Singen immer so, dass man nur den Refrain versteht. Wie soll da bloß eine echte Unterhaltung zustande kommen? So gut ist mein Englisch nun auch wieder nicht!

Liebe Becky,

hast Du diesen Bericht in der Zeitung gelesen, über das neue Demenzdorf in der Stadt? Umgeben mit einen zwei Meter hohem Zaun aus Stacheldraht und eingerichtet mit Zimmern im Retro-Look. Dazu Schulbänke im Stil der 50er Jahre, Räume die aussehen wie ein altes Eisenbahnabteil und vor deren Fenster ein Endlosfilm einer vorbeiziehenden

Landschaft abgespielt wird und auf dem Gelände gibt es Bushaltestellen, die gar nicht angefahren werden. Alles, damit die alten Leutchen sich wohlfühlen.

Die Kritiker meinten, man könne gar nicht sagen, ob die Leute sich in ihrer Schulklasse der 50er Jahre wohlgefühlt hätten und man solle sie lieber im Hier und Jetzt integrieren. Ohne Stacheldraht.

Was werden sie mit uns wohl machen, wenn wir mal dement sind? Also ich würde auch nicht in mein altes Schulzimmer zurückkommen wollen. Es würde mich zu sehr an quietschende Kreide und nervende Lehrer erinnern. Und Sprüche wie: „Also wenn ihre nächste Mathearbeit wieder so schlecht ausfällt, würde ich ihnen doch lieber raten, vom Gymnasium abzugehen und auf die Realschule zu wechseln." Immer haben die Lehrer irgendwie versucht, die Klassen kleiner zu kriegen.

Aber es würde mir nichts ausmachen, hinter einem Stacheldrahtzaun zu leben, wenn es jedes Wochenende ein Rockfestival gebe, mit Musikern wie Chris de Burgh oder Tina Turner oder Gina Nannini. Nachmittags von 15 bis 17 Uhr würde es eine Disco geben. Einmal im Monat würden wir uns wieder Schilder selbst malen und auf eine Demo gehen. Die Heimleitung würde mit Wasserwerfern auf uns schießen, natürlich nicht zu doll, es darf ja nicht weh tun. In den Zimmern hingen Anti-AKW-Plakate, im Gymnastikraum liefe „Keep on running" von Steve Winwood zum Bewegungsprogramm, Im Chor würden wir „I see a red door an I want to paint it black, no colors anymore I want to paint it black I see the girls walk by dressed in their summer clothes I have to turn my head until my darkness goes..." von den Rolling Stones singen. In der Maltherapie hätten wir auf dem Gelände alte Fahrräder und VW-Busse zum Anmalen. Thema: Flowerpower. Wir würden uns im Sommer wieder die Jeans abschneiden und die Haare lang wachsen lassen und von früh bis spät auf dem Rasen vor dem Haus sitzen und diskutieren.

Worüber ist egal, schließlich sind wir ja dement.

Und abends würde die Heimleitung noch mal in die Zimmer schauen und sagen: „Tun sie wohl mal diese Tüte weg! Sie wissen doch, kiffen macht gleichgültig!" Und wir würden nur träge antworten: „Ja, ja, ist mir doch egal!"

Liebe Becky,

was heißt hier, ich solle mir nicht einbilden, dass man für uns niemals einen solchen Aufwand betreiben würde, wie ich ihn in der letzten Email beschrieben habe?

Das gleicht sich doch alles aus!

Wenn unsere Kinder mal alt und dement sind, muss man ihnen nur noch ein altes Handy in die Hand drücken, ein X-Box aufstellen oder eine Playstation und ein paar Computer mit alten Spielen installieren. Am Wochenende gibt es dann DVDs bis zum Abwinken. Einfacher geht es doch gar nicht, oder?

Lieber Alexander,

es gibt Dinge, die versteht man nicht. Wenn jemand sagt: „Dieser komplizierte Sachverhalt ist mir nicht ganz verständlich.", dann kann er doch auch einfach: „Hä?" sagen. Da weiß man wenigstens was er meint!

Manche Leute haben Angst, wenn ich sage: „Das Wiedererstarken der intellektuellen linken Szene ist nicht ferne.", obwohl sie gar nicht wissen, was ich meine.

Und manche müssen wirklich lange überlegen für einen Satz wie: „Lieber `ne Stumme im Bett als ´ne Taube auf dem Dach." Aber meistens fällt dann der Groschen.

Neulich predigte der Pastor in der Kirche über „Lebenslügen". Da wusste selbst ich nicht mehr, was er damit meinte.

Ist es nicht o.k., wenn fast jeder Steuern hinterzieht?

Ist es nicht o. k., wenn die Männer sich andauern mit Pornografie beschäftigen und fremdgehen, weil ihnen die eine Ehefrau nicht genug ist?

Ist es eine Lebenslüge, wenn der Lehrer einem mitteilt: „Das lernst du nie!", obwohl man Jahr später den gleichen Lernstoff bei einem anderen Lehrer problemlos kapiert?

Wenn die amerikanische Regierung immer wieder aufs Neue erklärt, es gäbe keine Außerirdischen, obwohl sie selbst fieberhaft danach suchen und nach Umfragen fast jeder zweite Erdenbürger an Außerirdische glaubt, bzw. behauptet, selbst man in Kontakt mich solchen getreten zu sein, bzw. ein Ufo gesehen zu haben?

Wissenschaftler felsenfest behaupten, Tiere hätten keine Gefühle und spezielle Empfindungen, obwohl man immer wieder Tiermütter beobachten kann, wie sich liebevoll um ihren Nachwuchs kümmern?

Ist es wirklich besser die Landwirtschaft in großem Stil zu betreiben anstelle von vielen kleinen Bauernhöfen?

Muss man immer mehr mit immer billigeren Nahrungsmitteln produzieren, sodass die ehemals leckeren Butterkekse jetzt schmecken, als wären sie mit Maschinenöl gebacken?

Sind die armen Menschen wirklich selbst schuld an ihrer Armut, wenn die Reichen nur Minimallöhne zahlen und den Rest für sich selbst behalten?

Muss man es glauben, dass Industriezucker nicht süchtig macht?

Können wir wirklich mit der Natur machen was wir wollen ohne dass wir letztendlich darunter leiden?

Ist es sicher, dass die Natur keinerlei Bewusstsein besitzt und sich eines Tages rächen wird?

Gibt es einen noch größeren Unfall als den GAU, also den Größten Anzunehmenden Unfall? Nennt man ihn dann Super-GAU?

Können wir wirklich ohne Atomenergie leben, wo wir doch 16 Prozent unserer Energie aus Atomstrom beziehen?

Ist der Unterschied zwischen NASA und NSA wirklich größer als nur ein Buchstabe?

Ist das MAD-Heft aus Amerika wirklich ein Heft von Verrückten für Verrückte?

Wahrscheinlich verhält es sich mit der Lüge wie mit der Qualität: Alle reden immer über Qualitätssicherung, dabei weiß keiner genau, was Qualität genau ausmacht.

Oder es ist wie mit der Schönheit: Schönheit liegt in den Augen des Betrachters. Vielleicht liegt auch die Lüge in den Augen des Betrachters. Die meisten Insassen von Justizvollzugsanstalten jedenfalls sind der Meinung völlig unschuldig hinter Gittern zu sitzen. Eine Folge eines Justizirrtums.

Liebe Becky,

danke für den Aufnäher und das T-Shirt. Ich werde ihn mir aufheben, bis ich ins Altersheim komme.

Legal – Illegal – Scheißegal

Liebe Peggy,

was musste ich da lesen: „Haltet zweihundert Soldaten bereit, heute Abend um neun Uhr nach Cäsarea aufzubrechen. Außerdem sollt ihr zweihundert Speerwerfer und siebzig Reiter mitnehmen. Stellt Reitpferde für Paulus zur Verfügung und bringt ihn sicher zum Stadthalter Felix."

Soviel Aufwand, um nur eine Person 117 Kilometer weiter zu bringen?

Ach ja, das war eine Geschichte aus der Bibel, Apostelgeschichte 23, Verse 23 und 24.

Zur Zeit der Römer war man ja wohl immer etwas verschwenderisch in Sachen Staatsausgaben.

Danach wurde man weitgehend sparsamer, mal abgesehen von den Franzosen, die unter Ludwig IVX. in Saus und Braus lebten (natürlich nur die, die ohnehin schon reich waren), den Engländern, die ein Viertel der Welt in ihrem Commonwealth beherrschten und Piraterie unter Staatsschutz stellen, und den Vereinigten Staaten von Amerika, die immer wieder neue Staatsschulden aufnehmen müssen, um an allen möglichen und unmöglichen Stellen der Erde Kriege anzufangen oder „um den Frieden zu sichern".

Lieber Alexander,

erinnerst du dich noch an unsere alte Professorin Frau Müller-Klueger?

Nun ist sie gestorben. Ich habe ihre Todesanzeige am Samstag in der Zeitung gelesen: „Ich habe es leider nicht geschafft, der Tod hat mich dahingerafft.", so stand es geschrieben. Und sie vermacht all ihr Vermögen der Horst-Schlämmer-Stiftung in Grevenbroich.

Ich weiß ja nicht, ob das alles so stimmt, aber in Todesanzeigen scherzt man ja normalerweise nicht.

Was wird wohl in unserer Todesanzeige stehen?

Ich kenne jemanden, der behauptet, dass in den wenigsten Todesanzeigen das Wort Tod oder Sterben vorkommt. Ebenso behauptet diese Person, schon in vielen Gottesdiensten gewesen zu sein und bemerkt zu haben, dass während des ganzen Sonntagvormittags nicht einmal das Wort Gott oder Jesus genannt wird.

Vielleicht gehen deswegen so wenige Leute in die Kirche. Sie hält nicht, was sie verspricht. Ein Autohaus kann es sich auch nicht leisten, während eines Verkaufsgesprächs nicht ein einziges Mal das Wort Auto zu erwähnen. Ich bekam vor vielen Jahren ein Prospekt des Frankfurter Flughafens in die Hand. Darin wurde so oft das Wort „Lufthansa" erwähnt und das Prospekt beschrieb das Fliegen so intensiv, dass es mir vorkam, als wäre ein Leben ohne regelmäßiges Flugreisen sinnlos. Und das habe ich bis heute nicht vergessen.

Wo waren wir stehen geblieben? Ach ja, bei den Todesanzeigen in der Zeitung.

Falls es überhaupt eine gibt. Es ist ja wie mit den Geburtsanzeigen, da können auch die Eltern, je nach finanzieller Lage und good-will entscheiden, ob und was sie schreiben wollen.

Wenn man also nicht testamentarisch festlegt, was geschrieben wird, können es sich die Kinder oder sonstige Hinterbliebenen noch reiflich überlegen.

Immerhin kostet so eine Todesanzeige heutzutage so um die 500 Euro.

Also zurück zum Text: Auf keinen Fall: „Arbeit war ihr ganzes Leben". Dann denken die Leute noch, ich hätte mich nie um Familie, Freunde, Haushalt und Garten gekümmert, sondern immer nur geschuftet. Ich war so viele Jahre arbeitslos, da ist dieser Spruch für mich auf jeden Fall nicht der Richtige.

„Ruhe sanft" ist auch nicht angemessen. Ruhe ist ja nur ein Übergang. Wenn man schläft ist man ja so gut wie weg. „Er schläft wie ein Toter.", so sagt man ja über Leute, die sich nur sehr schwer wecken lassen. Während man ruht hört man alles: Die Kinder, die durchs Zimmer laufen, das Tele-fon, die Türklingel, den Rasenmäher draußen, und es gibt kein Entrinnen... Und was, wenn man ausgeruht ist? Man erhebt sich von seinem Sofa oder gegebenenfalls aus seinem Grab...?

„Starb an einer schweren Krankheit..." finde ich viel zu unpräzise. Da rätseln die Leute noch lange, welche Krankheit ich denn hatte.

„Plötzlich und unerwartet" ist für die Leute, die sich nie mit dem Tod beschäftigen. Ich bin der Meinung, dass man täglich mindestens einmal daran denken sollte.

„Du bist nicht von uns gegangen, Du lebst in unserem Herzen weiter." finde ich ziemlich frech. Ich habe schließlich vor, nach meinem Tod in den Himmel zu kommen und nicht nur in den Herzen weiterzuleben oder womöglich als Gespenst noch lange auf Erden zu weilen.

Vielleicht „Je ne regrette rien", „ich bedauere nichts"?

Dann wissen die Leute zwar nicht, was ich in meinem Leben gemacht habe, ob ich vielleicht die meiste Zeit mehr oder weniger erfolgreich in Las Vegas war, gelebt habe wie Mutter Theresa oder affenfaul als Couchpotato auf meinem Sofa lag, aber ich finde, dieser Satz macht Hoffnung!

Was meinst Du?

Immerhin ist es Zeit sich Gedanken darüber zu machen.

Als wir 1986 das Reaktorunglück in Tschernobyl hatten, habe ich gesagt: „In 20 Jahren haben wir alle Krebs und keiner weiß mehr, woher er kommt." Fakt ist, dass immer mehr Menschen an Krebs sterben. Vorsichtshalber sage ich schon mal: „20 Jahre nach dem Unglück von Fukushima haben noch mehr Leute Krebs und keiner weiß, woher er kommt."

Deine Antonia

P.S.: Was lese ich da gerade: „Denn wo ein Testament ist, da muss notwendig der Tod dessen eintreten, der das Testament gemacht hat. Denn ein Testament ist gültig, wenn der Tod eingetreten ist, weil es niemals Kraft hat, solange der lebt, der das Testament gemacht hat."

Komisches Rechtsdeutsch.

Ach so. Das ist ein Satz aus der Bibel. Hebräerbrief, Kapitel 9, Vers 16. Die haben sich aber schon früh Gedanken darum gemacht!

Lieber Alexander,

ich habe noch ein bisschen weiter in der Bibel gelesen:

„Siehe, auch den Pferden legen wir Gebisse in die Mäuler, damit sie uns gehorchen, und lenken ihren ganzen Leib. Siehe, auch die Schiffe, die so groß sind und von heftigen Winden getrieben werden, werden durch ein sehr kleines Steuerruder gelenkt, wohin irgend die Absicht des Steuermanns will. So ist auch die Zunge ein kleines Glied, und rühmt sich großer Dinge. Siehe, ein kleines Feuer, welch einen großen Wald zündet es an! Und die Zunge ist ein Feuer, die Welt der Ungerechtigkeit."

Was gibt es daran auszusetzen?

Liebe Becky,

ich habe heute einen Aufkleber gekauft: „Bitte nicht zuparken – Fluchtfahrzeug". Ich werde ihn an mein Auto kleben.

Ich weiß zwar immer noch nicht genau worin der Unterschied zwischen NSA und NASA besteht, aber heutzutage wird man ja für vieles angeklagt: Man kann seinen Job verlieren, wenn man sagt, dass doch die Mütter auch zu Hause bei ihren Kindern bleiben könnten, anstatt arbeiten zu gehen. Man kann verfolgt werden, wenn man in seinen Emails Wörter wie „Bombenwetter" und „...totaler Terror zu Hause..." schreibt und neulich hielt man mich im Drogeriemarkt fest, obwohl ich mir nur im Eingangsbereich einen Regenschirm nahm und ihn gleich an der nächsten Kasse bezahlte. Ich war ja eigentlich noch gar nicht richtig im Laden drin und konnte auch nichts geklaut haben, doch in meiner Einkauftasche lag ein noch nicht „entsicherter Artikel" aus dem Geschäft, in dem ich zuletzt eingekauft hatte.

Überhaupt was für ein Ausdruck: „Dieser Artikel war nicht entsichert". Es handelte sich um neue Pedale für mein Fahrrad. Aber selbst als Kunde wird man fast schon wie ein Verbrecher behandelt.

Sicher ist sicher – wenn es brenzlig wird, springe ich in mein Auto und fahre weg!

Liebe Peggy,

heute bekam ich eine Postkarte „aus London, der zweitschönsten Stadt der Welt".

O.k., aber was ist nun die schönste Stadt der Welt? Ich finde ja, dass es Paris ist. Ich kenne aber jemanden, der liebt New York über alles. Viele Leute finden die Stadt, in der sie geboren und aufgewachsen sind als die schönste Stadt der Welt.

Meine Nachbarin ist der Meinung, nachdem sie eine einwöchige Pauschalwoche gebucht hatte, dass Rom die schönste Stadt der Welt sei. Obwohl sie sie immer wieder darüber beklagt hatte, dass überwiegend katholische Kirchen in Rom besucht worden sind, obwohl sie ja eigentlich evangelisch ist. So genau klären lässt sich das wohl nie.

Aber mir fiel auf, dass der Apostel Paulus, der, nachdem er vom Saulus zum Paulus wurde und die christliche Lehre verkündete, verhaftet wurde und unbedingt nach Rom wollte. Dort kam er auch hin.

Ist es dann ein Zufall, dass ausgerechnet Rom das Zentrum der christlichen Kirche wurde und es bis heute ist? Ich hoffe, ich finde mal jemanden, der mir diese Frage beantwortet!

Liebe Becky,

ist das ein Fall für Amnesty international: „… in Mühen umso mehr, in Gefängnissen umso mehr, in Schlägen übermäßig, in Todesgefahr oft. Von den Juden habe ich fünfmal vierzig Schläge weniger einen bekommen. Dreimal bin ich mit Ruten geschlagen, einmal gesteinigt worden; dreimal habe ich Schiffbruch erlitten; einen Tag und eine Nacht habe ich in Seenot zugebracht; oft auf Reisen, in Gefahren von Räubern, in Gefahren von meinem Volk, in Gefahren von den Nationen, in Gefahren in der Stadt, in Gefahren in der Wüste, in Gefahren auf dem Meer in Gefahren unter falschen Brüdern; in Mühe und Beschwerde, in Wachen oft, in Hunger und in Durst, in Fasten oft, in Kälte und in Blöße."?

Ach nein, das ist schon wieder so eine Geschichte aus der Bibel. Ein Brief von diesem Paulus an die Korinther. Der arme Kerl hat wirklich viel durchgemacht. Aber ich bin mir sicher, dass es jede Menge Flüchtlinge aus Afrika und auch andere Menschen aus der aktuellen Zeit ähnliches durchgemacht haben.

Nur sind sie vielleicht nicht des Schreibens mächtig oder es findet sich kein Reporter oder Journalist, der sich für ihre Story interessiert.

Liebe Becky,

ich habe noch einen interessanten Lebensbericht gelesen: Gregs Tagebuch.

Ja, ich weiß, es ist nicht richtig, in den Tagebüchern anderer Leute zu lesen. Aber dieser Greg hat seine Story veröffentlicht. Mittlerweile gibt es schon acht Bände davon.

Es handelt sich um einen Schüler, der das normale Leben auf einer amerikanischen Schule durchlebt. Er fragt sich, wie es James Bond schafft, unbeschadet jede Verfolgungsszene zu meistern, während ein einfacher Schuljunge noch nicht einmal den Weg von der Schule nach Hause schafft, ohne von den älteren Jungs, die er ein paar Stunden zuvor aus Versehen geärgert hat, aufgelauert zu werden.

Die Versuche einen Ferienjob zu meistern misslingen, der kleine Bruder löscht alle Accounts auf dem Computer und ändern unwiderruflich das Passwort und auf einer sterbenslangweiligen Übernachtungsparty in der Schule, werden allen Schülern die Handys und andere elektronischen Geräte abgenommen, damit mehr Stimmung aufkommt.

Letztendlich stehen aber nach ein paar Stunden falle alle Eltern aufgebracht vor der Schultür, weil sie glaubten ihren Kindern wäre etwas Schlimmes passiert, weil sie so lange nicht ans Handy gegangen sind.

Sie konnten ja nicht wissen, dass der Hausmeister die Handys im Lehrerzimmer eingeschlossen hatte.

Ich denke, dass der Autor Jeff Kinney seine realen Erlebnisse als Schüler in diesen Büchern verarbeitet hat.

Bei den Büchern handelt es sich sozusagen um die Erfolgsgeschichte eines Anti-Helden. Laut Wikipedia wurde Kinney 2009 im Time-Magazin in der Liste der „100 einflussreichsten Personen der Welt" geführt.

Ob als Schriftsteller oder als Game-Designer, seinem eigentlichen Beruf, kann ich nicht sagen.

Lieber Alexander, liebe Peggy, liebe Becky,

hiermit beende ich offiziell meinen Emailkontakt. Ich habe festgestellt, dass es auf Dauer zu mühselig wird, auf diese Art Kontakt zu halten. Beim Arzt im Wartezimmer habe ich die Überschrift eines Artikels gelesen: „Ist es möglich ohne Sprache zu reden?" Leider konnte ich die Antwort des Autors nicht mehr herausfinden, da ich kurz darauf ins Sprechzimmer gerufen wurde.

Ohne Sprache reden? Wie ist das möglich? Es gibt, wenn man etwas nicht verbal ausdrücken kann, ja auch noch die Zeichensprache, Gebärdensprache und Körpersprache. Wie die Namen schon sagen: Es handelt sich hierbei auch um Sprachen. Sogar mit der Bildersprache kann man einiges erklären.

Es gibt sinnlose Begriffe, wie die „ärmellose Weste". Oder gibt es auch Westen mit Ärmeln?

Bei „Ein Mann für alle Felle" handelt es sich nicht um einen Rechtschreibfehler, sondern um den Werbeslogan für einen Mann, der einen Hundesalon führt.

Wenn der „Zutritt für Unbefugte verboten" ist, ist er dann manchmal auch „für Unbefugte erlaubt" oder „für Befugte verboten"?

Ich habe noch kein Schild mit solch einem Hinweis gelesen.

Die deutsche Sprache ist durchsetzt mit lateinischen und griechischen Begriffen: Sei es das Distributivgesetz, der Diminutiv, die Lokomotive, das Automobil oder Audiokabel für ein elektronisches Gerät. Damit kann ich leben.

Aber wer soll einen Schüler verstehen, der sagt: „Ich habe null Gripp unter meinen Schuhen!"

Könnte er nicht sagen: „Ich habe keinen festen Halt unter meinen Schuhen!" oder „Null Halt – voll Rutsch!" Oder: „Die Adhäsionskraft zwischen meinem caleceus und dem Humus ist relativ gering!" Oder der Einfachheitshalber: „Hilfe, ich rutsche aus!"

Klarer sind da schon Sätze wie: „Ein Herrscher ohne Volk ist sinnlos."

Deswegen werde ich mich jetzt auch endlich politisch engagieren.

Vor einigen Jahren schon wollte ich ja die Partei FLUB: Freie Liste Umweltschutz Berlin gründen.

Aber dann ist Joschka Fischer in die USA gegangen und irgendwie habe ich auch selbst gemerkt, dass es mit Umweltschutz in diesem Land nicht allzu weit her ist.

Meine neue Idee ist also: „ALLE MACHT DEN RENTNERN"

Damit werde ich bestimmt punkten: Wir investieren jetzt und bringen die Rentner auf unsere Seite. Zahlenmäßig gibt es ja genug Rentner. Und finanziell sind die meisten von ihnen gut gestellt. Außerdem haben sie viel Zeit. Sie könnten Spielplätze renovieren, Parkanlagen pflegen, jungen Unternehmen beratend zur Seite stehen, Kinder betreuen.

Das käme auch bei der restlichen Bevölkerung gut an. Und wenn wir dann in 10, 15 Jahren Rentner sind, können wir uns auf unseren Lorbeeren ausruhen und krasse Diäten absahnen. Und falls es nicht klappen sollte:

Doing nothing – but do it well!

P.S.: Natürlich könnte ich mich auch für andere Dinge engagieren, aber irgendwie ist alles schon einmal dagewesen: Vergleicht man die Figuren von den Etruskern über die Venus von Milo bis hin zur Jetztzeit hat sich das Schönheitsideal kaum verändert: Schlank und anmutig ist die Devise.

Den Hang zu immer größeren und eindrucksvolleren Bauten gibt es seit den Ägyptern mit ihren Pyramiden, der Felsenstadt Petra in Jordanien, den Konstruktionen der Römer, wovon das Kolosseum in Rom noch heute zu besichtigen ist bis hin zu dem ehemals höchsten Gebäude der Welt, dem Empire State Building in New York und den Hochhäusern von Dubai.

Es gab immer Staaten, die besonders mächtig waren, wie die Ägypter, die Griechen, die Römer, die Engländer und die USA. Von manchen ist nur noch ein kleiner Rest übrig, wie zum Beispiel dem hoch verschuldeten Touristenland Griechenland.

Mal war Rom die Weltstadt schlechthin, dann Wien, Venedig, Berlin oder Paris.

Was ich nicht verstehe, ist, warum ausgerechnet von Rom aus die Machtzentrale der Römer ausging? Na gut, vielleicht kann man es ganz einfach erklären... Aber dann gab es noch den jüdischen Christenverfolger Saulus, der auf dem Weg nach Damaskus selbst zum Christen wurde und fortan Paulus hieß, daraufhin selbst immer wieder als Christ verfolgt wurde und es schließlich schaffte, eine Gerichtsverhandlung in Rom zu bekommen. Dort, wo er begraben liegen soll, wurde der Petersdom erschaffen und, obwohl politisch nicht mehr besonders mächtig, geht seit knapp 2000 Jahren die kirchliche Weltmacht von dieser Stadt aus. Was ist so besonderes an dieser Stadt Rom, dass sie über Jahrtausende nicht an Wichtigkeit verliert???

Immer wieder gab es Länder, in denen die Reichen immer reicher wurden und die Armen immer ärmer, nicht nur im Heiligen Römischen Reich und in

Frankreich kurz bevor die Französische Revolution ausbrach.

Und immer wieder versucht ein Land das andere zu erobern und zettelt einen Krieg an, sei es, um sich zu verteidigen oder um seine Grenzen auszudehnen.

Man lernt, dass man aus der Geschichte nichts lernt. Aber das haben wir ja schon in der Schule gelernt.

Eure Couchpotato Antonia

P.S.: Anbei noch ein Krimi vom mir, macht damit was Ihr wollt. Es wird sich wohl doch kein Verleger dafür finden lassen…

Tod im Hotel
(Utopia)

„When does it happens?"

„It happens two days before the day after tomorrow."

„Oh, shit, that´s today!"

1.

Langsam fuhr der Zug in den Bahnhof ein.

Ich stieg aus und ging nachdenklich die Treppen hinunter. Der Bahnhof machte einen erstaunlich soliden Eindruck. Er schien die letzten Jahre unbeschadet überstanden zu haben. Sogar die große Figur des Rattenfängers am Stellwerkhaus, die einem ins Auge fällt kurz bevor man in den Bahnhof einfährt war noch vorhanden. Das war mir gleich aufgefallen, als der Zug in Hameln einfuhr.

Es war etwa fünf oder sechs Jahre nach der Wirtschaftskrise. Genau kann ich mich nicht mehr erinnern.

Nach welcher Wirtschaftskrise? Nach der letzten Wirtschaftskrise natürlich.

Es gab eine Wirtschaftskrise im Jahre 1929, eine im Jahr 1987, dann eine in den 90er Jahren des zwanzigsten Jahrhunderts und mehrere in den ersten Jahren des neuen Jahrtausends.

Als ich jung war, sah ich einmal eine Folge der Anwaltsserie „Matlock" aus den USA. Der Anwalt saß nach getaner Arbeit mit seinem Nachbarn zusammen, den er erst über den letzten Fall hin kennengelernt hatte. Er fragte seinen Nachbarn, wie lange dieser denn nun schon hier wohne und dieser antwortete: „Ich wohne hier seit dem letzten Krieg."

Damit war mir als Fernsehzuschauerin nicht geholfen. Seit welchem letzten Krieg? Die USA waren in viele Kriege verwickelt: In den Ersten Weltkrieg, in den Zweiten Weltkrieg, sie mischten 1961 auf Kuba mit, sie führten Krieg in Vietnam, unterstützten Israel im Sechstagekrieg, es gab die Golfkriege und einen Krieg gegen den Irak und gegen Afghanistan, um nur einige Kriege zu nennen, in denen die USA mitgemischt hatten war.

Nun, die letzte Wirtschaftskrise hatten wir im Jahr 2021. Und die war wirklich fatal. Dieses Jahr 2021 schien wie verhext.

Normalerweise bin ich nicht abergläubisch und die Zahl 2021 ist für mich eine Zahl wie jede andere Zahl auch, aber in diesem Jahr kam es dicke: Erst machte der amerikanische Staatshaushalt Pleite und stürzte damit die ganze Welt in eine große Finanzkrise.

Gleich danach begann der Dritte Weltkrieg. Auch diesmal mischten die Vereinigten Staaten von Amerika kräftig mit, aber ich will nicht sagen, dass sie angefangen haben, aus lauter Verzweiflung vielleicht, wie man es den Deutschen nachgesagt hatte, als sie 1939 in Polen einmarschierten um damit dem Durcheinander der Weimarer Republik ein Ende zu setzen.

Jedenfalls kam eines zum anderen, die Bomben wurden geschmissen, jede Nation fühlte sich angegriffen und reagierte dementsprechend. Schließlich fielen auch noch zwei oder drei Bomben auf geheime, versteckte, veraltete Pershing- und Cruise-

Missiles-Stationierungen, von denen wahrscheinlich gar niemand mehr wirklich wusste, wo sie waren.

Das ging dann ab wie Schmidts Katze, fast wie ein Silvesterfeuerwerk zum Jahresende, aber nicht so bunt und auch nicht so lustig.

Kurz darauf lag fast die ganze Welt in Schutt und Asche. Und, als ob das noch nicht genug gewesen wäre, sprangen dann auch noch die Pole. Wissenschaftler hatten schon Jahre zuvor errechnet, dass der Nord- und Südpol zirka alle 70 000 Jahre ihr Positionen vertauschen, dann rutscht der Nordpol auf die Position des Südpols und der Südpol befindet sich auf einmal auf der Stelle, wo vorher der Nordpol war.

Kein Problem, wenn die Erdachse sich um 180 Grad dreht. Aber natürlich wusste niemand so ganz genau, wann das das letzte Mal geschehen war. So konnte man auch nicht wissen, wann dieses Phänomen das nächste Mal auftreten würde. Dass es diesmal genau im Jahr 2021 geschehen würde, hätte wohl niemand gedacht. Unglücklicherweise hatte der Pol-Sprung zur Folge, dass die Meeresspiegel anstiegen. Es kam zu gigantischen Überschwemmungen und ehedem beliebte Urlaubsziele wie Sylt, Mallorca oder die Malediven sind komplett von der Landkarte verschwunden, hatte ich gehört.

Sogar die Industrienation Japan sei in den Fluten versunken, so sagte man, was ich aber nicht wirklich glauben wollte, denn ich hoffte noch immer, dass ich bald Ersatzteile für meinen Sony-Fernseher bekommen würde, für meine Fuji-Digitalkamera, das Sony-Ericsson-Handy, mein Toshiba-Laptop und meinen Suzuki-Van, den ich zu Hause stehen hatte.

Ganz genau wusste man das damals alles natürlich nicht, denn von den damals über sieben Milliarden Menschen, die die Erde bevölkerten, waren vielleicht noch eine Milliarde übriggeblieben. Das waren in etwa so viele Menschen, wie es nach dem Ersten Weltkrieg auf der Erde gab.

Und auch die Verhältnisse waren in etwa wieder so:

Durch den Pol-Sprung wurde die Erdanziehungskraft für eine kurze Zeit dermaßen durcheinandergebracht worden, dass alle Satelliten vom Himmel fielen. Nun gab es kein GPS mehr, kein Handy-Empfang, kein Fernsehen, geschweige denn Fernseh-Direktübertragungen mehr, da auch die Fernsehsender zerstört waren und auch sonst keine blitzschnellen Datenübertragungen irgendwelcher Art. Auch das Internet funktionierte nicht mehr.

Wer hätte auch irgendwelche Daten senden sollen? Die meisten Menschen, die noch lebten, waren mit dem Überleben beschäftigt. Die großen Industrien waren zerbombt, die Kraftwerke waren stillgelegt, es gab keine globale Versorgung mehr:

Weder Erdbeeren aus Afrika noch T-Shirts aus Indien, Spielzeug aus China oder Jeanshosen aus den USA. Ich hatte mal einen Fernsehbericht gesehen, dass eigentlich nur die Baumwolle aus den USA kamen. Bis die Jeanshose dann fertig war, war sie schon einmal um die ganze Welt gereist. Leider gab es in Deutschland momentan auch keine Computer, Handys und Autos frisch geliefert aus Japan mehr.

Ich hatte zwar mal ein Samsung-Handy aus Südkorea, aber das war nicht so gut!

2.

Ich verließ das Bahnhofsgebäude und betrat den Bahnhofsvorplatz. Er war ziemlich leer. Nur ein paar Tauben flatterten herum und pickten nach Futter. An die Tauben konnte ich mich noch von meinem letzten Besuch her erinnern. Fast überall in Deutschland war es damals verboten, Tauben auf öffentlichen Plätzen zu füttern. Angeblich, weil sie sich dadurch rasch vermehrten und Krankheiten verbreiteten. In Hameln war das nicht so. Es schienen sich immer die gleiche Anzahl von Tauben auf dem Bahnhofsvorplatz zu befinden, ob man sie nun fütterte oder nicht. Es störte niemanden und man hörte auch nie, dass jemand, von einer Taube angesteckt, krank geworden wäre.

„Ratten der Lüfte", so nannte man sie.

Ratten, das waren ja die Tiere, die die Stadt Hameln seit dem Jahre 1284 so berühmt gemacht hatten. Besser gesagt, es war der Rattenfänger, der für Aufsehen sorgte, als er seinen Lohn nicht bekam, obwohl er die Stadt gründlich von den Ratten befreit hatte, und noch einmal wiederkam, um dann die Kinder der Stadt mitzunehmen.

Das geschickte Marketingkonzept der Stadt Hameln sorgte später dafür, dass Jahr für Jahr viele Touristen in die Stadt kamen, um einen als Rattenfänger verkleideten Amerikaner zu bestaunen. Den korrupten Bürgermeister von damals, der dem Rattenfänger seinen Lohn nicht geben wollte, erwähnte kaum jemand.

Vielleicht hätte man dann zugeben müssen, dass man selbst nicht immer ganz ehrlich in Sachen Geld war.

Es störte dann, kurz vor der Wirtschaftskrise, auch kaum noch jemanden, wenn im Fernsehen die Rede von berühmten Menschen des öffentlichen Lebens waren, die Millionen von Euros an Steuern hinterzogen hatten. Diese Menschen hätten nach dem Gesetz so viele Steuern bezahlen müssen, wie es kaum ein normaler Bürger in seinem ganzen Leben verdienen konnte. Nur komisch, dass man immer nur so wenige von ihnen erwischte.

Ich persönlich hatte nichts gegen Tauben. Auch nichts gegen Ratten, wenn man mich schon so direkt fragt. Gerne hätte ich den Ratten auf dem

Bahnhofsvorplatz etwas zu fressen gegeben, allerdings hatte ich nichts in der Tasche, womit ich sie hätte füttern können.

Gleich gegenüber vom Bahnhofsvorplatz sah ich auch schon das Hotel in dem ich wohnen sollte: „Hotel zum Klabautermann" stand in großen Buchstaben über der Tür.

Das große hellblaue Haus, gebaut im Jugendstil des letzten Jahrhunderts, wurde schon von Anfang an als Hotel gebaut. Doch irgendwann rentierte sich der Hotelbetrieb nicht mehr und es siedelten sich eine Apotheke und mehrere Ärzte in diesem schönen Haus an.

Nach dem Krieg, also nach dem Dritten Weltkrieg, bekam das Haus dann seine alte Funktion als Hotel wieder zurück. Ich war froh, dass ich nicht so weit laufen musste.

Mutig stieg ich die zwei Stufen zum Eingang hoch und ging auf die Rezeption zu. Dort saß ein älterer Herr, der mich missmutig anschaute. Ich sagte ihm, dass ich hier ein Zimmer gebucht hätte. „Ihr Name?"

„Winters. Ralf Winters."

„Hä?" Der Mann schien schwerhörig zu sein.

„Ich heiße Winters. Sommers wie Winters.", probierte ich es noch einmal.

„Nee, der Sommer ist schon längst vorbei.", entgegnete mir der Mann. "Lausiger Herbst dieses Jahr!", fügte er noch hinzu.

Da versuchte ich es etwas lauter: „Ich heiße Ralf Winters. Ich komme vom „Hamburg-Magazin". Ich habe hier ein Zimmer gebucht!"

Jetzt schien der Mann mich zu verstehen. „Ah, ja, der Journalist. Ihr Verlag hat hier für sie reserviert. Zimmer 402." Er gab mir die Schlüssel. „Frühstück ab acht Uhr.", fügte er noch hinzu, dann zeigte er mir den Weg zur Treppe.

Ich stieg also die Stufen hinauf. Vier Stockwerke hoch. Wenigstens hatte man zu Jugendstil-Zeiten noch großzügig gebaut, sodass es mir nicht zu eng wurde. Ich leide nämlich unter Klaustrophobie, also unter Ängsten, wenn ich einem engen Räumen bin. Das gilt sowohl für Fahrstühle als auch für enge Treppenhäuser. Aus den Augenwinkeln sah ich, dass es wohl auch einen Fahrstuhl gab. Ob er funktionierte, konnte ich nicht sagen. Seit letztem Jahr gab es ja wieder eine Stromversorgung.

Durch den Pol-Sprung waren nicht nur die Satelliten vom Himmel gefallen, sondern auch sämtlicher Weltraumschrott. Und findige Wissenschaftler hatten es geschafft, aus einer Kombination von Weltraumschrot und Müll Strom zu produzieren. Müll gab es ja seit Jahrzehnten genug. Allerdings ging man nun sparsamer mit Strom um. Wer weiß, wann uns je wieder solche großen Mengen von Weltraumschrot zur Verfügung stehen würde!

Oben angekommen war ich erstaunt: Ich hatte ein hübsches, geräumiges Zimmer mit Blick zur Straße. Ein breites Bett, ein Schrank, ein Schreibtisch mit Stuhl, eine Kommode, und dann hingen auch noch hübsche Vorhänge vor dem Fenster. Nur die Schreibtischlampe ging nicht. Aber damit ließ es sich leben. Zufrieden packte ich meinen Koffer aus und legte Schreibzeug auf den Tisch. Das würde ich noch brauchen. Schließlich war ich Journalist. Mein Verlag in Hamburg hatte mich nach Hameln geschickt, um die Lage zu sondieren.

Jetzt, wo sich die Welt langsam von ihren Strapazen erholte, begannen sich auch die Menschen langsam, ganz langsam, wieder zu entspannen.

Vor dem Dritten Weltkrieg waren die Menschen ja ein reiselustiges Volk. Mal eben über das Wochenende auf die Kanarischen Inseln verreisen, ein Kurzurlaub auf Lanzarote, zwei Wochen Kenia zu einem Spottpreis. Das ging nun natürlich nicht mehr.

Der Flugbetrieb der großen Fluglinien war noch längst nicht wiederaufgenommen. Und, ehrlich gesagt, wusste man auch gar nicht genau, in welchem Zustand sich die Gebiete jetzt befanden: Zerbombt? Radioaktiv verseucht? Unversehrt?

Es war alles noch zu wenig erforscht.

Aber mein Chef hatte mich nach Hameln geschickt, um zu schauen, ob eventuell die Möglichkeit bestünde, erholungssuchende Menschen von Hamburg in dieses schmucke Städtchen zu schicken. Und dazu sollte ich einen detaillierten Reisebericht schreiben, den man dann auch im Hamburg-Magazin abdrucken konnte. Das hatte den Vorteil, dass sich das Hamburg-Magazin besser verkaufte, und mit Leserreisen ließ sich zusätzliches Geld verdienen. Das wusste mein Chef noch aus früheren Jahren.

Das Drucken an sich ging schon wieder. Man hatte einfach die alten Druckmaschinen mit den beweglichen Lettern aus den Museen geholt und schon konnte man wieder drucken wie früher: schwarzweiß, die Buchstaben von echten Setzern gesetzt. Bilder gab es nur selten, weil sie etwas schwieriger herzustellen waren.

Na gut. Die Reise mit dem Zug nach Hameln war schon abenteuerlich genug gewesen.

Als ich meinen Koffer ausgepackt hatte, beschloss ich, ein wenig in die Stadt zu gehen. Ich stieg also die vier Stockwerke wieder hinunter, verließ das Haus und ging die Bahnhofsstraße entlang. Erstaunlich. Sie sah genau aus, wie etwa zehn Jahre zuvor, als ich zuletzt in Hameln war. Dann bog ich links in die Deisterallee ab und kam direkt in die Innenstadt.

Ich war verblüfft. Fast ganz Deutschland lag in Schutt und Asche, von überall her hörte man von großen Zerstörungen, aber dieses Städtchen hier schien keine einzigen Kratzer abbekommen zu haben! Da standen die schönen Fachwerkhäuser aus der Zeit der Weserrenaissance in Reih und Glied. Seit über 400 Jahren! Mir schien, als würden die Neitzköpfe, die an den Häuserwänden angebracht waren, mich hämisch anschauen.

Na gut. Etwas hatte sich doch verändert. Die Weser war breiter geworden. Und der Wasserstand erschien mir viel höher als bei meinem letzten Besuch. Es waren keine Wehre mehr zu sehen und niemand schien mehr das Wasser zu regulieren. Die Edertalsperre wurde gesprengt, so hatte ich gehört. Das hatte wohl für zusätzliche Überschwemmungen gesorgt.

Der „Weserradwanderweg" war jetzt ins Flussbett mit eingebunden. Das wollte ich gleich schriftlich festhalten.

Langsam bekam ich auch Hunger. Ich ging zurück. Dort wo früher der „Wiener Wald" war, hatte ich einen Mann gesehen, der auf einem Grill Hähnchen briet. Dort wollte ich hin.

Das Hähnchen war lecker. Der Mann lud mich zum Sitzen ein. Er hatte dafür eine alte Gartensitz-garnitur bereitgestellt. Dann bestellte ich eine Zitronenlimonade, hausgemacht. Viel Kundschaft hatte der Verkäufer heute wohl noch nicht gehabt. Jedenfalls war er ziemlich redselig.

Er versicherte mir, dass die Hähne alle aus eigener Zucht seien. Er hätte aber auch frische Eier und Suppenhühner, falls ich Interesse hätte. Ich ließ mir seine Adresse geben. Er wohnte ganz in der Nähe von seinem „Hendl-Stand", wie ich seinen Verkaufsstand heimlich nannte. Dann fragte ich den Verkäufer, wie es denn in Hameln aussehe. Alle Häuser schienen, als stünden sie noch, aber ich hatte kaum Menschen gesehen.

„Ja, wissen Sie,", meinte mein Gegenüber, „als es losging", er schaute mich bedeutsam an, „da versuchten die meisten Einwohner von Hameln zu fliehen. Und zwar mit dem Auto. Wie alle anderen Einwohner von den meisten anderen Städten auch. Das gab dann einen riesigen Rückstau. Manche Menschen hatten nicht genug Benzin im Tank und blieben mit ihrem Auto einfach auf der Autobahn stehen. Andere hatten eine Panne. Dann gab es Unfälle. Es kam zu Massenpaniken, Ben-in lief aus, Benzin fing Feuer, man ging mit dem Messer aufeinander los, jemand fing an zu schießen und irgendwie haben die Leute sich wohl alle gegenseitig umgebracht."

Mir schauderte. Ich hatte ja schon viel gehört in den letzten fünf oder sechs Jahren, aber nun lief es mir doch kalt den Rücken herunter.

Mein Gegenüber schaute mich an, dann fuhr er fort: „Es kamen nicht alle mit. Kinder waren in der Schule, andere Leute wie ich haben kein Auto, mit dem wir hätten fliehen können. Es gab auch Leute, die gar nicht von hier wegwollten. Wir blieben also übrig. Und wir haben versucht zu retten, was noch zu retten ging. Wir haben die Wertsachen aus den Autos geholt, die noch intakten Autos auf Wiesen zusammengeschoben, falls es wieder mal Benzin gibt; und wir kümmern uns um die verlassenen Haustiere und die leerstehenden Häuser und Wohnungen. Haben Sie schon mal Kanarienvogel probiert? In Italien hat man schon immer gerne Singvögel gegessen! Und wussten sie, dass man in China schon seit Jahrtausenden Hunde isst?"

Mir wurde übel.

„Ja, und wie viele Menschen leben jetzt in der Stadt?", versuchte ich das Thema umzulenken. „Waren es nicht um die Jahrtausendwende etwa 60 000?", versuchte ich mein Wissen kundzutun.

„Ach, wer weiß. Ich glaube, im Moment leben in dieser Stadt so etwa 1000 bis 3000 Menschen. So genau weiß ich das nicht. Wir zählen uns ja nicht gegenseitig." Er lachte verschmitzt.

Ich nickte. Ja, die Zeit der Überwachung war wohl vorbei. Bis jetzt hatte es noch niemand geschafft, eine übergroße Bürokratie wiederaufzubauen. Wir hatten schon Schwierigkeiten gehabt, einen Bundeskanzler zu bekommen.

Die alte Bundeskanzler-Crew hatte sich in den alten Bunker geflüchtet, der in der Nähe von Bonn lag. Er stammte noch aus der Zeit des Kalten Krieges und bot wohl Nahrung für einige Jahre. Alles unterirdisch und mehr oder weniger geheim. Aber Frau Werkel, die alte Bundeskanzlerin, Herr Peerbrück und Herr Felsenmeier schienen sich daran zu erinnern und zogen mit dem gesamten Bundestag sozusagen dort ein.

Leider gab es dann eine große Gasexplosion. Ob Erdgas, Methan, Kohlendioxid oder gar Kohlenmonoxid konnte keiner mehr so genau sagen. Jedenfalls hatte es sich dann ausgewerkelt. Und niemand wollte diesen Job mehr gerne machen.

Schließlich stellten sich die Liedermacher Hannes Baader und Konstantin Wäcker freiwillig zur Wahl, und, da man ihre Lieder gerne hörte, wurden sie sogleich in ihr Amt gewählt. Hannes Baader wurde Bundeskanzler, Konstantin Wäcker Bundespräsident. Konstantin Wäcker kam zwar aus Österreich, aber man nahm es nicht mehr so genau mit den Ländergrenzen. Man bat ihn lediglich, manche Lieder nicht mehr zu spielen, zum Beispiel das vom Dackel Waldi oder das vom Älterwerden. „Nearly a hero" wurde aber immer wieder gerne gehört.

Man hatte auch den Schriftsteller Günther Krass gefragt, ob er sich zur Kandidatur des Amtes als Bundeskanzlers oder als Bundespräsidenten zur Verfügung stellen würde, aber dieser hatte dankend abgelehnt. Erstens sei er zu alt, so meinte er. Dann war er noch immer beleidigt, weil man ihn damals nicht ernst genommen hatte, als er 2012 Deutschland davor warnte, Israel in Sachen Atomwaffen zu unterstützten, weil das einen Dritten Weltkrieg auslösen könnte. Und zu guter Letzt wollte er in seine Heimatstadt Danzig zurück, die nun wieder Deutsch sei, wie man ihm erzählt hatte. Und dann ist er plötzlich verstorben.

Nun, deutsch oder nicht. Die Ländergrenzen waren, wie gesagt, mittlerweile verschwommen. Die meisten Menschen, die noch lebten, fragten nicht mehr groß nach einer Nationalität. Man versuchte, sich gegenseitig zu helfen, wo man nur konnte. Die meisten Menschen jedenfalls. Ich verabschiedete mich vom Hähnchenverkäufer und ging zurück ins Hotel.

Der alte Mann saß noch immer an der Rezeption. Ich grüßte kurz und ging hoch auf mein Zimmer. Im Bad, welches auf dem Flur lag, machte ich mich frisch, dann legte ich mich ins Bett und schlief auch bald ein.

Am nächsten Morgen wachte ich früh auf. Ich hörte die Kirchturmuhr sieben Uhr schlagen. Das musste wohl von der St. Augustinus Kirche herkommen. Das war, soweit ich mich erinnern konnte, die nächste Kirche hier in der Gegend.

Ich wusch mich, zog mich an und setzte mich an den Schreibtisch, um meinem Chef einen ersten Bericht zu schreiben. Briefpapier hatte ich genügend eingepackt. Es gab ja, Gott sei Dank, wieder ein Briefsystem nach dem System der guten alten Deutschen Post. Es gab auch Kurierdienste. Kannte man jemanden, der zum Beispiel nach München reisen wollte, gab man ihm seine Post mit, aber das war eine unsichere Sache. Entweder „vergaßen" die Kuriere die Post abzugeben o-der sie überlegten es sich anders und reisten letztendlich gar nicht nach München, sondern nach Saarbrücken oder sie wurden in einen Unfall verwickelt.

Das beliebteste Reisemittel war die Bahn, die wurde mit Kohle, Diesel oder Sonnenenergie betrieben. Viele fuhren mit dem Fahrrad, manche gingen zu Fuß. Einige hatten auch Pferde, auf denen sie reiten konnten. Jetzt hatte man ja wieder Zeit. Es gab keinen Staat mehr, der einen zu beständigem Leistungsdruck anhielt, damit die Wirtschaft weiterwachsen könne. Niemand musste mehr für seine Rente arbeiten, denn es gab kein Rentensystem mehr, kein Betrieb arbeitete mehr auf Gewinnmaximierung.

Wer konnte und wollte, arbeitete so gut es ihm möglich war. Hauptsache, es reichte zum Überleben.

Wer mehr bürokratisch veranlagt war, sorgte also für den Erhalt des Postsystems. Manche züchteten Hühner und Hähne, um sie zu schlachten und zu verkaufen. Viele betrieben Landwirtschaft. Es gab Menschen, die organisierten, das heißt, sie suchten zum Beispiel alle möglichen Fahrräder der Umgebung zusammen und verkauften sie. Andere reparierten wiederum diese Fahrräder.

Keiner versuchte dabei, den anderen über das Ohr zu hauen. Denn Geld gab es ja genug: Die Tresore der zerbombten Banken wurden gesprengt, Geldautomaten geknackt, manch einer hatte noch Bares zu Hause liegen. Alle Preise waren moderat, so dass man sich, mit ein bisschen Anstrengung, fast alles leisten konnte, was man zum wirklichen Leben brauchte.

Nachdem ich meinem Chef von dem erfreulich guten Zustand des Städtchens Hamelns berichtet hatte, steckte ich den Brief in einen Umschlag, klebte eine Marke darauf und ging runter zum Frühstück. Der Frühstücksraum lag im Erdgeschoss. Gleich hinter der Rezeption. Er war mäßig b-setzt. Ich setzte mich an einen freien Tisch in einer Ecke und nahm mir Kaffee und frisches Vollkornbrot. Dazu gab es Butter und Marmelade. Der Kaffee war Getreidekaffee aus Zichorie und Gerste. Er schmeckte viel besser als dieses Zeugs aus Kaffeebohnen aus Afrika von früher und war auch viel bekömmlicher.

Gerade als ich meine zweiten Scheibe Brot schmierte, fragte mich eine höfliche Stimme: „Ist hier noch frei?" Ich blickte auf und sah die schönste Frau meines Lebens: Sie war mittelgroß, schlank, hatte schulterlanges blondes Haar und grüne Augen. Ich schätzte sie auf etwa 40 Jahre.

„Äh, ja klar.", antwortete ich etwas verwirrt und wies auf den freien Platz mir gegenüber. „Bitte, nehmen Sie doch Platz."

Welch eine Ehre, neben einer so schönen Frau sitzen zu dürfen! Die Dame setzte sich. Dann stand sie gleich wieder auf. Ich fragte mich, ob ich etwas falsch gemacht hatte. Aber sie holte sich nur ein hartgekochtes Ei vom Buffet und das kleine Salzfässchen dazu.

Eigentlich war ich nach meiner zweiten Scheibe Brot ja schon satt, aber ich beschloss, dass es unhöflich wäre, die Dame alleine am Frühstückstisch sitzen zu lassen und so holte ich mir auch ein Ei und nahm noch eine dritte Scheibe Brot.

„Sind sie auch zu Besuch hier?", fragte ich, um ein Gespräch anzufangen. Ich weiß, diese Frage war ziemlich dumm, doch mir fiel nichts Besseres ein.

Die Frau blickte mich an: „Ja, ich komme aus Fulda."

„Tatsächlich?"

„Ja, ich bin hier im Auftrag des Herrn!"

„Das finde ich super", platzte es aus mir heraus. Die ´Blues Brothers` waren ehedem auch unterwegs im Auftrag des Herrn. Klasse Musik, und der blinde Ray Charles im Musikgeschäft, wie er da zur Knarre greift..."

Mein Gegenüber räusperte sich stark. Ich verstummte.

„Nun, ich bin hier im Auftrag der Katholischen Kirche. Der Bischof von Fulda hat mich geschickt, um ihm einen Report über das geistige Glaubensleben in Hameln zu schicken. Wissen Sie, Hameln wurde ja im Jahre 850 als Fuldaer Missionsstation gegründet. Dort wo heute die St. Bonifatius Kirche steht, war die erste klösterliche Niederlassung im 9. Jahrhunderts. Und so schnell vergisst die Katholische Kirche ihre Schäflein nicht!", erklärte sie mir ihre Mission.

Das leuchtete mir natürlich ein, obwohl ich von der Institution Kirche an sich nur sehr wenig Ahnung hatte. Nur meinte ich irgendwo gehört zu haben, dass Hameln zum Bistum Hildesheim gehören würde. Da wunderte es mich doch ein wenig, dass jemand aus Fulda hierherkam. Auch wenn das Gründerteam, wenn man so sagen darf, aus Fulda stammte.

Ich fragte mein Gegenüber.

Sie sagte: „Ja, da haben sie vollkommen recht. Aber wissen sie, leider ist die komplette Raumstation ISS, sie wissen schon, dieses Ding, dass man damals benutzte, um im Weltraum zu forschen, direkt auf die Hildesheimer Hauptkirchengüter gefallen. Und die meisten seiner Geistlichen hielten sich gerade dort auf und sind jetzt wohl im Himmel. Der Herr habe sie selig. Da nahm sich das Bistum Fulda dem Bistum Hildesheim an."

Das leuchtete mir ein, aber ich wollte dennoch nicht zugeben, dass ich davon gar keine Ahnung hatte. Ich glaube auch vom Absturz der ISS gehört zu haben, aber irgendwie wollte man den genauen Absturzort nie wirklich genau benennen.

Gleich nach dem Frühstück stand ich auf, um das Postamt zu suchen und ein wenig spazieren zu gehen. Diese Frau faszinierte mich zwar, aber ich in Sachen Frauen war ich immer irgendwie schüchtern und zurückhaltend. Jeden Morgen aufs Neue bedauerte ich es sehr, nicht als John Travolta geboren worden zu sein. Aber das verriet ich natürlich niemanden.

Das Postamt war schnell gefunden. Es befand sich in dem alten Gebäude neben dem Bahnhof, in dem schon in den 50er Jahren des letztens Jahrhunderts die Post untergebracht war. Ich musste es wohl gestern bei meiner Ankunft übersehen haben, als ich mich gedanklich mit Ratten und Tauben beschäftigte. Dann ging ich die Kaiserstraße zur Weser hinunter. Dort konnte man lange laufen. Immer wieder begegnete ich Männern, die angelten oder fischten. Sie schauten kaum auf. So ging ich meines Weges.

Auf dem Rückweg beschloss ich, noch einmal beim Hendl-Stand vorbei zu gehen, um mir ein halbes Hähnchen als Mittagessen einpacken zu lassen. Der Verkäufer freute sich, mich zu sehen und verkaufte mir auch gleich noch selbst gezogene und gekochte Bohnen von seiner Frau und gab mir ein halbes, selbstgebackenes Brot mit. So war auch gleich für ein Abendessen gesorgt. Eine Dauer-salami hatte ich noch in meinem Koffer. Das Wasser, so ließ ich mir sagen, sei trinkbar. Auch das Leitungswasser habe eine gute Qualität. Das war nicht in allen Städten so. Immer wieder hörte man von Cholerafällen durch verschmutztes Trinkwasser.

Kaum war ich ins Hotel eingetreten, bemerkte ich auch schon die große Unruhe, die dort herrschte. Viele Menschen gingen ein und aus. Auch solche, die ich morgens gar nicht beim Frühstück gesehen hatte. War das eine nicht ein Polizist? Was machte der Mann in der Sanitäterjacke hier? Gab es einen Unfall? Der alte Mann von gestern saß wieder an der Rezeption. Er rief immer wieder: „Ich versteh das nicht! Ich weiß es nicht! Ich versteh das nicht! Ich weiß das nicht!", obwohl ihn gar niemand nach seiner Meinung fragte. Vorerst jedenfalls nicht.

Gerade als ich die Treppen zu meinem Zimmer hinaufging und im dritten Stockwerk angelangt war, sah ich, dass man eine junge Frau auf einer Bahre hinuntertrug.

Da war diese Frau dann wohl tot? Denn den Unterschied kannte ich: Trug man jemanden auf einer Trage, so war er verletzt und konnte mit einem Sanitätsfahrzeug transportiert werden.

War jemand verstorben, so wurde er auf eine Bahre gelegt. Die Frau lag auf dem Bauch. In ihrem Rücken steckte ein großes Messer. Ich fragte mich, ob jetzt wohl Sherlock Holmes auftauchen würde? Es schien mir alles ein wenig skurril.

In Gedanken versunken lief ich – gegen eine Person. Ich rempelte sie an und entschuldigte mich schnell. „Keine Ursache!", sagte die Person. Diese Stimme kannte ich doch? Ich schaute hoch: Da stand sie wieder. Diese wunderschöne Frau von heute Morgen, die gemeinsam mit mir am Frühstückstisch saß. Mir fehlten die Worte.

Diese Frau schien aber nicht auf den Mund gefallen. „Ist das nicht entsetzlich?", fragte sie mich. „So ein nettes Mädel und schon so jung musste sie sterben!"

„Was ist denn passiert?", schaffte ich es zu fragen.

„Ja, also dieses Mädchen heißt Yvonne. Sie ist hier Zimmermädchen. Ich kenne sie, weil ich schon seit einer Woche hier wohne. Und heute Morgen, also eben, genau genommen vor etwa einer halben Stunde, circa, da wurde sie tot aufgefunden. Herr Grunz, der Hausmeister, hat sie ein Stockwerk höher gefunden." Nun schien auch mein Gegenüber etwas verwirrt. Das war wohl die Aufregung.

„So?" Ich spürte eine große Unruhe in mir. Ich entschuldigte mich schnell und beeilte mich, noch ein Stockwerk höher zu kommen.

Vor meinem Zimmer sah ich die große Sauerei. Eine riesige Blutlache auf dem schönen Flurteppich. Davor eine große Menge von Menschen: Polizisten, Ein Arzt, ein etwas hilflos dastehender Sanitäter, ein Reporter, die Zimmermädchen, ein Teil vom Küchenpersonal und der Hausmeister, der wieder und wieder erzählen musste, was geschehen war: „Also ich wollte gerade in Zimmer 402 die Glühbirne auswechseln, sie wissen ja, die Schreibtischlampe, die ging schon so lange nicht mehr und Glühbirnen sind heutzutage schwer zu bekommen und dann hat mir mein Bruder eine mitgebracht,

aus seiner Ferienwohnung, die braucht er ja momentan nicht, er fährt ja gerade nicht in Urlaub, jetzt wo er gar keine Arbeit mehr hat, als Pilot und die Flugzeuge fliegen nicht mehr..." Er holte tief Luft und fuhr fort: „Ja, und dann höre ich einen Schrei und einen dumpfen Aufprall und als ich um die Ecke bog, da lag dann da dieses Mädchen! Das Yvonn´sche..." Er begann zu schluchzen.

Er berichtete weiter: „Schließlich sind die Gäste aus ihren Zimmern gekommen, das Hotelpersonal kam dazu und jemand kam auf die Idee, die Polizei zu informieren und einen Arzt zu holen. Der Arzt konnte allerdings nur noch den Tod des Mädchens feststellen. Nun bemühte man sich, die Spuren zu sichern. Die Kriminalistiker der alten Schule sind jetzt gefragt: Zeugenbefragung, Tatverdächtige vernehmen, Fingerabdrücke nehmen, nach Indizien suchen. Sicherlich handelt es sich um einen Mord, denn das Mädchen wird sich das Messer ja nicht selbst in den Rücken gesteckt haben."

Ja, davon konnte man ausgehen. Und nach DNA-Spuren zu suchen oder genetische Fingerabdrücke zu nehmen war zwecklos, da die hochwertige Computertechnologie schon lange nicht mehr funktionierte. Die einstweilige Verfügung der Polizei lautete, dass alle Hotelgäste bis morgen früh das Hotel nicht mehr verlassen durften.

Im Hinterzimmer des Frühstücksraumes wurde ein Vernehmungszimmer eingerichtet und ich ging, nicht ohne Herrn Grunz, dem Hausmeister, der sich noch immer nicht beruhigt hatte, im Vorbeigehen unauffällig die Glühbirne aus der der Hand zu drehen, die er noch immer festhielt. Dann packte ich mein halbes Hähnchen aus, aß es gemeinsam mit den gekochten Bohnen und trank dazu Wasser aus der Leitung mit Hilfe des Zahnputzbechers. Anschließend schraubte ich vorsichtig die Glühbirne in die Schreibtischlampe ein. Nun funktionierte sie wieder tadellos. Obwohl es immer noch sehr aufgeregt im Hotel zu ging, schaffte ich es doch, ein kleines Nickerchen zu machen. Ich wachte auf, als es schon zu dämmern begann.

3.

Schlaftrunken ging ich hinunter in den Frühstücksraum. Ich wollte wissen, ob es etwas Neues gab. Insgesamt hatte sich die Atmosphäre im Haus etwas beruhigt, so schien es.

Im Frühstücksraum waren viele Menschen versammelt. Man erzählte mir, dass die Vernehmungen im Nachbarzimmer seit einer Stunde eingestellt seien. Es ginge erst am Montag weiter, da die Polizisten Feierabend hätten und nach Hause wollten, um sich um ihre Hühner, Kühe und Gemüsegärten zu kümmern. Selbstversorgung wurde seit ein paar Jahren wieder großgeschrieben.

Und am Sonntag wollte auch fast keiner mehr arbeiten. Außer natürlich bei den Leuten im Hotel, bei der Bahn, im Gaststättenbereich und in den Krankenhäusern. Aber das war ja schon immer so.

Alle diskutierten über den Mordfall.

Die Zimmermädchen saßen in einer Ecke und konnten sich gar nicht beruhigen: „Das war bestimmt der Hausmeister!" „Genau, der hat uns doch auf Schritt und Tritt belauert."

„Ja, immer mit einem Pinsel in der Hand, wenn wir ein Zimmer saubermachen wollten." „Ich wollte nur mal sehen, ob ich hier an der Wand Flecken überstreichen muss!", äffte ein Mädchen ihn nach. „Kein Wunder, der war ja schon immer scharf auf die Yvonne.", so meinte das fünfte und letzte Mädchen.

„Oder es war ein ganz übler Mädchenmörder.", so fing die erste wieder an. „Bestimmt ist eine von uns als nächste an der Reihe!" „Hilfe, nein!", die zweite fing fast an zu weinen. Die dritte meinte: „Kennt ihr die Krimis von Agatha Christie? Da stirbt einer nach dem anderen und der Mörder war fast immer der Gärtner!"

Ich setzte mich auf einen Stuhl. „Uff!", stöhnte ich. "Wo bin ich hier bloß gelandet?", fragte ich mich selbst laut.

„Im Hotel zum Klabautermann.", hörte ich unerwartet eine Antwort. Die schöne Frau, der ich heute schon zweimal begegnet war, trat leise zu mir heran und setzte sich, diesmal ungefragt, mir gegenüber auf einen Stuhl.

„Hoppla! Entschuldigen Sie, dass ich mit mir selbst rede. Das ist eine blöde Angewohnheit von mir.", meinte ich.

„Ach, das ist doch nicht so schlimm! So haben Sie wenigstens immer jemanden, der ihnen zuhört!"

Da hatte sie recht.

„Ach, darf ich mich vorstellen: Winters. Ralf Winters." „Sommers wie Winters.", fügte ich schnell hinzu. Es gibt Tage, da ärgere ich mich nicht nur, nicht als John Travolta geboren zu sein (oder wenigstens als Tänzer. Oder als Sänger. Oder als Schauspieler. Oder als Frauenheld (Wie konnte das Leben nur so ungerecht sein, dass manche Männer so viel mitbekamen und andere so wenig?)). Vorsichtig strich ich mit meiner Hand durch das immer lichter werdende Kopfhaar. Es gab Tage, da ärgerte ich ärgerte mich auch über meinen Namen.

Wieso konnte ich nicht „Richard David Precht" heißen, ein Name, den man sowohl deutsch, als auch Englisch oder Französisch aussprechen konnte. Anfangs dachte ich tatsächlich der Autor Richard David Precht sei Engländer. Oder „Frank Schätzing". Das ist doch ein Name, den man zu schätzen weiß.

Ich hielt ihr meine rechte Hand hin. Sie ergriff sie und meinte: „Ich heiße Sabrina Weiß. Aber du kannst Sabrina zu mir sagen!" Sie lächelte charmant. Ich schüttelte ihre Hand und entgegnete: „Also gut Sabrina, ich heiße Ralf!"

Dann erzählte mir Sabrina von den Vernehmungen, die sie von Anfang an vom Frühstücksraum aus beobachtet hatte. Erst kam das ganze Hotelpersonal an die Reihe: Die Zimmermädchen, das Küchenpersonal, die Servicekräfte, der Hausmeister, der Gärtner und natürlich der Chef. Der Chef, das sei der Mann, der immer an der Rezeption sitze.

Schließlich wurden die Hotelgäste befragt. Aber man kam nur bis zu den Gästen, die im ersten und im zweiten Stock wohnten. Dann hatten die Polizisten Feierabend gemacht.

Montag kämen dann wir an die Reihe, also die Gäste, die im dritten und im vierten Stock wohnen würden. Na gut. Ich konnte es ja nicht gewesen sein. Außerdem hatte ich ein Alibi. Nämlich den Mann vom Hendl-Stand! Ich fragte Sabrina, warum die Zimmermädchen noch hier wären. Sie sagte mir, dass diese hier ebenfalls wohnen würden. Sie arbeiteten auf Kost und Logis. Statt einen Teil ihres Lohnes ausbezahlt zu bekommen bekämen sie ein Zimmer im Haus gestellt und dürften in der Hotelküche mitessen. Das sei, bei der heutigen Lebenssituation, ganz praktisch! Ja, wer weiß. Vielleicht fanden sie hier den Mann des Lebens. Sie waren ja noch jung und ganz hässlich waren sie auch nicht. Aber diese Gedanken behielt ich für mich.

Dann musste Sabrina noch etwas auf ihrem Zimmer erledigen, wie sie meinte. Ich fragte sie, ob man sich denn beim Frühstück sehen würde? „Aber klar doch!", so die prompte Antwort. „Um acht Uhr. Und wenn du willst, können wir danach etwas zusammen unternehmen. Du kannst mich zum Gottesdienst in der St. Bonifatius Kirche begleiten!" Heiliger Bimbam, klar wollte ich! Ich hatte zwar, wie gesagt, mit Kirche nichts am Hut, aber dieser Frau würde ich fast überall hin folgen.

Ich nickte: „Also dann. Morgen um acht beim Frühstück!"

Sabrina ging nach oben. Wahrscheinlich wollte sie ihrem Bischof einen aktuellen Lagebericht schreiben. Was würde sie wohl schreiben: „Mord im Hotel!" Oder: „Endlich einen tollen Mann getroffen"? Na, das würde wohl keine Frau einem Bischof schreiben, oder etwa doch? Sicherlich lautete die Überschrift: „Des Herrn Strafe folgt auf dem Fuße..." oder so ähnlich.

Es gibt Menschen, die sagen, ich hätte als Journalist eine viel zu blühende Fantasie.

Ich entdeckte im Frühstücksraum ein großes Bücherregal mit Büchern, die man sich wohl ausleihen konnte und nahm auf das Geratewohl einen Schmöker mit dem Titel: „Joseph, verraten und verkauft" mit. Dann ging ich auch wieder auf mein Zimmer. Mit Hilfe des Lichts der Nachttischlampe las ich, bis ich wieder einschlief.

Am nächsten Morgen weckte mich ein Hahnenschrei. Ich schaute auf die Uhr. Es war halb acht. Hatte der Hahn verschlafen oder ich? Nichts wie raus aus den Federn! Im Badezimmer meinem Zimmer gegenüber war nichts los. So konnte ich in aller Ruhe duschen, meine Zähne putzen und mich rasieren. Der große hässliche Blutfleck vor meiner Zimmertür war noch immer da. Ich bemühte mich, nicht darauf zu treten. Vorsichtshalber hing ich das Schild „Bitte nicht stören" an den Türgriff. Sicher ist sicher, so dachte ich mir. Wenn kein Zimmermädchen mein Zimmer reinigen will und auch kein

Hausmeister Zutritt hat, so wird wohl nicht wieder ein Toter vor der Tür liegen, wenn ich wiederkomme. So war meine Hoffnung.

An der Rezeption saß schon wieder der alte Mann. Oder saß er da immer noch? Mir schien, als hätte er sich seit gestern nicht vom Fleck bewegt.

Im Flur stieß ich auf Sabrina. Wir betraten fast gleichzeitig den Frühstücksraum. Dann setzten wir uns an den selben Tisch wie gestern.

„Guten Morgen! Gut geschlafen?", fragte ich.

„Danke, bestens.", so die etwas schweigsame Antwort.

Wir frühstückten ohne große Worte.

Schließlich hielt ich es nicht mehr aus. Ich fragte: „Lesen Sie gerne? Äh, ich meine, liest du gerne?" Sabrina nickte. Dann erzählte ich ihr die Story von dem Buch, welches ich gestern Abend noch gelesen hatte, handelte: "Total abgefahren: Da war ein Mann im Orient oder so, der hatte mehrere Frauen, konnte von seiner Lieblingsfrau kein Kind bekommen. Dann aber doch. Er verwöhnte den Jungen, dieser wurde zur Petze und erzählte dem Vater immer, was seine älteren Brüder verbockt hatten, bis diese ihn in einen Brunnen steckten und schließlich als Sklaven nach Ägypten verkauften. Irgendwie kam der Junge in das Haus des Pharaos, arbeitete sich hoch, geriet ins Gefängnis, kam wieder raus, rettete ganz Ägypten vor einer Hungersnot und Israel schließlich auch noch. Wer denkt sich denn so was aus? Aber spannend war es bis zuletzt!"

Sabrina lachte und meinte, dass wäre eine ganz berühmte Geschichte aus der Bibel. Ob ich die nicht kennen würde? Und davon würde es sogar noch eine Fortsetzung geben, nämlich als Moses vierhundert Jahre später die Israeliten aus Ägypten wieder herausführte und zurück ins gelobte Land brachte."

„Äh, und wo genau liegt das?", fragte ich etwas dumm.

„Na, das gelobte Land ist Kanaan. Heute heißt es Israel."

Na gut. Von Moses hatte ich schon gehört. Das war der Typ, der das Rote Meer geteilt hatte. Da gab es mehrere große Kinofilme darüber. Die schwierigste Szene war immer, die mit dem Wasser zu drehen. Später hätte man das alles digital am Computer machen können. Aber da interessierten die Leute solche Geschichten nicht mehr.

Nach dem Frühstück hatten wir zwar noch Zeit, bis der Gottesdienst anfing, aber wir beschlossen, einfach ein bisschen früher loszugehen, um noch ein wenig zu Bummeln.

Langsam gingen wir die Bahnhofsstraße hinunter und bogen wieder rechts in die Deisterallee ab. Wir überquerten die Straße. Von meinem Hendl-Stand war nichts zu sehen. Schade, gerne hätte ich dem Verkäufer meine neue Bekanntschaft vorgestellt.

Dafür bemerkte ich, dass es den Sender „radio-aktiv" noch gab. Der Lokalsender Hamelns, der sich nur durch Spenden finanzierte. Durch ein Fenster konnte man einem Moderator bei der Arbeit zusehen. Durch einen Lautsprecher hörte man leise Musik: „Video killed the radio star" von „The buggles" aus dem Jahr 1979. Ich musste lachen. Also „Video" wird so schnell keinen Radio-Star mehr töten. Die Fernsehsender waren alle noch nicht wiederaufgebaut. Aber wer schlau war, hatte so lange auf seinem Dachboden gesucht, bis er ein analoges Radio gefunden hatte. Und die Radiosender arbeiteten mit einfachsten Mitteln, um die Bevölkerung wenigstens ein bisschen auf dem Laufenden zu halten. Dieser Moderator hier hatte jedenfalls einen großen Karton mit alten Schallplatten vor sich stehen.

Dann las er von einem Zettel ab, was unser neuer Bundeskanzler Hannes Baader zu verkünden hatte. Nämlich, dass die Regierung beschlossen hatte, das es von nun an keine Bundesländer mehr geben solle, sondern dass das, was von Deutschland noch übrig wäre, zentral von Frankfurt aus regiert werden würde. Frankfurt hatte man als neue Hauptstadt ausgewählt, weil es so schön zentral lag. Nämlich in etwa in der Mitte des Landes.

Mit Berlin, Bonn, und später wieder Berlin war man als Hauptstadt nicht so ganz zufrieden gewesen. Dann folgte das Lied „Der Rattenfänger" von Hannes Wader. Sabrina wippte ein wenig im Takt mit, bis wir weitergingen.

Durch die Osterstraße und durch die Bäckerstraße war es nicht mehr weit bis zur St. Bonifatius Kirche. Wir gingen hinein, und ich war erstaunt, dass das Kirchengebäude relativ voll mit Menschen war. Nur in den hinteren Reihen waren noch Plätze frei. Das hatte ich schon lange nicht mehr erlebt. Aber ich war auch schon lange nicht mehr in einer Kirche gewesen. Irgendwie hatte sich auch die Musik verändert. Als der Gottesdienst begann, hörte man statt der tragenden Orgelmusik einen peppigen Chor, der vorne auf der Bühne stand.

Die Musik war so mitreißend, dass fast alle Kirchenbesucher aus ihren Bänken aufstanden und im Takt in die Hände klatschten. Viele sangen sogar mit. Ich schaute mich um, ob nicht möglicherweise noch Whoopi Goldberg aus dem Film `Sisters act` den Gang herunter kam. Oder die Blues Brothers mit Hut und schwarzer Sonnenbrille und jemand eine Erleuchtung hätte?

Aber es erschien nur der Pastor.

Er predigte darüber, ob ein Vater böse sei, wenn er seinem vierjährigen Sohn das Messer aus der Hand nimmt, welches der Sohn aus der Küchenschublade genommen hatte, um damit zu spielen. Und ob der Vater ein böser Mensch sei, wenn sein jugendlicher Sohn sich von seinem Vater partout nichts mehr sagen lassen wollte und als zwanzigjähriger tief in Drogen-, Alkohol-, Spielsucht- und Geldproblemen stecken würde? Ob wir unseren Kindern vergeben würden, wenn sie völlig verlottert nach Hause kämen, um mitzuteilen, dass sie absolute Scheiße gebaut hätten? Und ob ein normaler Vater, der ein normales Verhältnis zu seinen Kindern hätte, ihnen nicht fast jeden Wunsch erfüllen würde?

Das stimmte mich nachdenklich.

Noch nie hatte ich in einem einzigen Gottesdienst die Worte „Vater" und „Gott" fallen hören.

Als ich das letzte Mal in einem Gottesdienst war, das war zur Konfirmation meiner Nichte, jetzt erinnerte ich mich wieder, da wurde nur einmal das Wort Gott in einem heruntergeleierten Glaubensbekenntnis erwähnt.

Die abschließenden Worte des Pastors waren: „Die Liebe ist langmütig und freundlich, die Liebe eifert nicht, die Liebe treibt nicht Mutwillen, sie bläht sich nicht, sie stellt sich nicht ungebärdig, sie sucht nicht das Ihre, sie lässt sich nicht erbitten, sie rechnet das Böse nicht zu, sie freut sich nicht der Ungerechtigkeit, sie freut sich aber der Wahrheit; sie verträgt alles, sie glaubt alles, sie hofft alles, sie duldet alles."

Dabei musste ich an meine Ex-Frau denken.

Wie hatte ich sie geliebt. Was hatte ich alles mit ihr ertragen. Was hatte ich ihr alles verziehen. Und trotzdem ist sie vor einigen Jahren mit diesem Surflehrer nach Biarritz in Frankreich durchgebrannt. Liebte ich sie noch immer? Wahrscheinlich schon. Würden mir sonst die Tränen die Wangen runter laufen?

Ich wischte sie schnell weg, denn schon drängte alles zum Ausgang und warf dabei Kleingeld in den Opferstock. Ah, Gott sei Dank hatte ich noch ein paar Cents in der Hosentasche. Ich sah, wie auch Sabrina Geld in den Opferstock steckte. Es war eine große Silbermünze. Sicherlich eine 2-Euro Münze. War ihr der Gottesdienstbesuch so viel wert?

Wieder draußen, erfreuten wir uns an der frischen Luft. Ich beschloss, Sabrina zum Essen einzuladen. Sie nahm an und wir fanden ein kleines Gasthaus in dem es leckere selbstgemachte Nudeln gab, mit hausgemachten Frikadellen und Möhren-Apfelsalat. Einfach köstlich! Dann bezahlte ich und wir schlenderten zurück zum Hotel. Ich nahm allen Mut zusammen und fragte Sabrina, ob sie Kinder hätte und ob sie sie jemals bestraft hätte? Oder ob sie zugesehen hätte, wie ihre eigenen Kinder ins Verderben rennen würden? Und ob der Pastor gemeinte hätte, dass er die Menschheit so lange hätte wursteln lassen, bis sie sich praktisch selbst vernichtet hätte. Oder ob der Pol-Sprung vielleicht eine Strafe Gottes gewesen sei?

Sabrina meinte nur, dass sie leider keine Kinder hätte. Im Alter von 18 Jahren hatte man bei ihr Gebärmutterkrebs festgestellt. Das bedeutete für sie eine Totaloperation und damit das Aus für jegliches Kinderkriegen. Sie fing an, nervös mit den Augen zu zwinkern, als ob sie gleich anfangen würde zu weinen, doch dann schaute sie mich an und fragte zurück: „Und du? Hast du Kinder?"

Ich antwortete wahrheitsgemäß: „Nein, als ich 22 war, hatte ich einen schlimmen Autounfall. Ich bin erst wieder im Krankenhaus aufgewacht."

„Und dann?" Sie schien neugierig zu werden: „Auch Total-OP?"

„Nein, nicht ganz." Ich schluckte. „Meine Hoden waren total deformiert, die Blutgefäße komplett abgetrennt. Da mussten sie ab. Sonst hätte ich ständig irgendwelche Beschwerden gehabt! Na ja. Das Leben geht weiter.", meinte ich etwas trocken.

Sabrina nickte zustimmend. „Besser als eine Total-OP, denn wie können Männer nur ohne ihr bestes Stück leben?" Eine berechtigte Frage.

4.

Wieder im Hotel angekommen, saß der Mann an der Rezeption, also der Chef des Hauses, an seinem Platz wie eh und je.

Aber es standen jede Mengen Menschen um ihn herum und es herrschte wieder helle Aufregung. Soeben war die Frau des Hausmeisters, Herrn Grunz erschienen und hatte mitgeteilt, ihr Mann sei heute früh tot aufgewacht. Nein. Natürlich war er nicht tot aufgewacht. Er war aufgewacht, hatte sich im Bett aufgesetzt und wollte auf die Toilette gehen. Beim Aufstehen ist er dann aber hintenübergekippt und war tot. Sofortiger Herzstillstand, wie der Arzt sagte.

Das käme von der Aufregung. All die Jahre dieser Stress in diesem Hotel. Immerzu gab es etwas zu reparieren, nie ging etwas richtig, dann die schlechte Behandlung... Es sah aus, als würde die Frau vom Hausmeister gleich hyperventilieren, um dann ohnmächtig zu werden. Man konnte nur hoffen, dass sie nicht auch noch einen Herzfehler hatte.

Es stellte sich heraus, dass Herr Grunz tatsächlich an einem Herzversagen gestorben war. Es war wohl die Aufregung, aber er war wohl auch wesentlich älter gewesen als er ausgesehen hatte und er hatte wohl auch schon zwei Herzinfarkte aufgrund des vielen Rauchens vor einigen Jahren gehabt. Ich hoffte für die Polizei, dass sie morgen mit ihren Ermittlungen weiterkommen würde. Und dass die Zeugenaussage vom Vortag von Herrn Grunz aussagekräftig war.

Wie sollte man in einem Mordfall vorankommen, wenn alle Beteiligten starben?

Im dritten Stock verabschiedete ich mich erst einmal von Sabrina, weil ich meine Ruhe brauchte. Außerdem wollte ich einen genauen Plan erstellen für meine Recherche für das Hamburg-Magazin.

Konnte man eine Flussfahrt wagen? Gab es irgendwo exklusives Essen? Was für Übernachtungsmöglichkeiten gab es noch?

Dieses Hotel hier konnte man ja unmöglich empfehlen. Soviel war klar!

Soweit ich erkennen konnte, hatte man das Schild „Bitte nicht stören" respektiert. Es war alles im Zimmer, wie ich es verlassenen hatte. Auch das Bett war nicht gemacht. Gut. So konnte ich mich gleich noch einmal ein bisschen hinlegen.

Ich wachte auf, als es an der Tür klopfte. „Ralf, bist du da?", hörte ich Sabrina von draußen leise rufen.

„Äh, ja, kleinen Moment, ich komme!" So schnell es ging, erhob ich mich vom Bett und versuchte es mit ein paar Handgriffen zu machen. Bettenmachen war nun wirklich nicht meine Stärke. Wie bekommen das nur die Zimmermädchen immer hin?

Dann öffnete ich die Tür. Ich erblickte Sabrina in ihrer vollen Schönheit. In der Hand hielt sie ein Tablett mit Marmorkuchen, zwei Tassen und einer Kanne, aus der es nach Kräutertee roch. Fantastisch! Schnell bat ich meinen Besuch ins Zimmer und bot ihm den einzigen Stuhl an.

Sabrina stellte das Tablett auf den Schreibtisch und setzte sich. Und fing gleich wieder an zu plaudern: „Also den Kuchen, den habe ich vom Koch. Ich habe ihm gestern ein bisschen Geld gegeben, da hat er ihn mir gebacken. Man gönnt sich ja sonst nichts! Und die Kräuter für den Tee sind aus dem Garten. Ich dachte mir, wir könnten den schönen Nachmittag gemeinsam genießen. Oder hast du schon Pläne?" Ich setzte mich vorsichtig auf die Bettkante. Nein. Pläne hatte ich noch nicht. Außer, dass ich in Ruhe nachdenken wollte. Und meine Recherchen vorantreiben wollte. Aber man konnte ja das Angenehme mit dem Praktischen verbinden.

Also versicherte ich, dass ich nichts lieber täte, als jetzt mit Sabrina Kuchen zu essen und Tee zu trinken und fragte meinerseits, wie sie mit ihren Nachforschungen über das Glaubensleben in Hameln vorangekommen sei? Dabei schenkte ich uns ein und nahm mir ein großes Stück Kuchen.

„Ja, also ich kann sagen, dass das Glaubensleben auf jeden Fall lebendiger geworden ist als vor dem Krieg.", meinte Sabrina. „Aber irgendwie sind die Leute nicht mehr so katholisch wie früher. Nicht mehr so streng, so konservativ. Sie erzählen von einem lebendigen Gott. Aber das kann ich meinem Bischof wohl nicht schreiben, oder?" Sie blickte mich fragend an.

Mit vollem Mund antwortete ich: „Man muss immer bei der Wahrheit bleiben!" Etwas Besseres fiel mir auf die Schnelle nicht ein.

Dann fragte ich, ob sie denn wüsste, was man denn hier in der Stadt alles unternehmen könnte?

„Na, Kirchenbesuche natürlich. Davon hat Hameln ja einige! Man kann sich ein Fahrrad kaufen oder leihen und das Weserbergland erkunden. Oder in den Klütwald gehen. Das ist aber nicht ganz ungefährlich. Man erzählt sich, dass die Elche und Wölfe aus Polen jetzt schon bis hierhergekommen sind. Und es gibt wohl jede Menge Wildschweine. Und die Wege sind natürlich auch mehr oder weniger zugewachsen. Die Straßenmeisterei hat ja noch mehr Straßen in Stand zu halten, als die im Wald, oder? Es gibt sogar Leute, die fahren mit dem Kajak auf der Weser. Das ähnelt aber mehr einer Rafting-Tour. Ist nur was für ganz Mutige!" Das war doch schon was.

Das nächste Thema war dann wieder der Mord. Auch darüber wusste Sabrina Neuigkeiten. Dass Messer, mit dem das Mädchen erstochen wurde, stammte aus der Küche. Es war das Tranchiermesser des Kochs. Er hatte es schon seit ein paar Tagen vermisst. Nicht, dass er es gebraucht hätte, aber es lag nicht mehr in der Schublade. Das hatte ihn gewundert. Aber das hatte er gestern schon zu Protokoll gegeben. Und zwei Gäste wollten heute früh abreisen, aber sie durften nicht, weil sie mit ihr auf dem dritten Stock wohnten und noch keine Zeugenaussage gemacht hatten.

Vorzeitig abreisen. Das mache die Leute verdächtig.

Ich wandte vorsichtig ein, dass es normal sei, dass die Leute sonntags abreisen würden. Vor allem, wenn es sich um Wochenendgäste handelte. Aber das ließ Sabrina nicht gelten.

Also fragte ich sie nach dem Hotelbesitzer. Ja, das sei der komische Kauz, der immer an der Rezeption sitzt. Er heißt Pou Mukell.

„Was? Pumuckel? Wie der kleine rothaarige Kobold?" Ich konnte mich vor Lachen kaum halten.

„Nein. Pou Mukell. Ist irgend so ein ausländischer Name. Glaube ich jedenfalls. Der Mann hatte es nicht leicht im Leben. Erst hatte er ein gutes Geschäft mit dem Hotel gemacht, dann hat er alles Geld an der Börse verloren. Sieben Millionen Euro oder so. Dann stellte sich heraus, dass eine Drogenbande schon seit längerem in seinem Hotel wohnte. Als die Polizei kam, ist seine Frau mit dem Drogenboss nach Jamaika abgehauen. „Auf den Spuren von Bob Marley", wie sie ihn per SMS wissen ließ. Er selbst musste sich dann mit der Polizei auseinandersetzten, konnte froh sein, dass er nicht ins Gefängnis musste und als dann der Pol-Sprung kam, bekam auch er endgültig einen Sprung in der Schüssel. Seitdem sitzt er Tag und Nacht, Sommers wie Winters in seinem Stuhl an der Rezeption und passt auf, dass nichts mehr anbrennt."

Woher die Frauen nur immer ihre Informationen hatten? Soviel hätte ich nicht einmal herausbekommen, selbst wenn ich schon ein Viertel Jahr in dem Hotel wohnen würde. Das war mir klar!

Ich ließ mir nichts anmerken. Ich fragte, ob wir uns nicht noch ein bisschen bewegen wollten, nachdem der Kuchenteller leer war und auch in der Teekanne nichts mehr drin war.

„Ja, gute Idee!"

Wir gingen hinunter und Sabrina zeigte mir den Garten hinter dem Hotel. Ein großer Gemüsegarten mit Bohnen, Erbsen, Karotten, Brokkoli und was es sonst noch so gibt. Daneben ein kleines Kräutergärtchen. Hinter einem Zaun stand eine freundlich aussehende Kuh. Die lieferte wohl allmorgendlich die Kaffeemilch. „Sie heißt Lieselotte!", erklärte mir Sabrina. Ein hübscher Name, fand ich.

Und auf einem Stück Rasen stand ein kleiner Tisch, an dem saßen die Zimmermädchen. Ich hörte, wie sich zankten: „Du bist ja eh eine faule Schlampe!" „Ja, aber nur, weil du immer alle Arbeit an dich reißt!" „Aber du machst gar nicht richtig sauber."

Dann ging es ums Rasieren: „Natürlich muss eine Frau sich rasieren!"

„Ja, aber doch nicht die Beinhaare!" „Wo denn sonst?" „Kann ich nicht bleiben wie Mutter Natur mich geschaffen hat?"

„So hässlich wie du bist, ist es kein Wunder, wenn man dich noch heute Nacht umbringt." Sollte das eine Drohung sein? Oder nur ein übler Scherz?

Eines der Mädchen fing an zu weinen. Die anderen redeten einfach weiter.

Sollte ich mir die Ohren zuhalten? Warum müssen Frauen immer zanken?

Sabrina ging langsam auf die Kuh zu und ich folgte ihr. Die Kuh reckte ihren Hals über den Zaun und schien sich über die Streicheleinheiten, die ihr zuteilwurden, als Sabrina sie am Hals liebkoste. Würde sie das wohl auch bei mir machen? Ach, was dachte ich da. Ich war schon ganz durcheinander.

Das Streitgespräch der Zimmermädchen mit halbem Ohr verfolgend, bekam ich immerhin noch mit, dass die Wortführerin Peggy hieß, aber von allen nur „Miss Piggy" genannt wurde. Wahrscheinlich wegen ihrer etwas rundlichen Figur und der rosafarbenen Haut. Dann war da noch die stille und wohl eher fleißige Marion, eine kleine Anna mit dunklem Pagenkopf, eine lustige Sandra mit einem Lockenkopf wie ihn einst Atze Schröder als Markenzeichen trug und eine Jeanette, die wirklich etwas faul und schlampig aussah.

Diese Jeanette erinnerte mich irgendwie an eine frühere Jugendliebe, die, wann immer ich ihre Wohnung betrat, mich mit den Worten begrüßte: „Aufgeräumt habe ich noch nicht, aber schau mal, wie ich daliege!" Dabei räkelte sie sich großzügig auf ihrem Bett. Ich glaube, sie hieß Chantal. Später ließ sie ihren Namen im Personalausweis auf „Schantall" umändern. Warum auch immer!

Sabrina hatte nur Augen und Ohren für die Kuh, bis ein Mann auf uns zu kam. Es war wohl der Gärtner. Er hatte einen großen langen Bart, einen Schlapphut auf dem Kopf und erinnerte mich irgendwie an Wolfgang Thierse. Oder an einen Öko der 80er Jahre. Verdammt lang her!

„Hallo Sabrina!", rief er laut und streckte seinen langen Arm aus. Damit umarmte er Sabrina freundschaftlich. Diese errötete leicht. Sie drehte sich um und schaute zu mir. Da schien der Mann auch mich zu bemerken. „Ah, ein neuer Gast?", fragte er

Sabrina. „Äh, ja, das ist Ralf Winters. Er ist Journalist.", stellte sie mich ihm vor. „Ralf, das ist Wolfgang, der Gärtner des Hotels.", sagte sie dann zu mir gewandt. Wir Männer gaben uns die Hand.

Wirklich komisch, wie gut Sabrina sich hier auskannte. Aber sie wohnte ja auch schon eine Woche im Hotel. Und wenn man so kontaktfreudig ist wie sie, lernt man schnell viele neue Leute kennen.

Ich hingegen tat mir schwer damit. Ich war zwar Journalist, aber ich tat meistens nur das Nötigste.

Und das am besten aus Distanz. Mein Chef war trotzdem mit mir zufrieden.

Das anfangs etwas betretene Schweigen wich einem angeregten Gespräch über den Mord von Samstagvormittag. Der Gärtner hatte anfangs davon gar nichts mitbekommen. Er war in seinem Garten beschäftigt und sorgte gerade für Karoffelnachschub für die Küche.

Ich dachte, es gäbe im Hotel nur Frühstück. Aber nein. Hinter der Küche lag ein kleines Restaurant, in welchem manche Gäste zu Mittag speisten und die Hotelangestellten auch. Keine große Sache. Es gab immer nur ein Gericht pro Tag und gegessen wurde pünktlich um 13 Uhr. Es gab Kartoffelsalat, Aal mit Kartoffeln und Salat, Flusskrebse mit Pellkartoffeln, Pflaumen in Kartoffelknödel, Kartoffelpuffer und Kartoffelgratin.

Die Augen von Wolfgang, dem Gärtner, strahlten bei seiner Aufzählung. Ich nickte höflich und verschwieg, dass ich schon seit meiner Schulzeit Sir Francis Drake verfluchte, dass er die Kartoffel aus Südamerika mit nach Europa gebracht hatte. Warum konnten die Europäer nicht bei heimischen Pflanzen bleiben wie dem Weizen, Roggen, Hafer und Gerste? Daraus ließen sich auch allerlei leckere Gerichte herstellen.

Dann fragte ich, warum man wohl keinen Schrei gehört hatte, als das Zimmermädchen ermordet wurde?

Auch dafür hatte Wolfgang eine gute Erklärung: „Jamaika war erst eine spanische Kolonie, dann eine britische. Natürlich ließen sie die Sklaven für sich arbeiten. Diese versuchten natürlich immer wieder zu fliehen. Schließlich hatten sie schon eine eigene Stadt, More town. Wer dorthin gelangte, war frei. Die spanischen, bzw. englischen Soldaten, die die entflohenen Sklaven verfolgten, wurden von den mit grünen Pflanzen des Landes perfekt getarnten schwarzen Männern mit einem Stich des Messers in die Seite mit sofortiger Wirkung getötet. Da blieb keine Zeit mehr zum Luftholen oder gar zum Schreien. Es geht aber auch, wenn man jemanden mit dem Messer von hinten durch die Brust sticht. Man muss nur auch das Herz dabei treffen."

„Aber jetzt muss ich weiterarbeiten!", Wolfgang verabschiedete sich von uns und ging pfeifend seines Weges. Pfiff er da nicht das Lied „No woman no cry" von Bob Marley? Ein komischer Kauz.

Wie war das bei Agatha Christie? Der Mörder war immer der Gärtner?

Ich wollte mit Sabrina noch darüber reden, doch sie entschuldigte sich und meinte, sie hätte auch noch so einiges zu erledigen.

Da ging ich alleine auf mein Zimmer.

Endlich hatte ich Zeit zum Nachdenken. Ich aß die Brotreste von gestern und schnitt mir ein großes Stück von meiner Dauersalami ab, dann legte ich mich. Ich träumte von Sabrina Weiß, von Clara, von Blanca, von Alba... Sie sahen alle gleich aus und waren wunderschön!

5.

Am nächsten Morgen war ich früh wach. Ich war ja auch früh eingeschlafen. Es blieb noch genügend Zeit, um mich in Ruhe frisch zu machen. Komisch, außer mir schien niemand mehr im vierten Stock zu wohnen.

Ich erkundete ein wenig das Stockwerk. Es gab viele verwinkelte Ecken und Nischen. Es gab auch jede Menge Türen. Die meisten davon waren verschlossen. In einem Raum lag jede Menge Bettwäsche und Material, dass man brauchte, um Hotelzimmer zu reinigen. In einem anderen Raum war eine kleine Werkstatt eingerichtet, die wohl dem mittlerweile verstorbenen Hausmeister gehörte.

Es lagen da Sägen, ein Akkubohrer, jede Menge Schraubendreher und Holzleisten. Auf einem Tisch stand ein kleiner Farbeimer mit Pinsel. Das war wohl die Farbe, mit der Herr Grunz die Flecken an den Wänden überstrich.

Dann ging ich zum Frühstücken runter.

Es war ja Montag früh, also nahm die Polizei wieder ihre Ermittlungsarbeit auf. Der Frühstücks-raum war relativ voll. Aber Sabrina war nicht da. Ich setzte mich zu einem jungen Pärchen an den Tisch. Neben ihnen saßen zwei etwas quengelige Kinder. Man sah, dass die Frau ihr drittes Kind erwartete. „Empfängnisverhütung" wurde in den letzten Jahren nicht mehr besonders großgeschrieben.

Es gab keine großen Karrieren mehr zu machen, es gab keine großen Pharmakonzerne mehr, die einem die Pille geradezu förmlich aufdrängten. Auf die Pharmakonzerne fielen die ersten großen Bomben, aber ich weiß nicht warum. Ich hatte mal gehört, dass die Pharmaindustrie ein genauso großer Konzern gewesen sei, wie die Rüstungsindustrie, aber das wollte ich nicht glauben. Ich sah auch gar keinen großen Zusammenhang darin.

Jeder freute sich, wenn ein Kind geboren wurde.

So ist das wohl, wenn es nur noch wenige Erdenbürger gibt. Die junge Familie war auf dem Weg zu den Eltern des Mannes, der in Hamburg wohnte. Na, da hatten wir ja ein gutes Gesprächsthema. Kam ich doch auch aus Hamburg.

Die Zeit verging wie im Fluge, bis mein Name aufgerufen wurde: „Herr Winters aus Zimmernummer 402?"

„Wieso Winters? War Frau Weiß denn schon an der Reihe? Die wohnt doch eine Etage tiefer!" Meine Frage wurde nicht beantwortet.

Ich musste mich an einen kleinen Tisch setzten, Fragen über das woher und wohin meiner Reise beantworten, ob ich schon einmal Gast in diesem Hotel gewesen sei und was ich gestern Vormittag gemacht hätte.

Wie gut, dass ich den Hähnchenverkäufer als Alibi für die Tatzeit hatte! Dann musste ich noch meine Fingerabdrücke hinterlassen und schließlich konnte ich gehen.

Beim Hinausgehen traf ich Sabrina, die sich gerade mit verstrubbelten Haaren und etwas nachlässig gekleidet an einen freien Platz zum Frühstücken setzen wollten. Sie goss sich gerade ein Tasse Kaffee ein, als ein Polizist meinte: „Ah, da sind sie ja Frau Weiß, würden sie jetzt bitte kommen!"

Sabrina ging ins Vernehmungszimmer.

Ich überlegte kurz, ob ich auf sie warten sollte, aber dann zog ich es doch vor, noch ein wenig die Stadt zu erkunden. Aber erst einmal ging ich die Treppe wieder hoch, um meine Schreibsachen zu holen.

Man konnte ja nie wissen, ob ich nicht etwas Nützliches für meine Recherchen entdecken würde. Als ich die Tür beim Verlassen abschloss, hörte ich die Zimmermädchen, wie sie ein Stockwerk tiefer von Tür zu Tür gingen, um sauberzumachen: „Housekeeping!", rief die eine. „Reinigung!", die nächste.

„Hallo? Jemand zu Hause?", fragte Jeanette, bevor sie ein Zimmer betrat.

Eine öffnete die Türen, ohne vorher anzuklopfen, oder wenigstens ein „Guten Morgen!" in den Raum zu rufen. Dabei kicherten sie albern. Es wirkte auch alles etwas chaotisch. War es nicht normal, dass man erst ein Zimmer nach dem anderen saubermachte? Ich zählte nur vier Mädchen. Hatte man das fünfte Mädchen wegen seiner Hässlichkeit heute Nacht doch umgebracht? Nein, da sah ich Marion, wie sie im Badezimmer herumwerkelte. Klar, das musste ja auch gereinigt werden. Ich war erleichtert, ging aber noch einmal zurück, um wieder das Schild „Bitte nicht stören" an den Türgriff zu hängen. Aufräumen wollte ich denn doch lieber alleine.

Im Erdgeschoss fragte ich Herrn Mukell höflich, ob er mir ein Fahrrad leihen könnte. Er wies nach hinten, wo die Küche war: Steht alles im Hof. Bedienen Sie sich!" Vorsichtig ging ich in Richtung Küche. Dort war man schon bei den Vorbereitungen für das heutige Mittagessen: Bratkartoffeln mit Spiegelei. Der Hilfskoch musste Berge von Kartoffeln schälen, der Maître de Cuisine, also der Chefkoch wusch die Kartoffeln und warf sie in einen großen Topf voll Wasser, der auf dem Gasherd stand.

Der Lehrling putzte die Küche so gut es ging und eine Servicekraft wusch das Frühstücksgeschirr ab. Der Hilfskoch tat mir ein wenig Leid. Es war ein klein gewachsener schmächtiger junger Mann, der fast nicht zu sehen war hinter dem großen Kartoffelberg, der da vor ihm stand. Er wirkte ein bisschen auf mich wie Kermit der Frosch aus der Muppet-Show.

Er machte den Mund auf, um etwas zu sagen, da bemerkte ich, dass er auch noch eine quäksige Stimme hatte. Ich konnte mir ein Lachen fast nicht verkneifen, aber da brüllte der Chefkoch schon: „Ruhe, wir sind hier zum Arbeiten, nicht zum Quatschen!" Sofort herrschte wieder Stille. Ich räusperte mich. Alles schaute zu mir her: „Äh, entschuldigen Sie, wo bitte geht es hier zum Hof? Herr Mukell erlaubt mir, ein Fahrrad zu benutzen."

Die Servicekraft zeigte mit dem Kopf zu einer offenstehenden Tür, die nach draußen ging. Ich bedankte mich und verschwand schnell.

Im Hof standen mehrere Fahrräder. Alle ein bisschen angerostet, aber ansonsten gut in Schuss. Ich suchte mir ein schönes Herrenfahrrad raus und schob es durch das Hoftor auf die Straße. Dann radelte ich los.

Immer der Märchenstraße entlang. Die beginnt zwar in Hanau, aber es reichte wohl, wenn ich in Hameln dazu stieß. Die Rattenfängersage war ja reichlich bekannt. In Hessisch Oldendorf gab es die Baxmannsage von einem Mann, Cord Baxmann, der unsterblich schien und mit einem Fluch gebannt wurde, in Bremen stand das Denkmal der Bremer Stadtmusikanten und in Bremerhaven gedachte man dem Klabautermann. Einem kleinen Kobold, meist mit roten Haaren und grünen Zähnen, der auf Schiffen vor Gefahr warnte. Komisch, dass das Hotel, in dem ich wohnte, auch „Hotel zum Klabautermann" hieß. Aber bis Bremerhaven wollte ich nun auch nicht radeln. In der anderen Richtung huldigte man den Baron von Münchhausen in Bodenwerder, auch als Lügenbaron bekannt und Aschenputtel in Polle. Dorthin war aber die Straße sehr schadhaft, so wusste man.

Ich kam mit dem Fahrrad nur bis Hessisch Oldendorf. Und dort traf ich nicht den Herrn Baxmann, wie er versuchte, mit einem Fingerhut eine Quelle leer zu schöpfen, sondern auf den Rattenfänger höchstpersönlich. Er stand in einem Garten, hatte eine bunte Kleidung an, eine Flöte in der Hand und jede Menge Kinder in allen Altersstufen sprangen um ihn herum. Mir blieb der Mund offenstehen. Fast wäre ich vom Rad gefallen.

Der Mann bemerkte mich und hörte auf zu Flöten. Er schrie: „Ihr Fahrrad hat einen Platten!" Ich schaute nach unten. Tatsächlich, es war kaum noch Luft auf dem Vorderreifen. Kein Wunder, dass es sich so schwer fuhr. Und ich dachte, es läge an der holprigen Straße und meinem schlechten Training. "Wollen sie nicht hereinkommen? Ich kann ihnen helfen?" Wollte er mir etwa die Flötentöne beibringen? Was sollte ich davon halten?

Die Kinder fingen an, laut zu lachen. Dann nahmen sie dem Mann die Flöte aus der Hand und stritten sich darum, wer darauf spielen dürfe. Das größte Mädchen pochte auf ihr Recht als Älteste.

Langsam stieg ich vom Fahrrad ab. Lange konnte ich mit dem platten Reifen sowieso nicht weiterfahren. Der Mann kam an den Gartenzaun. "So kommen Sie doch herein. Ach, sie wundern sich wegen der Kleidung.", bemerkte er mein Misstrauen. "Das ist altes Zeugs. Früher habe ich für die Touristen in Hameln Stadtführungen gemacht. Ich habe sie mit meiner Flöte durch die Straßen geführt. Aber jetzt kommen ja keine Touristen mehr. Da spiele ich eben manchmal für meine Enkelkinder den Rattenfänger. Ja, und eben für die Nachbarskinder. Heute hat meine Enkelin Geburtstag. Sie ist zehn geworden. Wollen Sie nicht hereinkommen und ein Stück Kuchen essen? Meine Frau hat gebacken." Da konnte ich nicht widerstehen.

Wir schoben das Fahrrad neben das Haus und gingen in die Küche. Die Frau des Rattenfängers bot mir einen Platz am Küchentisch an und legte mir ein Stück Käsekuchen auf den Teller. Dazu gab es frischen Apfelsaft. Hausgemacht, natürlich.

Wir redeten viel über alte Zeiten, bis die Kinder in die Küche gestürmt kamen: "Oma, wir haben

Durst! Oma, krieg ich noch ein Stück Kuchen?" Da ging der Rattenfänger mit mir nach draußen und schauten nach dem Rad. Gott sei Dank war nur das Ventil kaputt. Wir tauschten es aus und das Rad war wieder wie neu. Wenn man es so sagen darf. Jedenfalls fuhr es wieder tadellos. Ich bedankte mir und fuhr weiter.

Ich fuhr in einem großen Bogen um das Städtchen Hessisch Oldendorf herum und steuerte wieder Richtung Hameln, da die Sonne schon tief stand. Aber die Herbstsonne leuchtete doch noch warm und hell. Es war ein schönes Bild, die vielen niedersächsischen Pferde auf den Weiden stehen zu sehen. Es gab kleine, elegante und solche, die bestimmt als Arbeitspferde dienten. Ob es wohl möglich war, einen Reitsport für normale Bürger auf die Beine zu stellen? Früher, also vor der Finanzkrise, war Reiten nur noch ein Zeitvertreib für Menschen, die viel Geld und Zeit hatten. Man musste sich ein Pferd kaufen oder pachten, einen Reitverein beitreten, teure Reitstunden bezahlen und irgendwie elitär sein. Das hatte mir wenigstens eine Arbeitskollegin erzählt. Vergeblich hatte sie nach einem Reitstall gesucht, wo man unverbindlich für etwa eine Stunde ein Pferd ausleihen konnte, um damit die nähere Umgebung zu erkunden oder einen Park, wie sie es mal in einem Urlaub in den Niederlanden gesehen hatte. In der Camargue in Frankreich gab es das wohl auch, aber sie hatte mir erzählt, dass die Pferde dort so dürr waren, dass sie sich nicht getraut hatte, eines zu mieten. Aber die französische Küche sei ausgezeichnet gewesen: Baguette und Pferdefleisch.

In Gedanken notierte ich mir: Rattenfänger-Stadtführungen, Reitsport..., da sah ich ein Schild an einem Zaun: „Ge-ni-tiv ins Wasser, weil's Da-tiv ist" Ich musste zwei Mal auf das Schild sehen, bis ich verstand, was da draufstand. Hier wohnte bestimmt ein Spaßvogel.

Da sah ich ihn auch sitzen. Er saß in einem offenen Carport - ich weiß, Carports sind immer offen - gebeugt über einer kleinen Kupferplatte und stichelte vor sich hin. Das war bestimmt ein Graveur. Ein Kupferstecher. So etwas hatte mein Opa auch gemacht. Rechts vom Schreibtisch war auch eine kleine handbetriebene Druckmaschine. Und daneben stand auf einem Beistelltischchen ein alter Plattenspieler. Es spielte das Lieder „Der Tankerkönig". Das mochte ich.

Ich war schon fast daran vorbeigefahren, als der Mann aufschaute. Er winkte mich heran. „He, schauen sie mal, stimmt die Schattierung? Ich kann das alleine immer so schlecht beurteilen!"

„He? Meinen Sie mich?"

„Ja, wen den sonst?" Nein, außer mir war keiner mehr zu sehen. Also kam ich näher. Ich erblickte, spiegelverkehrt, das Gesicht von unserem neuen Bundeskanzler Hannes Baader. Es sah fast wie ein Foto aus. Maßstabsgetreu.

„Nee, sieht wirklich tadellos aus.", meinte ich.

„Sind Sie sicher? Ich will lieber mal einen Abzug machen. Der Mann rieb die Platte mit Farbe ein, wischte die Farbe ab, bis nur noch die Farbe in den Rillen übrig war, legte erst ein Blatt Papier auf die Druckmaschine, dann, kopfüber die Kupferplatte und drehte alles durch die Presse.

Das Ergebnis sah noch besser aus als das Bild auf der Platte.

„Wofür machen Sie das?", fragte ich, in der Hoffnung, vielleicht einen neuen Mitarbeiter für das „Hamburg-Magazin" gewinnen zu können. Druckgrafiker konnten wir immer gebrauchen.

Bis jetzt war es uns noch nicht gelungen, effektiv Bilder zu reproduzieren.

„Ich arbeite für die „Hannover-Presse. Ist ein Exklusiv-Vertrag. Kupferstecher gibt ja nur noch selten. Ich bekomme alle zwei Wochen einen Auftrag, den muss ich fertig stellen, dann wird er abgeholt, sowohl die Druckplatte, damit ich später keinen Missbrauch damit mache, als auch die fertigen Drucke, die den Zeitungsexemplaren beigelegt werden, dann gibt es einen neuen Auftrag. Dafür bringt der Kurier mir immer Lebensmittel aus Hannover mit und eine Dame macht den Haushalt. Ist ein guter Deal."

„Äh, ja toll!", sagte ich gedehnt. „Schade für das Hamburg-Magazin.", wollte ich nicht so laut sagen.

Dennoch erzählte ich, dass ich Journalist sei. Und von unseren Erfolgen in Hamburg. Die Menschen seien ja geradezu begierig, wieder Neues aus aller Welt zu lesen.

Ja, das sei hier in der Region genauso.

Aber dann wirkte der Künstler ein wenig ungeduldig. Er wollte wohl weiterarbeiten. Dennoch ließ er es sich nicht nehmen, noch einmal schnell in sein Haus zu gehen, um mir ein paar Fehldrucke in die Hand zu drücken. „Für sie und ihren Chef!", sagte er und gab mir noch eine Papiertasche dazu.

Wieder bedankte ich mich herzlich und fuhr davon.

Jetzt aber zügig zurück ins Hotel, denn nun wurde es schon richtig dunkel. Und die Fahrradlampe gab nicht viel her. Und aus den Wäldern kamen komische Geräusche: Wölfe? Elche? Wildernde Hunde? Im Hotel selbst war es ziemlich still.

Ich stellte das Fahrrad wieder in den Hof. In der Küche war es dunkel. Vom Flur aus konnte ich sehen, wie das eine Zimmermädchen „Miss Piggy" mit dem Hilfskoch eng umschlungen im Frühstücksraum saß. Leise ging ich die Treppen hoch. Aus dem Zimmer von Sabrina hört ich ein Stöhnen, wie in einem schlechten Pornofilm. Dabei gab es schon lange keine Pornofilme mehr zu sehen. Im Nachbarzimmer sang jemand auf Plattdeutsch ein Lied: „In´t Haferstroh, dor is dat so." oder so ähnlich. Gleich danach: „Dat du min Leevsten bist, dat du woll weeß, kümm bi die Nacht, kümm bi die nacht..." Ich mag keine plattdeutschen Lieder und ging schnell in mein eigenes Zimmer.

Dort angekommen, setzte ich mich gleich an den Schreibtisch, um meine Notizen zu machen. Dazu war ich unterwegs gar nicht gekommen.

Morgen wollte ich meinem Chef dann einen ausführlichen Brief schreiben. Außerdem schaute ich mir die Fehldrucke an, die mir der Mann mitgegeben hatte. Gut, manche hatten einen Kratzer, manchen waren eher grau als schwarz gedruckt und es gab Bilder mit Flecken. Aber alles in allem waren es Meisterwerke. Das wusste ich von meinem Opa. Der hatte auch Bilder von Albrecht Dürer gehabt und hatte mir alles genau erklärt.

Die Motive, die ich in der Hand hielt waren scharf gestochen: Eine Ansicht der Weser, die die Ausmaße ihrer jetzigen Breite zeigte und darunter der Warnung vor Schifffahrt, da Lebensgefahr drohte. Noch niemand hatte die momentanen Tiefen und Untiefen des Flusses genau erforscht. Dann die neue Nationalhymne, die der Bundeskanzler komponiert hatte, Note für Note, sogar die Gitarrengriffe waren notiert, und alles in allem wesentlich flotter aus die alte Nationalhymne, geschrieben von Hoffmann von Fallersleben mit der Musik von Joseph Haydn, von der man zuletzt nur noch die dritte Strophe singen durfte.

Es gab auch ein Bild des neuen alten Rathauses von Hannover. Es war zwar vor nicht allzu langer Zeit gebaut worden, aber dank der Bauweise sah es so alt aus, dass jeder neue Besucher Hannovers es immer erst lange suchen musste, bis er es gefunden hatte.

Und ein Kupferstich wies darauf hin, wie Weltraumschrott aussah und wo man ihn abgeben sollte, zum Wohle aller zur Stromherstellung.

Dann ging ich, ziemlich erledigt, zu Bett. So viel Fahrradfahren war ich gar nicht mehr gewöhnt.

6.

Dienstag war ich es, der verschlafen hatte. Ich wachte davon auf, dass jemand heftig vor meiner Tür herumkratzte. Wollte da jemand zu mir? Ich zog mich schnell an und machte die Tür auf. Da stand ein junger Mann mit Rastafari-Locken und schnitt ein großes Stück aus dem Boden. Es war das Teil, auf welchem die Blutflecke des ermordeten Zimmermädchens zu sehen waren. Alles schon ziemlich eingetrocknet. Aber immer noch ekelig anzusehen.

„Guten Morgen!", grüßte ich höflich.

„Ey, Alter, willste jetzt etwa hier durch? Das geht jetzt aber nicht. Am besten verziehst du dich noch 'nen Moment in dein Zimmer. Bin gleich fertig!"

Erschrocken machte ich die Tür wieder zu.

Ich wartete ein Weilchen. Genau genommen eine halbe Stunde. Dann machte ich die Tür wieder auf. Der Mann stand da immer noch. Aber er hatte jetzt das alte Stück Teppich gegen ein neues Stück ausgetauscht. Das war natürlich viel heller als der restliche Teppich. Aber es sah trotzdem besser aus!

„So, bin fertig. Willste jetzt ins Bad oder was? Lass dir Zeit. Frühstück ist eh fertig da unten. Gibt nichts mehr!"

Ein Blick auf die Uhr zeigte mir, dass er Recht haben könnte.

„Äh, ja, wenn ich darf?"

„Null Problemo! Ach, hab mich wohl noch nicht vorgestellt: Ich bin Adam Ducklas. Ich bin der Neffe vom alten Hausmeister Grunz. Bin jetzt sozusagen sein Nachfolger."

„Ralf Winters.", sagte ich und gab ihm die Hand. „Sommers wie Winters!", lachte Adam herzlich. „Das ist gut!"

Dann entschuldigte er sich: „War nicht so gemeint, vorhin. Bin nur total unter Zeitdruck. Der alte Pou da unten hat mir eine lange Liste gegeben, was ich noch zu erledigen habe. Alles was, seiner Meinung nach, mein Onkel nicht geschafft hat. Kenne mich hier gut aus. Mein Onkel hat mich oft mitgenommen. Meistens, wenn ich meine Depri-Phase hatte. Dann habe ich mich gefühlt, wie in einem schwarzen Raumschiff mit schwarzer Flagge und schwarzem Loge und schwarzem Armaturenbrett mit schwarzen Blinklichtern. Das Hotel hier hat mich immer aufgeheitert. So, jetzt muss ich aber los – erst mal eine Zigarette rauchen." Damit verschwand der neue Hausmeister hinter einer der verwinkelten Ecken dieses Stockwerks.

Ich machte mich im Bad frisch und wollte schauen, ob ich Sabrina in ihrem Zimmer treffen könne. Also ging ich die Treppen herunter. Die Zimmermädchen hörte ich zanken: „Nein, mein Freund sieht nicht aus wie ein Frosch!" Das war Peggy. „O. k., tut er nicht. Aber er nutzt dich nur aus.", sagte Jeanette hämisch. „Ein bisschen dalli, jetzt aber!", trieb Marion die Mädchen an. „Wenn du nicht gleich die frische Bettwäsche geholt hast, machst du heute die Betten alle allein, Jeanette!", drohte Anna böse und Sandra sang: „Alle meine Fröschlein, hüpfen auf und ab, hüpfen auf und ab. Schrein dabei recht lustig, Quack, quack, quack, quack ,quack." nach der Melodie von „Alle meine Entchen". Dabei zwickte sie Peggy in den Po. Diese schrie: „Du alte Sau!", dann verstummten aber alle, als sie mich sahen. Nur Marion zischte noch: „Leise doch! Die Gäste!"

Als hätte ich nichts bemerkt, klopfte ich an die Tür von Sabrinas Zimmer. Sabrina öffnete gleich. Es schien, als würde sie sich freuen, mich zu sehen.

Ihr Zimmer war ein bisschen größer als meines. Sie hatte auch einen größeren Tisch in der Mitte des Raumes stehen mit vier Stühlen drum herum. Wahrscheinlich war die Katholische Kirche doch großzügiger als der Chef des Hamburg-Magazins.

„Wo warst du beim Frühstück?", fragte sie.

„Oh, habe verschlafen.", antwortete ich. Dann fügte ich hinzu: „Wie war dein Tag gestern?"

Sabina überlegte: „Ganz erfolgreich! Ich habe alle Kirchen der Stadt gezählt. Dann habe ich die Denominationen herausgefunden. Wusstest Du, dass die Hugenotten frühe Protestanten waren, die aus Frankreich vertrieben wurden? Und in der alten katholischen Kirche im Stadtteil Afferde halten jetzt die Methodisten ihren Gottesdienst ab. Und die Garnisonskirche wurde zur Sparkasse umgebaut. Die Freikirchen unterteilen sich in Baptisten, Pfingstlern, Adventgemeinden, Gemeinde Ecclesia und so weiter.

Dann habe ich noch viele Menschen auf der Straße nach ihrem Glaubensleben gefragt. Die meisten Menschen glauben schon immer an einen Gott im Himmel, aber früher wollten sie es nie zugeben. Es war ihnen peinlich!" Ich verstand nur Bahnhof. Außerdem knurrte mein Magen. Erschrocken stand Sabina auf: „Ach, du Ärmster, du hast bestimmt noch nichts gefrühstückt. Ich kenne da einen Bäcker, dort kann man leckere Brötchen kaufen."

Sie bestand darauf, dass ich mit ihr zu einem Bäcker in einer kleinen Seitenstraße ging. Dort gab es auch Malzkaffee. Weil es schon etwas später war, knurrte mir nach dem etwas verspäteten Frühstück noch immer der Magen und ich zeigte ihr „meinen" Hendl-Stand. Ich stelle sie dem Verkäufer vor. Dieser war hoch erfreut mich wiederzusehen und meine neue Bekanntschaft kennenzulernen und verriet mir auch seinen Namen. Er hieß John Sinckleer und war froh, dass er in den letzten Jahren nicht mehr mit „John Sinclair", dem Geisterjäger, verwechselt wurde. Es gab ja keine Groschenromane mehr. Er briet uns ein extra knuspriges Hähnchen. Dann gingen Sabrina und ich durch den Bürgergarten spazieren. Anschließend gingen wir an der Weser spazieren. Sabrina und ich kamen uns im Gespräch immer näher.

Dann entdeckten wir eine kleine Kneipe, wo es selbst gebrannten Obstschnaps gab. Als wir ins Hotel zurückkamen, war es schon ziemlich spät. Pou Mukell schaute uns an, als ob wir betrunken wären. Dabei hatten wir gar nicht so viel getrunken. Als wir, mehr oder weniger um einen geraden aufrechten Gang bemühend, im dritten Stock angelangt waren, kamen Sabrina und ich uns auch körperlich näher.

„Bronze, Silber und Gold- habe ich nie gewollt – ich will nur dich.", war das letzte, was ich leise vor mich hin summte, bevor ich ziemlich erschöpft einschlief.

Ich träumte von Chantal, und als ich aufwachte, sah ich, dass ich neben Sabrina lag. Mein Kopf brummte wie verrückt.

Solche körperlichen Anstrengungen war ich gar nicht mehr gewöhnt. Oder lag es am Obstschnaps? Konnte man von selbst gebrannten Schnaps nicht blind werden?

Sabrina blickte mich ziemlich verlegen an: „Äh, das war aber kein Heiratsversprechen oder? Nicht dass du denkst, du und ich..., äh, also..." Sie stammelte.

In meinem Kopf kam etwas Klarheit zurück: „Nein, keine Angst, ich will keine feste Beziehung. Betrachten wir es einfach als One-Night-Stand, o. k.?"

Obwohl dieser One-Night-Stand von mir aus noch ewig hätte so weitergehen können. Mit Chantal bin ich anfangs eine Woche lang nicht aus dem Bett rausgekommen. Außer zum Essen und für die Hygiene. Aber da war ich noch um einiges jünger und wir hatten noch keine beruflichen Verpflichtungen.

Sabrina nickte erleichtert. Dann gingen wir runter zum Frühstücken. Wir taten, als sei nichts gewesen, die anderen Gäste schienen uns nicht zu beachten.

Nach der dritten Scheibe Brot blickte ich Sabrina fragend an. Sie meinte: „Sorry, ich bin im Auftrag des Herrn. Der werte Herr Bischof aus Fulda hat mich gebeten, die Herren Pastoren der Katholischen Kirchen Hamelns zu befragen, was sie von den Plänen des Papstes halten, das Zölibat aufzuheben." Mit diesen Worten erhob sie sich, stand auf und ging aus dem Raum.

Klar, auch Sabrina hatte ihrer Arbeit. Und dass der Papst das Zölibat aufhob, das war eine längst fällige Sache. Man hatte mir erzählt, dass die Katholische Kirche das Zölibat nur eingeführt hatte, damit die

Priester, wenn sie einmal starben, nicht ihren zahlreichen Familienmitgliedern vererben konnten, sondern alles der Katholischen Kirche zufiel.

Für den Religionsunterricht musste ich mal auswendig lernen, dass am 25. Mai 419 eine Bischofsversammlung in Karthago. „... Darunter war auch Bischof Augustinus von Hippo. Die Versammlung bestätigte und wiederholte die Beschlüsse zur Enthaltsamkeit der Kleriker des Konzils von Karthago von 390 nach Christi: "Als über die Nichtenthaltsamkeit ihren eigenen Ehefrauen gegenüber einiger Kleriker, obwohl sie nur Lektoren waren, berichtet wurde, hat man beschlossen, was auch in verschiedenen Konzilen beschlossen wurde:

Die Subdiakone, die die heiligen Mysterien berühren, und die Diakone, die Priester und auch die Bischöfe müssen sich, auf Grund der für sie geltenden Bestimmungen, auch der eigenen Ehefrau enthalten, so dass sie als solche gelten, die keine besitzen. Wenn sie sich nicht daranhalten, müssen sie aus dem kirchlichen Dienst entfernt werden. Die übrigen Kleriker werden aber nicht dazu angehalten außer in reiferem Alter."

Das hieß im Klartext, dass ein katholischer Kirchenmensch zwar verheiratet sein durfte, aber kein Sex mit seiner Ehefrau haben durfte, außer, er war schon älter.

Wie sollte ein Mann das aushalten, außer er war schwul?

Später wurde auch die Heirat für die Priester verboten. Nur wer Geld hatte, konnte sich eine Haushälterin leisten. Wenn ich nur daran denke, wie es in meinem Junggesellenhaushalt aussah... Deshalb dachte ich als Schüler auch, dass das Grund gewesen sei, warum Cato ausgerufen hatte: „Karthago muss fallen!", aber mein Geschichtslehrer klärte mich auf, dass Cato lange vor dieser Bischofskonferenz und dem endgültigen Hochzeitsverbot für Priester gelebt hatte und dass das Problem mit Karthago ein politisches Problem gewesen sei. Genau wie später Marrakesch und Casablanca, wichtige Handelsstädte in Afrika, die man heutzutage nur noch als Schauplätze für berühmte Kinofilme kennt.

„Schau mir in die Augen, Sabrina, äh Kleines...", kam es mir in den Sinn, doch Sabrina war schon fort. Und mein Kopf dröhnte entsetzlich.

7.

Ich beschloss, ein wenig frische Luft im Garten zu schnappen.

Hinten im Garten traf ich Wolfgang den Gärtner und Adam den neuen Hausmeister. Sie schienen auch ein Problem mit Afrika zu haben, denn sie unterhielten sich über rote Libanesen, grüne Marokkaner und schwarze Afghanen. Ich fragte mich, ob sie ein wenig geistig verwirrt wäre, und ob es auch an den Getränken lag, die vor ihnen auf dem kleinen Gartentisch stand, an dem vor ein paar Tagen noch die Zimmermädchen gesessen hatten. Aber als sie mich sahen, luden sie mich ein, gemeinsam mit ihnen die frischen Obstsäfte zu verkosten: Pflaumensaft, Apfelsaft, Birnensaft. Alles noch unvergoren. Wirklich lecker!

Trotzdem brummte mein Schädel noch immer. Ich sagte es Wolfgang. „Ist doch kein Problem", meinte er: „Ich gebe dir was aus meinem Heilpflanzengarten." Wolfgang ging mit mir ein Stück den Rasen entlang. Der endete an dem Stall in welchen die Kuh wohnte, wenn sie nicht gerade auf der Wiese stand. Wir gingen durch eine Tür in den Stall hinein. Und durch eine andere Tür wieder hinaus. Dort wuchsen, dicht geschützt von einem großen Brombeergebüsch, jede Menge Pflanzen. Der Heilpflanzengarten war von außen uneinsehbar.

„Das hier ist unsere Apotheke.", meinte Wolfgang verschwörerisch. Seitdem es nichts mehr von der Firma Märck gibt, nichts mehr von Beier und auch nichts mehr von Ratioferm, müssen wir uns eben selbst helfen. Was willst du haben: Ginko?" Er zeigte auf einen großen Baum, der direkt neben mir stand. „Johanniskraut, Teufelskralle, Mariendistel, Weißdorn?" Er zeigte auf ein paar Pflanzen und Büsche.

„Äh, ja, ist mir egal. Hauptsache, es hilft gegen Kopfschmerzen.", so meine müde Antwort. Er schüttelte an einer Pflanze, so dass die reifen Samen in seine Hand fielen: „Hier: Kümmel. Das hilft. Du musst nur ein zu einem Säckchen zugebundenes größeres Taschentuch zu dreiviertel mit zerstoßenen Kümmel gefüllt zubinden und in heißes Wasser legen bis es gut durchfeuchtet ist. Dann ausdrücken. So heiß wie möglich auf die schmerzende Stelle legen, gegebenenfalls mit einem zweiten länglichen Tuch oder Schal befestigen und bei Bedarf mehrmals am Tag wiederholen."

Zufällig hatte ich ein großes Taschentuch bei mir und Wolfgang füllte es mir reichlich mit Kümmelkörnern. Dankend verabschiedete ich mich und ging Richtung Küche.

Wolfgang setzte sich wieder zu Adam. Sie überlegten, ob sie in ihrem Heilpflanzengarten auch Hanf anbauen sollten. Adam hätte da Connections. Wolfgang meinte, nein, es reiche, dass er erst im Frühjahr eine kleine Coca-Pflanze eingepflanzt hätte. Die Blätter seinen frisch sehr Kreislauf anregend und stimulierend und als getrocknet wäre es ein leckerer Matetee. Dann testeten sie weiter ihre Obstsäfte.

In der Küche angelangt, erbat ich mir heißes Wasser. Gnädiger Weise schöpfte der Koch mir etwas von seinem Kartoffelwasser ab, für heute stand Kartoffelgratin auf dem Speiseplan, und füllte es in einen alten Topf.

Der Hilfskoch war damit beschäftigt, Zwiebeln zu schneiden. Jede Menge Zwiebeln. Dabei liefen ihm die Tränen von der Schärfe über die Wangen. Der Maître de Cuisine herrschte ihn an: „Nicht flennen, Sven. Ranklotzen, Sven! Wie oft muss ich dir das noch sagen?" Warum nur muss in Küchen immer so ein rauer Umgangston herrschen? Heißt es nicht: „Liebe geht durch den Magen." Und: „Mit Liebe gekocht?". Galt das nicht für Groß-küchen auch? Ich glaube jedenfalls, dass es dann auch in den Restaurants besser schmecken würde. Ich wankte mit dem Topf voll heißen Wasser nach oben.

Wieder in meinem Zimmer befolgte ich die Anweisung von Wolfgang und tatsächlich, es half. Es konnte aber auch daran liegen, dass ich mit dem heißen Beutel auf der Stirn einschlief. Schlaf ist ja bekanntlich die beste Medizin. Ich hörte die Kirchturmuhr zwölf Uhr schlagen als ich wieder aufwachte.

Nun fühlte ich mich wieder frisch und ausgeruht. Ich aß von der Dauersalami, die ich noch im Koffer hatte und die zwei Brötchen, die ich mir gestern beim Bäcker noch eingesteckt hatte. Sie waren zwar etwas trocken, aber das machte nichts. Frisches Wasser gab es ja aus der Leitung!

Dann schrieb ich meinem Chef endlich den Brief, den ich mir schon für gestern vorgenommen hatte. Ich berichtete von einem sozusagen traditionellen Rattenfänger, einem Kupferstecher, einer möglichen Fahrradtour, wenn auch die Straßen etwas holprig waren, Spazierwegen in Parks und an der Weser entlang. Natürlich teilte ich auch mit, dass die Weser derzeit noch unbeschiffbar sei und legte das hübsche Bild mit bei, welches ich vorgestern erhalten hatte. Noch einmal betonte ich den vorzüglichen Erhalt der Häuser aus der Weserrenaissance. Andere Städte, besonders die, die nach dem Zweiten Weltkrieg mehr oder weniger aus Beton aufgebaut worden waren, waren total in sich zusammengefallen. Dann steckte ich die Papiere in einen Briefumschlag, frankierte ihn und brachte ihn zur Post wie den letzten Brief auch.

Da ich schon wieder Hunger hatte, schlug ich den Weg zur Stadt ein. Genaugenommen hatte ich aber keinen Appetit mehr auf halbe Hähnchen und wollte John vom Hendl-Stand nicht begegnen. Also nahm ich den Weg über die Kaiserstraße und ging Richtung Weser. In einer Seitenstraße sah ich, wie Sven, der Hilfskoch, auf einer Bank neben einem Mädchen saß. Das Kartoffelgratin war wohl schon fertig und er hatte Feierabend. Er küsste sie immer wieder auf den Rücken und fragte: „Tut es hier weh? Tut es hier weh? Oder da?" Das Mädchen kicherte nervös. Sie war noch kleiner und schmächtiger als Sven. Ihre Haare trug sie sehr kurz. Es sah aus wie ein Stoppelschnitt. Oder eine Igelfrisur oder wie das eben hieß. Es sah ein bisschen aus, als beschäftigten sie sich mit Doktor-Spielen, die wir früher auch gespielt hatten. Aber natürlich nicht in aller Öffentlichkeit.

Wusste Peggy davon? Was ging mich das an?

Schnell ging ich weiter.

Am Weserufer hatte ich Glück, ich traf einen Mann, der in einem alten Fass frisch gefangene Aale räucherte. Er bot mir welche an. Dazu einen doppelten Korn, das war genau das Richtige für mich, wie so ein Hamburger Junge wie ich es gerade gebrauchen konnte.

Der Aal schmeckte so gut, dass ich gar nicht wissen wollte, ob er – genau wie in dem Buch „Die Blechtrommel" - mit einem toten Pferdekopf gefangen wurde, was, genaugenommen, das Anfang vom Ende von Oskar Matzeraths Mutter in dem Buch war.

Der Mann ließ mich auch fast gar nicht zu Wort kommen. Er fragte, wo ich wohne und als ich „Hotel zum Klabautermann" sagte, schüttelte er nur ungläubig den Kopf.

Er meinte, in diesem Haus wohne der Tod. Dort seien schon viele Leute gestorben. Er hingegen würde auch vermieten, seine ganze Familie würde vermieten, nur leider kämen nur wenige Gäste in sein etwas weiter entfernt stehendes Haus am Mertensplatz. Obwohl dort auch schon einige Blödelbarden waren wie Otto Balkes, Mike Kröger oder Thomas Grottschalk. Aber wenn die auf der Durchreise waren, schickten sie auch erst einen Boten, der die Lage sondierte. Das war es ihnen wert! Sein Haus wäre zwar nicht gerade das Haus vom Eaton Place, aber eben so etwas wie das Haus vom Mertensplatz und er hieße Haussmann mit zwei „s" und seine ganze Familie auch und sie überlegten schon, ob sie nicht die ganze Straße, an denen ihr

Häuser standen, „Boulevard Haussmann" nennen sollten. Er gab mir seine Adresse, gedruckt auf einer alten Visitenkarte. Ich versprach bei Gelegenheit einmal vorbeizuschauen.

Trotzdem, dieser Mann war mir aber auch ein Komiker. Erstens sind im Haus am Eaton Place auch Menschen gestorben, nämlich ging Majorie mit der Titanic unter und Hazel starb an der Spanischen Grippe und zweitens schien sich der Größenwahnsinn Ludwig des XIV. auch etwas auf diesen Herrn Haussmann übertragen zu haben. Und Hameln war doch nicht Paris!

Es war trotzdem witzig sich mit ihm zu unterhalten. Und nach ein oder zwei weiteren doppelten Korn ging ich, gut gesättigt, wieder zurück zum Hotel. Sven sah ich nicht mehr in der Nebenstraße auf der Bank sitzen. Im Hotel selbst war es wieder mal sehr still. Ich grüßte höflich Herrn Mukell, der wie immer, an seinem Platz an der Rezeption saß.

Er winkte mich heran.

Dann sagte er vertraulich zu mir: „Wissen Sie was? Vorhin war die Polizei wieder hier. Sie sind er erste, dem ich es hier erzähle. Das Messer wurde untersucht, aber es sind so viele Fingerabdrücke darauf, dass man sie nicht mehr voneinander unterscheiden konnte. In der Küche, das sind echte Ferkel. Wie oft sage ich ihnen, dass die gründlich das Geschirr und das Besteck abwaschen sollen! Aber man redet und redet..."

Ja, was quatschte der Mann mir ins Ohr, fragte auch ich mich. Aber ich war ja ein höflicher Mensch. „Also, sie haben alle Befragungen ausgewertet.", fuhr Her Mukell fort. „Der Mörder kommt hier aus dem Haus." Der Hotelbesitzer schaute mich verschwörerisch, fast verzweifelt an. „Fast alle Gäste waren zur Tatzeit aus dem Haus. Entweder waren sie schon abgereist oder zur Tatzeit in der Stadt unterwegs. Nur Frau Weiß war in dem Haus und der alte Herr aus dem ersten Stock."

Welcher alte Herr? Ich hatte keinen alten Herrn gesehen. Aber mein Personengedächtnis ist auch nicht besonderes fulminant.

„Ja, und nun stehen alle Angestellten hier im Haus unter Verdacht. Die Zimmermädchen, der alte Hausmeister, der neue Hausmeister, die Servicekraft, der Koch, der Hilfskoch, der Auszubildende, der Gärtner. Ja, auch ich selbst werde verdächtigt! Was sollen bloß die Leute denken?" Fast fing Herr Mukell an zu weinen.

„Aber ein Fremder kann es nicht gewesen sein. Ich sitze ja hier quasi Tag und Nacht, da hätte ich es gemerkt, wenn sich einer rein geschlichen hätte." Da hatte er in der Tat recht.

Ich versuchte ihn zu trösten: „Nun, das wird schon wieder. Ruhig Blut. Ich werde meine Augen offen halten!", meinte ich mutig.

„Wirklich? Ach, das finde ich schön!" Seine Augen fingen wieder an ein bisschen zu leuchten.

„Ja, wir Männer müssen zusammenhalten. Ach, da wäre noch eine Sache: Könnten Sie für mich morgen zur Beerdigung von Yvonne gehen. Um zehn Uhr auf dem Deisterfriedhof. Ist nicht weit von hier. Sie wissen ja, ich kann nicht weg von hier."

Ich nickte viel versprechend. „Geht schon in Ordnung." Ich konnte verstehen, dass ein Mann in seiner Lage seinen Posten nicht verlassen wollte.

„Äh, soll ich vielleicht auch noch auf die Beerdigung von dem Hausmeister gehen?"

„Nein. Nicht nötig. Seine Frau will eine Bestattung nur im engsten Familienkreis. Feuerbestattung mit anschließender Verstreuung der Asche auf der Weser." Also so genau hatte ich es gar nicht wissen wollen.

Aus dem Frühstücksraum nahm ich mir aus dem Regal ein neues Buch. Damit legte ich mich auf mein Bett. Das Buch war so spannend, dass ich alles um mich herum vergaß. Es handelte von einem Mann, der etwa im ersten Jahrhundert nach Christ Geburt lebte. Er war oft auf Reisen, dabei wurde er mehrere Mal von den Juden mit 39 Stockschlägen bestraft, einmal wurde er gesteinigt, dreimal erlitt er Schiffbruch, einmal, obwohl er den Kapitän davor warnte, überhaupt abzulegen. Aber Handelsleute haben ja oftmals nur den Profit im Sinn. Egal, ob das Schiff unterwegs mit Mann und Maus untergeht. Bestimmt war der Kapitän gut versichert.

Der Protagonist war in Gefahr durch Flüsse, Räuber, vor den eigenen Landsleuten und vor Menschen anderer Nationalitäten. Einige Zeit verbrachte er in Gefängnissen und schließlich war er zwei Jahre Gefangener des römischen Kaisers. An das Ende kann ich mich nicht mehr erinnern, da es, als es schon dunkel wurde und ich gerade das Licht machen wollte, an der Tür klopfte. Es war Sabrina.

„Wie war dein Tag?", fragte sie mich. Ungefragt trat sie ein.

Dann sah sie das Buch in meiner Hand. „Was liest du da?" Sie nahm mir das Buch aus der Hand und schaute kurz hinein. „Ach, die Story kenne ich. Steht auch in der Bibel. Zweites Buch der Korinther, Kapitel 11: `Fünfmal habe ich von den Juden die neununddreißig Schläge bekommen. Dreimal wurde ich von den Römern mit Stöcken geprügelt, einmal wurde ich gesteinigt. Ich habe drei Schiffsbrüche erlebt; das eine Mal trieb ich eine Nacht und einen Tag auf dem Meer. Auf meinen vielen Reisen haben mich Hochwasser und Räuber bedroht. Juden und Nichtjuden haben mir nachgestellt. Es gab Gefahren in Städten und in Einöden, Gefahren auf hoher See und Gefahren bei falschen Brüdern. Ich hatte Mühe und Not und oft schlaflose Nächte. Ich war hungrig und durstig, oft hatte ich tagelang nichts zu essen. Ich fror und hatte nichts Warmes anzuziehen. Ich könnte noch vieles aufzählen; aber ich will nur noch eins nennen: die Sorge um alle Gemeinden, die mir täglich zu schaffen macht. Das ist das Leben des Apostels Paulus."

„Ja, genau. Der Protagonist in diesem Buch heißt auch Paulus." Diese Frau kannte sich vielleicht aus! Aber noch besser kannte sie sich aus, als sie das Licht gar nicht erst anmachte, sondern mir langsam, mich vom Hals an abwärts küssend, versuchte, mir die Hose auszuziehen.

Später flüsterte ich ihr ins Ohr: „Was du mir gibst, hab ich niemals zu träumen gewagt, du hast in mir ein erloschenes Feuer entfacht. Dich zu lieben, dich berühren, mein Verlangen, dich zu spüren, deine Wärme, deine Nähe, weckt die Sehnsucht in mir auf ein Leben mit dir. Du bist die Frau, die jedes Lächeln jede Zärtlichkeit an mich verschenkt. Du bist die Frau die alles gibt was man Liebe nennt. Du liegst bei mir."

„Alles nur geklaut." Antwortete Sabrina nur müde und schlief ein.

Mist. Meiner Ex-Frau hatte es nie bemerkt, wenn ich Liedtexte von Roland Kaiser und Howard Carpendale rezitierte. Aber es hatte sie wohl auch nie besonders interessiert. Meistens hörte sie Musik von Gilbert Bécaud und George Moustaki und Jacques Brel. Davon verstand ich nun wiederum nichts.

8.

Der nächste Tag begann sehr schweigsam. Jeder war mit seinen eigenen Gedanken beschäftigt.

Ich zum Beispiel wusste nicht, was ich zur Beerdigung anziehen sollte. Soviel Gepäck hatte ich nun auch nicht bei mir. Und für solche Anlässe schon gar nicht. Schließlich half mir Herr Mukell weiter. Er ging zum Chefkoch, da er wusste, dass dieser zwei schwarze Anzüge besaß und außerdem noch in etwa meine Größe. Mit etwas Überredungskunst gelang es ihm, dem Koch einen Zweiteiler abzuluchsen.

Mit dem geliehenen Anzug machte ich mich auf dem Weg. Unterwegs überholte ich die Zimmermädchen. Obwohl sie auf der anderen Straßenseite gingen, hörte ich, wie sich Miss Piggy, also Peggy, beschwerte, dass ihr Freund gestern mit ihr Schluss gemacht hat. Marion meinte, er hätte sowieso wie ein Frosch ausgesehen. Anna war der Meinung, dass Sven sie nur ausgenutzt hatte. Sandra sagte lapidar: „Don`t worry, be happy!"

Jeanette schwieg. Peggy sagte daraufhin immer nur ganz verzweifelt vor sich hin: „Was will er nur mit dieser Natascha? Was hat Natascha, was ich nicht habe? Die hat ja nicht mal eine richtige Frisur!" Doch keines der Mädchen hörte ihr mehr zu.

Die Beerdigung fand in kleinem Kreise statt. Eigentlich nur aus dem Hotelpersonal und mir. Es kamen auch ein paar Schaulustige, die aussahen, als würden sie keine Beerdigung auslassen. Sandra war nicht mit dabei. Wir hatten beim Frühstück kaum miteinander gesprochen. So wusste ich auch nicht, was sie heute vorhatte.

Der Pastor predigte angenehm. Er erwähnte, dass Yvonne leider eines von den Kindern gewesen sei, dass von ihren Eltern in der Schule „vergessen" worden sei, als diese im Autokonvoi flüchteten, aber nun seien sie im Himmel ja wieder vereint. Und er lobte ihr tüchtiges rechtschaffenes Leben. Leider habe sie es in ihrem jungen Leben nicht mehr geschafft, einen passenden Partner zu finden und eine Familie zu gründen.

Da blieb ihr viel erspart, dachte ich bei mir.

„Alte Lesbe.", murmelte Anna.

„Wer hätte die schon haben wollten...", stichelte Peggy.

„Wird Zeit, dass wir wieder nach Hause kommen, ich muss noch Kartoffelsuppe kochen.", flüsterte der Chef.

„Genau, pflichtete ihm Sven, der Hilfskoch, bei." Er schien sich hier gar nicht wohl zu fühlen und schaute immer nur auf den Boden vor seinen Füßen.

Zu den Zimmermädchen schaute er gar nicht hin.

Dann war die Beerdigung zu Ende.

Beim Verlassen des Friedhofes sah ich, wie ein Mann hinter einem Busch hervorkam und Adam, dem neuen Hausmeister eine kleine, fünfblättrige Pflanze in die Hand drückte. Wolfgang der Gärtner, der neben ihm ging, meinte: „Dafür haben wir im Garten doch gar keinen Platz mehr. Was willst du damit?" Adam antwortete: „Ey, Alter, sei nicht so bockig, bester Stoff, kannste Jutetaschen draus machen, Klamotten und vieles mehr. Hanf ist universell und vermehrt sich wie Unkraut. Kommt auf den Dachboden. Stört also in deinem Garten gar nicht. Was geht?"

Ja, was geht? Das fragte ich mich auch. Jeder ging ins Hotel zurück. Jeder ging wieder an seine Arbeit. Die Zimmermädchen mussten ihr Arbeit, die sie bis jetzt noch nicht geschafft hatten, nachholen. Ich ging auf mein Zimmer. Ich musste noch etwas Schlaf nachholen.

Vorher ging ich noch in die Küche, den kleinen Topf für meine „Kümmel-Migräne-Packung" zurückzubringen. Meine Wortschöpfung „Kümmel-Migräne-Packung" hörte sich gut an. Konnte man vielleicht in naher Zukunft noch gewinnbringend vermarkten! Da kam gerade ein Postbote zu Herrn Mukell an die Rezeption und fragte, ob hier ein Herr Winters, Ralf Winters, wohne.

„Ja, das bin ich!", rief ich von hinten.

„Ich habe hier ein Telegramm!", meinte der Postbote. „Das darf ich nur persönlich abgeben!"

„Bin schon hier!", sagte ich schnell, zeigte auf Verlangen meine Ausweispapiere vor, unterschrieb eine Quittung und bekam das Telegramm ausgehändigt.

Ich nahm das Telegramm an mich, brachte den Topf in die Küche zurück und nahm mir ein neues

Buch aus dem Regal, „Die unerträgliche Leichtigkeit des Seins" von Milan Kundera, ich hoffte es wäre nicht auch schon wieder ein biblisches Thema, und ging in mein Zimmer.

Wieder hängte ich das Schild „Bitte nicht stören" an die Tür. Obwohl mein Bett, gestern, als das Schild nicht an der Tür hing, recht ordentlich gemacht war. Vielleicht waren die Zimmermädchen doch nicht so chaotisch, wie ich dachte.

In aller Ruhe las ich das Telegramm. Es war von meinem Chef aus Hamburg. Darin stand in kurzen Worten: „Vorzüglich – machen Sie weiter so – Mr. Burns"

Mein Chef heißt wirklich Mr. Burns. Er kam ursprünglich aus den Vereinigten Staaten von Amerika. Ich freute mich, dass er mit meiner jetzigen Berichterstattung zufrieden war. Entspannt legte ich das Telegramm auf den Schreibtisch und mich selbst auf das Bett.

Ich schlief ungefähr eine Stunde, dann fing ich das neue Buch an zu lesen. Es handelte von einem Mann, der eine Frau während des Prager Frühlings kennenlernte. Also 1968. Ja, man lernte sich also in den politischen Wirren kennen, und lieben... Da gab es einen entsetzlichen Knall und einen Aufschrei.

Dann rief eine Stimme: „Guck mal, wie die daliegt!" und dann wurde es richtig laut: Hysterisches Geschrei, Gepolter auf der Treppe, Herr Mukell, der schrie: „Immer ich, immer bei mir! Wie kann das sein?"

Vorsichtig öffnete ich meine Tür: Da lag, ein Stockwerk tiefer, Jeanette, mit sehr verwinkelten Beinen. Sie regte sich mehr. Unter und neben ihr lag jede Menge Bettwäsche. Saubere Bettwä-sche.

Es kamen Sanitäter. Wieder mal umsonst. Es kam ein Arzt, der den Tod feststellte, denn es ist im-mer der Arzt, der den Tod feststellen muss, denn er ist der Fachmann! Es kam die Polizei.

So gut es ging, entlockte sie den übrig gebliebenen Zimmermädchen, also Peggy, Marion, Anna und Sandra den Tathergang. Diesmal waren sich die Mädchen einig: Da sie in Eile waren, wegen der vorangegangenen Beerdigung, versuchten sie so schnell wie möglich zu arbeiten.

Es fehlte als an Bettwäsche und Jeanette wurde in den vierten Stock geschickt, frische Bettwäsche aus der Kammer zu holen. Jeanette holte sie, da sie aber ein wenig faul war, wollte sie die Bettwäsche einfach über das Geländer ein Stockwerk tiefer werfen. Dabei muss sie das Gleichgewicht verloren haben. Sie sei vorne übergekippt und mit der Bettwäsche zusammen runter gefallen.

„Eindeutig ein Unfall", konstatierte die Polizei und holte jemanden mit einer Bahre.

„Jedenfalls kein Blut.", meinte Adam, der neue Hausmeister. Sonst hätte er wieder ein Stück Teppich herausschneiden müssen und durch ein neues Stück ersetzen müssen.

„Wer soll jetzt die ganze Arbeit machen?", jammerten die vier Mädchen.

Die Mädchen bekamen für den Rest des Tages von Herrn Mukell frei. Aber es dauerte lange, bis es im Hotel wieder einigermaßen ruhig wurde. Alle standen herum und diskutierten: Erst diese Yvonne, dann der Hausmeister, dann Jeanette. Wer wird als nächstes dran sein? Das ginge doch nicht mit rechten Dingen zu. Einige Gäste wollten vorzeitig abreisen. Das ginge ja hier zu wie in einem Krimi, meinten sie. Ja, kein Wunder. Man sollte sich nie bei der Arbeit abhetzen, das habe schon viele zu Tode gebracht, sagte ein älterer Herr. Womöglich der, von dem Herr Mukell sprach, dass er auch als Täter in Frage käme.

Es kam mir die Idee, ein wenig an die frische Luft zu gehen. Ich ging hinter das Haus in den Gar-ten. Der Gärtner war nicht zu sehen, wahrscheinlich war er in seinem Heilpflanzengarten hinter dem Kuhstall. Aus dem Kuhstall selbst kamen seltsame Geräusche. Als ich vorsichtig einen Blick durch das kleine Fenster war, sah ich Sven und Natascha mit dem Igelschnitt im Heu. Da wollte ich nicht stören. So unterhielt ich mich lange mit der Kuh Liselotte. Sie stand dicht am Zaun und hörte mir zu. Während ich sie am Hals kraulte, schien es mir, als verstünde sie jedes Wort. Ich erzählte ihr von den vergangenen

Jahren, von meiner recht erfolgreichen Arbeit, von meinem Pech mit den Frauen und von dem Desaster in diesem Hotel. Danach fühlte ich mich besser. Zum Abschied schaute ich Lieselotte ich die Augen und es war mir, als wolle sie mir tröstend sagen: „Es ist nicht deine Schuld, es ist dein Schicksal."

Nachdenklich ging ich wieder zur Tür herein. Ich sah, wie Sabrina vor mir die Treppen hochging. Sie hatte wohl nichts von den heutigen Vorfällen mitbekommen. Unbemerkt ging ich hinter ihr her. Sie summte gerade das Ende vom Lied „Son of a preachers-man" von Dusty Springfield, dann fuhr sie fort mit „It´s a sin" von den Pet Shop Boys. Diese Band hatte ich noch nie gemocht. Was kam wohl danach: „Go West", ebenfalls von den Pet Shop Boys?

Als Sabrina in ihr Zimmer gegangen war, ging ich leise in mein Zimmer.

Für den Rest des Tages, und den Abend, und die Nacht auch, wollte ich nur noch meine Ruhe haben. Glücklicherweise hatte ich noch etwas Dauersalami im Koffer. Sie machte ihrem Namen alle Ehre. Wahrscheinlich, weil sie die stattliche Länge von über 50 Zentimeter gehabt hatte, als ich sie in Koffer gepackt habe. Das war, ich rechnete nach, genau vor einer Woche. Nicht jeder hat so einen großzügigen Chef wie ich.

Ich schlief ein, nachdem ich die „Unerträgliche Leichtigkeit des Seins" zu Ende gelesen hatte und träumte, dass dieser Tomas ein noch schöneres Leben führen würde als John Travolta und dass ich Tomas wäre.

9.

Der Freitag begann wieder mit einem schönen Herbstwetter. Wir hatten wohl einen sprichwörtlich goldenen Oktober.

Sabrina ließ sich in aller Ausführlichkeit von Unfalltod von Jeanette erzählen. Das war im Früh-stückraum sowieso Gesprächsthema Nummer eins.

Gab es diesem Haus denn keinerlei Sicherheitsvorschriften? Warum mussten die Mädchen immer streiten? Das war den anderen Gästen auch schon aufgefallen.

Um das Thema zu wechseln, fragte ich Sabrina, ob sie das Buch kenne, welches ich gestern gelesen habe, und ob es sich dabei vielleicht auch um eine biblische Geschichte handelte.

Sie schien zu überlegen. Ja, einen Tomas gab es in der Bibel. Aber das war mehr ein Zweifler. Genaugenommen sei es zu bezweifeln, ob er überhaupt jemals eine Frau gehabt habe. Aber die anderen Juden, also die waren nicht von schlechten Eltern... Wie oft sind sie betraft worden, weil sie zu viele Frauen hatten. Aber die anderen Völker, die Philister zum Beispiel hätten ihnen in nichts nachgestanden. Dabei streichelte sie mit ihrem Fuß unter dem

Tisch sanft meinen rechten Unterschenkel. Alles in mir richtete sich auf: Meine Sinne, meine Haare...

So schnell es ging, verschwanden wir auf mein Zimmer. Als ich das Schild „Bitte nicht stören", wieder mal, vor die Tür hing, sah ich noch, wie das neue Zimmermädchen in ihre Arbeit eingewiesen wurden. Es war Natascha, die kleine Freundin von Sven, dem Hilfskoch.

Skeptisch schloss ich die Tür wieder. Und vergaß alles um mich herum. Ich hatte nur noch Augen für Sabrina. Und Ohren für das Bett, das nach einiger Zeit verdächtigt knackste. Hatten wir uns zu heftig geliebt?

Gegen zwölf Uhr hatten wir beide einen Bärenhunger. Wir beschlossen, zum Hendl-Stand zu gehen. Hand in Hand gingen wir los. John Sinckleer freute sich, uns zu sehen. Er fragte, wie es uns ginge und wir erzählten ihm von den Vorkommnissen im Hotel. Er meinte, ja, das sei normal. Er kenne das Haus, dort seien schon viele Menschen gestorben. Manche Häuser schienen, als würde der Tod darin wohnen.

Das stimmte uns nicht gerade froh. Außerdem meinte ich, diesen Satz schon einmal gehört zu haben. Aber wir kamen in eine bessere Stimmung als John uns eine Flasche Bier hinhielt: „Probiert mal. ist selbstgebraut. Macht mein Onkel. Ist gar nicht so schwer: Ein bisschen Hopfen, ein wenig Malz, Hefe, frisches Wasser. Alles schön erhitzen. Das haben schon die Mönche früher in den Klöstern gemacht. Damals konnte man nicht eben mal schnell in den Getränkemarkt fahren und eine Kiste Bockbier abgreifen. Ha, ha, ha." John lachte aufmunternd.

Das Zeugs schmeckte gut. Wir tranken jeder noch eine Flasche. Dazu aßen wir das Hähnchen. Dann kamen die nächsten Gäste, die auch Hunger hatten und wir verabschiedeten uns.

Sabrina zeigte mir die historische Altstadt: Dempterhaus, Leisthaus, Hochzeitshaus, die Pfortmühle, ein Haus das erst als Mühle gebaut wurde, später als städtische Bücherei genutzt wurde und jetzt mit dem unteren Teil des Hauses im Wasser stand. Dann wusste sie noch die Namen und Bedeutungen aller Rattenfängerbrunnen und Statuen, wovon es nicht wenige gab in der Stadt. Zu guter Letzt trafen wir noch den Komiker Herrn Haussmann beim Aale räuchern. Nun war ich mal im Vorteil und konnte Sabrina etwas zeigen.

Sie bekam einen klitzekleinen Aal zum Probieren und war begeistert. Für das Abendessen ließ sie sich noch einen mittelgroßen Aal einpacken. Ich fragte sie ungläubig, ob sie den alleine essen wolle? „Nee, ich habe noch ein halbes Brot auf meinem Zimmer." So hatte ich das zwar nicht gemeint, aber was solls, ich war Kummer gewöhnt.

Beim Gehen erinnerte mich Herr Hausmann noch, dass ich ihn unbedingt einmal besuchen müsse. Er wohne im „Chateau Haussmann", ich könne es gar nicht verfehlen. Dabei steckte er mir noch einen Aal in Butterbrotpapier gewickelt ein. Dazu ein paar trockene Brötchen und eine Flasche Korn, in der noch ein guter Rest Flüssigkeit schwappte.

Sabrina bemerkte es gar nicht, denn sie war schon vorausgegangen. Sie schien auf einmal sehr still und schweigsam und sagte kein Wort mehr, bis wir im Hotel waren. Nur vor ihrer Zimmertür drehte sie sich noch einmal um, um mir mitzuteilen, sie müsse noch einen wichtigen Brief an ihren Bischof in Fulda schreiben. Und morgen würde sie ganz früh, gleich nach Tagesanbruch, mit dem Pfarrer der St. Elisabeth-Kirche zum Kloster Loccum fahren. Der Zug ginge schon um sieben Uhr. Dafür hatte ich natürlich Verständnis.

Ich hatte selten eine Frau gesehen, die so gewissenhaft arbeitete wie Sabrina und es denn schaffte, ihre Freizeit mehr oder weniger Sinnvoll zu nutzen. Nicht so verbiestert wie die Karrierefrauen, die ich vor der Finanzkrise getroffen hatte. Aber, so meinte Sabrina, ich könne sie am Sonntag ja wieder mit zum Gottesdienst begleiten. Nichts lieber als das!

In meinem eigenen Zimmer machte ich ein kleines Nickerchen. Nur um festzustellen, dass von unserem Liebeszeremoniell ein Bein vom Bett angebrochen war. Auf Dauer konnte ich so nicht schlafen. Also beschloss ich, Adam zu suchen, um ihm vom kaputten Bett zu erzählen. Prompt traf ich ihn auf meiner Etage, kaum, dass ich die Tür geöffnet hatte. Er kam gerade die Treppe vom Dachboden herunter. Er hatte Blumenerde an den Fingern und fluchte vor sich hin: „Alles muss man selber machen. Wozu hat man denn einen Gärtner in diesem Haus. Raucht wie ein Schlot, aber um das Kraut selbst will er sich nicht kümmern. Hat keinen Platz im Garten. Dass ich nicht lache. Bin ich hier der Bimbo, oder was?" Adam ging an mir vorbei, ohne mich zu bemerken. Dabei hatte er riesige Pupillen und einen glasigen Blick.

In diesem Zustand würde er mir wohl schlecht helfen können. Aber ich kam auch alleine zurecht. Hier war doch irgendwo die kleine Werkstatt von Herrn Grunz? Ach ja, hinter der Wäschekammer. Langsam ging ich den Flur entlang. Da hörte ich eine Stimme aus der Wäschekammer: „Du bist ein Wunder. Du bist ein wunder Punkt in meinem Leben!" Das war die lustige Sandra. „Ach Mensch, stell dich doch nicht so an. Du weißt doch: It´s hard to say I´m sorry. Also sage ich lieber: I want you to appologize me. Oder besser noch: I beg your pardon. I never promised you a rose garden." So versuchte sich wohl Natascha zu entschuldigen. „Apropos Rosengarten: Was war das gestern unten im Garten? Genauer gesagt im Kuhstall? Wolfgang hat es mir erzählt!" wollte Sandra es genauer wissen.

„Ach, Wolfgang die alte Petze. Er weiß doch genau, dass ich nur mit Sven zusammen bin, weil er mir versprochen hat, mir jeden Tag Essen aus der Küche mitzubringen. Konnte ich doch nicht wissen, dass ich diesen Job hier bekomme."

Sandra fing leise an zu weinen. „Ich weiß nicht, ob ich dir trauen kann. Yvonne..."

Da hatte ich vorsichtig den Türgriff zu dem Raum, hinter dem ich die Werkstatt in Erinnerung hatte, heruntergedrückt und mit einem lauten Knarren ging die Tür auf. Das Gespräch aus dem Wäscheraum endete abrupt.

Schnell fand ich, was ich suchte: einen Hammer, Nägel, eine Klemme und einen kleinen Schraubstock. Vorsichtshalber steckte ich noch Universalkleber in meine Hosentasche. Gut ausgerüstet kehrte ich in mein Zimmer zurück.

Gut. Schnell. Geschickt.

Das konnte man zwar nicht gerade von meinen handwerklichen Fähigkeiten sagen, außerdem war „Gut. Schnell. Geschickt." das Motto eines Briefunternehmens und nicht das eines Handwerkbetriebes, aber mir genügte es. Bis auf den Schraubstock, mit dem ich hoffte, dass er das Bettbein solange zusammenhielt, bis der Kleber getrocknet war, falls die Nägel ihren Zweck nicht erfüllen sollten, brachte ich die Utensilien wieder zurück an ihren ursprünglichen Ort.

Anschließend trug ich das Buch von Milan Kundera in das Regal im Frühstücksraum und holte mir ein neues Buch. Es trug den Titel: „Onkel Oswald und der Sudankäfer" geschrieben von Roald Dahl. Ich hatte es schon früher einmal gelesen, wusste aber nicht mehr, worum es ging. Außer, dass dem Sudankäfer, auch Skarabäus genannt, irgendwelche geheimen Kräfte zugeschrieben wurden. Das interessierte mich. Ich setzte mich an meinen Schreibtisch und begann zu lesen. Nebenbei aß ich den Aal und die Brötchen. Hin und wieder nahm ich einen Schluck aus der Kornflasche. Diese war bald leer. Irgendwann muss ich wohl eingeschlafen sein. Ich wachte angezogen auf meinem Bett wieder auf. Wie ich da hingekommen war, konnte ich mir ihm nach hinein beim besten Willen nicht mehr erklären. Aber nun erinnerte ich mich deutlich wieder an die aphrodisierende Wirkung des Käfers, die in dem Buch beschrieben wurde.

10.

Ein neuer Tag hatte begonnen. Ich wusch mich gründlich im Badezimmer. Dazu rieb ich auch meinen ganzen Körper mit einem nassen Waschlappen ab. Das förderte die Durchblutung enorm. Dann ließ ich eiskaltes Wasser über die Handgelenke laufen und rasierte mich grünlich. Nun fühlte ich mich wieder frisch. Unten in Frühstücksraum setzte ich auf meinen alten Platz. Auf Sabrinas Platz saß ein älterer Herr. Er war etwas kleiner als ich, hatte noch weniger Haare auf dem Kopf und trug ein kleines Mützchen oben auf dem Haupt. Seinen Kaffee trank er schwarz. Dafür trank er aber reichlich davon.

Ich fragte ihn, ob er gestern angereist sei. Er verneinte.

Der Mann kam aus Frankreich, sprach aber fließend deutsch. Er erklärte mir, dass er schon seit über einer Woche hier in dem Hotel wohne. Meistens sei er den ganzen Tag unterwegs. Geschäftlich natürlich. Nur an dem Tag, als der Mord geschah, war er noch oben auf seinem Zimmer. Nun werde er des Mordes verdächtigt. Aber man hätte ja schon immer was gegen die Juden gehabt. Aber man sei ja Kummer gewöhnt. Er könne einiges ab.

Jedenfalls sei dieses Hotel hier zu bevorzugen, da es wegen seiner überwiegend aus Kartoffeln bestehenden Kost so gut wie von selbst koscher sei. Ob ich schon bemerkt hätte, dass man hier so gut wie kein Schweinefleisch angeboten bekäme?

Das hatte ich in der Tat noch nicht bemerkt. Aber wahrscheinlich wäre dieses Hotel auch jeden Vegetarier zu empfehlen, wenn ich an die vergangenen Speisepläne dachte.

Ich wollte dem Herrn gerade erklären, dass wir uns bestimmt noch nicht begegnet seinen, da wir beide viel unterwegs waren, da fragte er mich unverblümt, ob ich diesen Film kenne, wo ein kleiner Pariser Schwarzmarkthändler unter der Beobachtung der deutschen Wehrmacht steht? Der Mann war in einen schwulen algerischen Sänger verliebt, der relativ erfolgreich in einem Pariser Lokal auftrat. Dieser Sänger wurde ebenfalls verfolgt, weil er Jude war. Die kleine Freundin wurde von der Wehrmacht abgeführt, weil sie im Widerstand tätig war.

Die Pariser Kommunisten hatten nicht viel zu lachen und der muslimische Geistliche war unter ständiger Beobachtung, da man ihn verdächtigte, Juden bei sich zu verstecken und sie mit gefälschten Pässen zu versorgen, die sie als der muslimischen Religion zugehörig erklärten. Wer konnte, floh über Paris in die französischen Kolonien. Der Spuk war erst vorbei, als der Zweite Weltkrieg zu Ende war.

Ich fragte den Herrn zurück, ob er mir ein schlechtes Gewissen einreden wolle, für das was die Deutschen den Juden und dem Rest der Welt im Zweiten Weltkrieg angetan hatten.

„Nein, nein!", beteuerte er. Dann entschuldigte er sich: „Wissen Sie, als Jude müssen wir den Sabbat einhalten. Ich darf mich nicht allzu weit vom Hotel entfernen. Arbeiten darf ich nicht. Geschäfte darf ich auch nicht machen. Da kann es einem manchmal ganz schön langweilig werden. Früher gab es ja noch Fernsehen. Kennen Sie den Film, wo ein farbiger Mann, ein Afrikaner, in Paris ein Bestattungsunternehmen leitet, unterstützt von einer Frau in den Fünfzigern, die wiederum Frauen auf die Beine hilft, die von der Straße kommen. Also vom Strich, sozusagen. Das Unternehmen läuft gut, es gibt jede Menge Kundschaft, obwohl, oder vielleicht gerade, weil die Einrichtung `La vie en rose` heißt. Dann macht genau gegenüber ein anderes Bestattungsunternehmen auf, geleitet von zwei schwulen Männern, die ihrer Konkurrenz das Leben schwer machen?"

„Leider nein.", so meine Antwort. „Aber meine Ex-Frau, die hat auch immer Filme im französischen Fernsehen angeschaut. Vor allem TV5-Monde und FRANCE 3. Sie war der Meinung, dass dieser Sender viele bessere Filme zeigen würde und viel besser recherchieren und gründlicher informieren würde als das deutsche Fernsehen." „Ihre Ex-Frau ist eine kluge Frau.", sagte der Jude. Das wiederum hätte er besser nicht sagen sollen. Was konnte ich dafür, dass ich kein Wort französisch verstand? Ich riss mich zusammen.

„Lesen Sie gerne?", fragte ich ihn. Er nickte. Ich führte ihn zum Regal, aus dem ich mir immer die Bücher lieh. Das hatte er noch gar nicht bemerkt. Ich empfahl ihm die drei Bücher, die sich schon gelesen und zurückgebracht hatte. Dann verließ ich den Raum.

Mit Erlaubnis von Herrn Pou nahm ich mir noch einmal das Fahrrad aus dem Hof. Aufs Geratewohl fuhr ich drauflos. Irgendwann landete ich in Hastenbeck. Ich stieß auf eine kleine Kirche neben einem Schloss, dem Baustil nach wohl aus dem 19. Jahrhundert, und neben einem völlig verwilderten Park. Der war wohl nicht erst in den letzten zehn Jahren so verwildert. Das sah auch ein Laie.

Die Tür zur Kirche stand offen, so trat ich ein. So ein kleines Gotteshaus. Und so heimelig. Und so ein schönes Altarbild. Staunend blieb ich davorstehen. Dann kam mir eine Idee. Ich versuchte es einmal wie Don Camillo, einer Romanfigur von Giovannino Guareschi. Ich blieb vor dem Jesus am Kreuz stehen und fragte: „Lieber Jesus, was soll das alles? Ich bin so durcheinander. Die Finanzkrise, der Krieg, mein Job, Sabrina... Was soll ich tun?" Es war, als würde eine Stimme mir antworten: „Vertrau mir. Deine Zeit steht in meinen Händen. Alles wird gut!"

Natürlich war diese Stimme nicht akustisch hörbar, an in mir drinnen hörte ich sie. Dazu überkam mich ein tiefer Friede. Und ich wusste: Ja, es wird alles gut. Dankbar warf ich einen großen Schein in den Opferstock, der sich am Aushang befand. Und fröhlich radelte ich wieder in Richtung Hameln.

Weil ich auf einmal so guter Stimmung war und der Tag noch jung war, beschloss ich, dass ich nun auch einmal bei Herrn Hausmann vorbeischauen könnte. Zwar wusste ich nicht genau, wo der lag, aber in der Stadt angekommen fragte ich den nächstbesten Passanten, den ich traf: „Wo bitte, geht es hier zum Boulevard Haussmann? Äh, ich meine zum Hertieplatz, Kärcherplatz..." Verdammt, wo wohnte der Mann noch gleich, hatte er gesagt?

Der Gefragte musste lachen: „Ach, sie suchen die die Familie Haussmann? Die kennt hier jeder. Einfach rechts die Erichstraße rein, dann kommen sie direkt zum Mertensplatz. Können Sie gar nicht verfehlen." Tatsächlich, da war es schon. Das „Chateau Haussmann" war nicht zu verfehlen.

Es war ein Hotel, auch in der Zeit des Jugendstils erbaut. Die Tür war nur angelehnt. Eine Frau, die wohl schon älter war, aber noch recht jung wirkte, begrüßte mich. Ich fragte nach Herrn Haussmann. Da kam er auch schon um die Ecke: „Hallo! Du hast es tatsächlich geschafft! Komm rein, setze´ dich!" Damit bat er mich in einen Raum, der wie ein gemütliches Wohnzimmer aussah.

Vorsichtig fragte ich ihn, ob er auch Jude sei. „Aber nein!", beteuerte er. „Meine Frau besteht nur darauf, dass ich samstags und sonntags mal nicht an meiner Tonne stehe und Aale räuchere. Sonst geht auf Dauer die Ehe futsch. Also, hier bin ich!" Er schaute mich erwartungsvoll an. „Und warum kommst du hierher?", fragte er mich.

Ich erklärte, dass ich kein besonderes Anliegen hätte, sondern nur mal schauen wollte, wie es im „Chateau Haussmann" am „Boulevard Haussmann" aussehe.

Er zeigte mir das schöne, gut gepflegte Haus. Hier war alles viel aufgeräumter und gepflegter als in dem Hotel am Bahnhofsplatz. Aber es waren wohl auch nicht so viele Gäste da.

Schließlich meinte er: „Sollen wir uns nicht duzen? Ich heiße Hans. Hans Haussmann." Er streckte mir die Hand entgegen. Ich nahm sie und sagte: „Ich heiße Ralf. Ralf Winters. Sommers wie Winters." Seine Frau lachte. Sie war dunkelhaarig und ausgesprochen hübsch. Wenn auch nicht so hübsch wie Sabrina. Sie nannte auch ihren Namen: „Mein Name ist Bayla. Ich komme aus Persien. Die Hauptstadt ist Bagdad. Genaugenommen kommt mein

Großvater von dort. Seit 1979 heißt das Land Iran. Aber da waren wir schon in Deutschland."

Und Hans fügte hinzu: „Ja, ihr Großvater hat acht Kinder. Und die wohnen auch alle in Deutschland. Genaugenommen in Hameln. Um ehrlich zu sein: Alle Kinder und Enkelkinder wohnen hier in der Straße. Und die meisten von uns vermieten an Gäste." Nun musste ich lachen, kein Wunder, dass er die Straße „Boulevard Haussmann" nennen wollte. Obwohl Haussmann ja nicht gerade ein Persischer Name war. Sicherlich hatte sich da mal ein deutscher oder französischer Diplomat in den vorderen Orient verirrt...

Bayla bat mich nun, auf dem Sofa Platz zu nehmen und verschwand in der Küche, um Tee zu kochen. Ich schaute mich um: An den Wänden hingen Plakate. Es waren Lithografien, als Drucke mit einer Steindrucktechnik hergestellt. Mit dieser Technik hatte Anno dazumal Toulouse-Lautrec dem Moulin Rouge in Paris zu großem Bekanntheitsgrad verholfen. Auf einem Plakat stand: „Otto – ich bin doch nicht blöd". Auf dem nächsten: „Wetten dass....? - Thomas kommt". Und dann war da noch ein drittes Plakat: „Mike – die längste Nase der Welt"

Hans hatte meinen Blick bemerkt: „Ja, die sind alle hier aufgetreten. Wir vermieten auch Säle. Das war damals vielleicht eine Stimmung!" Das mochte ich wohl glauben.

Bayla kam mit einem herrlich aromatisch duftenden Tee zurück. Später kochte sie noch ein Mahlzeit, die aus mehreren Gängen bestand.

Es war wirklich gemütlich. Das lag wohl an der orientalischen Gastfreundschaft.

Gerade als Hans mir erzählte, dass Bayla in direkter Linie von dem Bruder von George-Eugene Haussmann abstammte, der sich im 19 Jahrhundert von Paris nach Persien verirrt hatte, und die einzige Bedingung gewesen sei, eine der Frauen aus der Familie Baylas zu heiraten gewesen sei, den Familiennamen zu übernehmen, bemerkte ich, dass es schon sehr spät war und draußen war es schon stockdunkel.

Sobald es mir also möglich war, verabschiedete ich mich. Und versprach noch einmal wiederzukommen.

Auf der Rückfahrt zum Hotel verfuhr ich mich etwa dreimal, weil die Straßen nicht beleuchtet waren. So ganz genau wusste ich den Weg nicht mehr. Einmal war mir auch, als hätte ich Sabrina mit einem Mann in einem dunklen Talar um eine Häuserecke biegen sehen, aber sie war wohl in Loccum. Oder war sie schon wieder zurück. Im Prinzip war es mir egal. Ich war einfach nur müde vom heutigen Tag. Ich stellte das Fahrrad leise in den Hof, ging leise grüßend an Herrn Mukell vorbei, der wie immer an seinem Platz hinter der Rezeption saß und ging direkt in meine Zimmer.

Es dauerte nicht lange, bis ich einschlief.

11.

Am nächsten Morgen saß Sabrina an ihrem Platz am Frühstückstisch und aß ihr Ei.

Sie schaute mich an, als ich hereinkam und drücke mir ein Küsschen auf die Wange.

Nanu, woher diese Ehre?

Ich schaute mich im Frühstücksraum um. Da sah ich auch den älteren jüdischen Herrn von gestern in einer Ecke sitzen. Er hatte mich auch bemerkt. Mit den Augen fragte ich ihn, ob er die Bücher gestern gelesen hätte.

Er zeigte mir drei Finger der rechten Hand, was wohl hieß, dass er alle drei Bücher gelesen hatte und dann formte er mit Daumen und Zeigefinger einen Kreis. Das Zeichen für „vorzüglich". Wir nickten uns zu. Dann frühstückten wir weiter. Das heißt, erst mal musste ich mir meinen Kaffee holen. Dann eine Scheibe Brot, Butter, Aufstrich und ein Ei.

Hand in Hand gingen Sabrina und ich nach dem Frühstück zum Gottesdienst. Die Kirche war so voll wie in der vergangenen Woche. Wir setzten uns und mir fiel auf, dass hier zwar ein Kreuz über dem Altar hing, aber es war kein Jesus zu sehen. Sabrina meinte, das hinge wohl damit zusammen, dass Jesus ja nach der Kreuzigung auferstanden sei. Er hätte zwar für uns am Kreuz gelitten, aber die meisten Menschen vergaßen, dass er ja auch wieder vom Kreuz abgenommen worden sei. Und Himmelfahrt sei er sogar gen Himmel gefahren.

Dann fragte sie mich, ob ich, vor der Finanzkrise natürlich, schon mal erlebt hätte, dass jemand eines grausamen Unfalltodes in einem Auto gestorben sei? Klar. Wem ist das nicht passiert? Und hätte auch nur einer der Angehörigen bei sich auf der Kommode ein – völlig zerquetschtes – Spiel-zeugauto stehen gehabt, mit einem kleinen Püppchen darin, im Gedenken an den Verstorbenen? Wohl eher nicht. In Deutschland wurde doch jeder anständig beerdigt und dann wünschte man sich, dass er, beziehungsweise seine Seele in den Himmel käme.

Der Gottesdienst fing mit dem Lied „Nobody knows the trouble I`ve seen" an und Louis Armstrong hätte seine helle Freude daran gehabt.

Der Pastor fing an, über Umstände zu predigen. Es gäbe Standpunkte, die jeder felsenfest vertrete, ohne sich dabei vom Fleck zu rühren. Es gäbe Wohlstand, wo es den Menschen gut ging, sie aber auch nicht so flexibel wären als wenn es ihnen wohlergehe. Es gibt einen finanziellen Stand, einen hohen Stand und man könne auf dem neuesten Stand sein.

Ein Umstand sei etwas, das umher stehe. Finanzieller Mangel sei etwa ein Umstand, ebenso wie Krankheit, Einsamkeit oder die Tatsache, dass man immer noch an die Evolutionstheorie glaube.

Wären wir tatsächlich alle per Zufallsprinzip entstanden, würden wir wohl alle wie die Mutanten aus diversen Science-Fiction-Filmen herumlaufen. Man würde im Frühjahr Karotten setzen und im Herbst wären Zuckerrüben in der Erde. Der Metzger würde eine Kuh schlachten und plötzlich hätte diese statt der vier Mägen fünf bis zehn Mägen in ihrem Inneren. Man würde ein schwarzes Zwergkaninchen mit einem weißen Zwergkaninchen paaren und hätte als Ergebnis lauter braune Riesen. Dann fragte der Pastor, wann wir das letzte Mal einen Affen haben aus dem Wald kommen sehen, der sich auf die Brust klopfte und rief: „Hurra, ich kann sprechen!"

Jemand rief in den Raum: „Ich! Das war Homer Simpson!" Alles lachte. Doch der Pastor bestand darauf, dass der liebe Herrgott uns alle persönlich erschaffen habe. Die einen als Affen, die anderen als Menschen. Wieder hörte man ein Lachen im Raum. Der Chor stimmte „Amazing grace" an, danach war der Gottesdienst zu Ende.

Auf dem Rückweg nahm Sabrina mich in den Arm. Wir kamen wieder an der Radiostation vorbei, der Moderator verlas gerade eine Meldung, dass der Bundeskanzler das deutsche Schienennetz wieder auf das Feinste in Stand setzten lassen wollte. Jeder Bürger solle die Möglichkeit haben, für wenig Geld gut und sicher mit der Bahn durch die Republik fahren zu können. Es folgte das Lied „Der Rattenfänger"

Irgendwo in einem Gebüsch legten wir einen Zwischenstopp ein. Sabrina und ich liebten uns heiß und innig.

Mit Blättern bedeckt standen wir wieder auf. Auf dem Weg zurück zum Hotel sang Sabrina immer wieder das Lied „Temptation". Heißt „Temptation" nicht so viel wie Versuchung?

Um sie auf andere Gedanken zu bringen, fragte ich sie, wie sie mit ihrer Arbeit vorankäme. Sie antwortete nur kurz mit „Vorzüglich!" Dann sang sie weiter. Möge einer die Frauen verstehen.

Es gibt ein Sprichwort, das sagt: „Als Gott den Mann schuf, da übte SIE noch." Ich hoffe, „SIE", hat sich bei der Erschaffung der Frau nicht übernommen. Es gibt ja auch Kunstwerke, die sind so überladen, dass man gar nicht mehr weiß, was der Künstler damit ausdrücken will.

Wieder am Hotel angekommen, ging Sabrina in ihr Zimmer, sie müsse noch einen Brief schreiben, wie sie sagte. Ich hingegen wollte zum Nachdenken noch etwas in den Garten gehen. Die Kuh Lieselotte stand am Zaun und schien mich schon erwartet zu haben. Ich kraulte sie hinter den Ohren und streichelte sie lange am Hals und erzählte ihr vom Vormittag. Sie kaute ihr Gras und nickte hin und wieder verständnisvoll. An dem kleinen Gartentisch saßen Adam und Wolfgang. Sie zerkrümelten sich irgendwelches Zeug und streuten es sich auf den Tabak, aus dem sie ihre Zigaretten drehten.

Tabak gab es bislang nur aus der Pfalz. Viele Jahre lang gab es dort ein kleines Unternehmen, dass seine Blätter an Roth-Händle verkaufte. Der letzte Stand war, dass es die Firma Roth-Händle nicht mehr gab, das deutsche Unternehmen aber gewaltig expandiert hatte. Wer immer in den Süden des Landes reiste, nahm sich einen großen Beutel getrocknete Tabakblätter mit. Meist wurden sie an Freunde, Bekannte und Nachbarn weiterverkauft.

Mit halben Ohr hörte ich, wie Wolfgang Adam fragte: „Sag mal, glaubst du wirklich, ich hatte bei der Yvonne so gar keine Chancen?"

„Nee, die war doch sowas von homo.", antwortete Adam.

„Ja, aber dein Onkel...?"

„Mein Onkel, der alte Grunz, hat doch allem nachgeschaut, was eine Körbchen Größe größer als B hatte!"

„Aber die Yvonne..."

Langsam wurde Adam ungeduldig: „Die Yvonne hatte zwar Körbchen Größe D, aber sie war doch Tag und Nacht mit dieser Natascha zusammen. Bei der hatte kein Mann eine Chance!"

„Nachts auch? Äh, beziehungsweise auch nachts hatte kein Mann bei der eine Chance?" Wolfgang schien es nicht glauben zu können.

„Nachts auch. Also ich meine, nachts war sie mit dieser Natascha zusammen. Also vorher mit dieser Yvonne..., äh, oder wie war das noch gleich?" Adam schien unsicher zu werden. „Das glaube ich zumindest. Dabei war ich natürlich nicht. Du bringst mich ganz durcheinander. Ey, die ist doch schon längst tot!"

Aber Wolfgang wollte es jetzt ganz genau wissen: „Und vorgestern das mit dem Sven?"

„Ach, das im Kuhstall?" Adam war also bestens informiert. „Das war nur Hühnerkacke. Die Natascha wollte nur, dass Sven ihr jeden Tag essen aus der Küche mitbringt.

Einmal in der Woche bumsen - Sieben Tage Vollverpflegung! Und der Typ merkt das noch nicht mal. Er hat sich sogar von ihr überreden lassen, sich von Peggy zu trennen. Ist halt ein Dödel wie er im Buche steht."

Adam nahm einen tiefen Zug aus seiner selbstgedrehten Zigarette. „Du kennst doch die Geschichten vom Zweiten Weltkrieg. Da sind die Frauen auch mit jedem ins Bett gehüpft, nur damit sie sich und ihre Kinder versorgen konnten, bis der Olle aus dem Krieg oder der Gefangenschaft wiederkam. Vielleicht ist die Natascha aber auch bisexuell. Ich habe sie nicht gefragt. Was interessieren mich die Frauen. Ich bin halt mehr der Experte für exklusiven Tabak." Damit nahm er einen tiefen Zug aus seiner selbst gedrehten Zigarette.

Für Adam schien das Thema hiermit beendet, doch Wolfgang versuchte es für sich klarzukriegen: „Die Yvonne war homo, hat sich also nur für Frauen interessiert. Deshalb hat sie mich auch nie angeguckt. War trotzdem eine verdammt klasse Frau!

Die Natascha macht´s, wahrscheinlich, mit Männern und Frauen. Woran erkennt man heutzutage an einer Frau, für wen oder was sie sich interessiert?" Er dachte einen Moment nach, dann sagte er laut zu sich selbst: „Nee, das ist mir zu hoch." Und zu Adam gewandt: „Sag mal, Adam, gibt es eigentlich noch diesen Versandhandel von Beate Buhse, oder wie die Frau hieß, mit den vielen Gummi- und Latexpuppen?"

Adam grunzte nur noch unwillig und hielt Wolfgang die Zigarette hin: „Hier, nimm das. Das bringt dich auf andere Gedanken!"

Dann rauchten sie schweigend ihre Zigaretten und schauten der untergehenden Sonne zu. Ja, ja, diese Frauen. Ich musste an meine Ex-Frau denken. Natürlich hatten wir uns geliebt. Aber unsere Ehe schien irgendwie wie die Refrains aus alten Schlagern zu bestehen: ich brauch dich – dafür nicht; mein Telefon klingelt – nicht; ich lieb dich – ich lieb dich nicht; ich will dich nicht – verlier 'n. Freiheit – ist die einzige die fehlt.

Ich hoffte, dass es ihr in Frankreich besserging als in Hamburg. Jeden Tag Baguette, Muscheln, frisch vom Strand, „des Coquillages", wie man dort zu sagen pflegte und Croissants zum Frühstück.

Ob Max, der Surflehrer, auch im Bett gut surfen konnte?

Mein Magen knurrte. Da es schon spät war, beschloss ich, in die Küche zu gehen, um zu schauen, ob es da etwas zu essen für mich gab. Vielleicht einen Kartoffelpuffer vom Mittagessen oder so. Ich hatte Glück.

Auf höfliche Nachfrage gab man mir zwar keine Kartoffelpuffer, wie sie für heute auf dem Speiseplan standen, die waren schon alle weg, aber man testete gerade die Dampfnudeln für morgen. Komisch. Da waren gar keine Kartoffeln drin. Nur Hefe, Milch, Mehl, Salz und Zucker.

Der Chefkoch war nicht zu sehen. Der Hilfskoch und der Auszubildende werkelten am Herd herum. Ich getraute mich zu fragen, wo denn der Maître de Cuisine wäre? Er wäre doch nicht auch noch eines plötzlichen Todes gestorben?"

„Nein.", sagte der Auszubildende. „Er ist heute Mittag mit Magen-Darm-Grippe nach Hause gegangen. Er macht gerade eine Kur mit gekochten Kartoffeln. Das hilft. Solange hat er uns hier freie Hand in der Küche gegeben. Das ist der Beginn der Haute Cuisine!" Er blickte mich ein wenig stolz an und Sven nickte dazu überzeugend und lud mir noch eine Extraportion Zucker, Zimt und Mohn auf meine Dampfnudeln. Dankend ging ich nach oben.

Da ich nicht mehr wusste, was ich für heute noch machen sollte, setzte ich mich an den Schreibtisch und schrieb meinem Chef noch einen Brief: Neue Übernachtungsmöglichkeiten in Hameln gefunden,

Konzertmöglichkeiten aufgetan, Die Technik der Lithografie als Plakatmöglichkeit wiederentdeckt.

Das waren die drei Hauptgesichtspunkte meines Briefes. Am Rande bemerkte ich noch die Wiederinstandsetzung alter Bahnverbindungen. Das würde das Reisen nicht mehr ganz so abenteuerlich machen.

12.

Der Montagmorgen fing anders an als alle bisherigen Tage, die ich in dem Hotel erlebt hatte.

Ich wachte nicht nur mit rasenden Kopfschmerzen auf, sondern glaubte auch Fieber zu haben und ich fühlte mich wirklich elend. Langsam, ganz langsam, schleppte ich mich zum Badezimmer, da hörte ich aus der Wäschekammer lautes Gerede: „Du willst mir also sagen, du hast nie was mit Yvonne gehabt?" Das war Sandra. „Doch, aber sie, sie, sie hat mich gezwungen." Das war Natascha. „Sie hat dich was?" Sandra schien es nicht glauben zu wollen. „Ja, sie hat mich gezwungen. Sie hat gesagt, wenn ich es nicht mit ihr mache, dann sorgt sie dafür, dass ich meinen Job verliere und sie mir jeden Tag einen Mann aufs Zimmer schickt. Und du weißt, wie sehr ich Männer hasse!" „Aha, du hasst also Männer?" „Ja, außer Sven vielleicht. Der ist nicht wie alle anderen. Aber er ist eben keine Frau! So einen würde ich nie lieben können."

„Du willst also allen Ernstes sagen, dass Yvonne mit dir, ..., also sie hat dich..., es war gar nicht deine freie Entscheidung?" Sandra schien fassungslos. „Dann hätte ich sie ja gar nicht...?"

„Doch die Zicke hat es nicht anders verdient. Sie wusste doch, dass ich nur dich liebe. Du glaubst nicht, wie sie mich gemartert hat. Sie hat mich sogar erpresst..."

Ich wusste nicht, ob ich meinen Ohren trauen konnte, oder ob ich einen Fieberwahn hatte. Dass zwei Frauen.... wegen einer dritten...?

Nein, das konnte nicht sein. So etwas ging mir nicht ins Hirn. So gut es ging, wusch ich mich. Das kalte Wasser schien auf meinem Gesicht zu verdampfen.

Ich hatte bestimmt mindestens 40 Grad Fieber. Konnte es sein, dass ich eine Magen-Darm-Grippe hatte wie der Chefkoch? Mein Gang zum Klo sprach dafür. Ich beschloss, Wolfgang zu suchen, bestimmt hatte der Gärtner auch etwas gegen Fieber in seinem Heilkräutergarten. Vielleicht Birke, Brombeere oder Pfefferminze? Wie zum Kuckuck machte man einen Wadenwickel? Das würde Wolfgang bestimmt wissen.

Die Treppe herunter kam mir Adam, auf dem Weg zum Dachboden, entgegen und von noch weiter unten hörte man ein mächtiges Getöse wie Stiefeltritte. Adam fluchte: „Was ist das für ein Lärm? Wird hier eine hypergalaktische Umgehungsstraße gebaut oder was? Muss die Erde dafür gesprengt werden? Ich protestiere! Die Erde ist ein von Mäusen regierter Computer und wir erwarten in Kürze die Frage auf die Antwort 42." Mann, war der Kerl breit! Kiffen macht nicht nur gleichgültig, es verwirrt scheinbar auch mächtig die Gedanken.

Mir selbst war mittlerweile so heiß, dass ich überlegte, ob ich 42 Grad Fieber haben könnte? Aber man hatte mir einmal erzählt, dass bei 42 Grad Celsius Eiweiß gerinnt und dann wäre es Essig mit den weißen Blutkörperchen und was man so alles an Eiweiß in seinem Körper hat. Man wäre faktisch tot.

Auf der 3. Etage hörte man Sabrina „I´m a virgin..." singen, dem Lied von Madonna.

Nein, ich glaubte noch nicht im Himmel zu sein, denn das Getöse wurde lauter und ein mächtiger Mann kam die Treppe herauf gestiefelt. Das war der Bischof von Fulda. Das wusste ich noch von früheren Fotos her. So schnell wechselt man das Amt des Bischofs ja nicht, außer man wird Kardinal. Und später eventuell Papst.

Der Mann hatte nicht nur einen großen Schritt, sondern auch ein großes Auftreten. Er klopfte an Sabrinas Tür: „Frau Weiß, sind sie da? Ich möchte gerne mit ihnen sprechen."

Vorsichtig ging die Tür auf und Sabrina schaute heraus. Sie hatte sich wohl gerade angezogen, ihr Kleid hinten war noch offen.

Der Bischof redete nicht gerade leise: „Frau Weiß, ihre Arbeit in allen Ehren. Sie haben vorzügliche Arbeit geleistet, was die Erforschung des Glaubenslebens in Hameln angeht. Viele Menschen haben zurück zum Glauben gefunden, viele gehören der katholischen Kirche an, die Gottesdienste scheinen hier in der Region etwas freier geworden zu sein, wenn man das so sagen darf, und jede Menge Menschen gehören einer anderen Glaubenszugehörigkeit an. Diesen von ihnen verfassten Bericht kann ich ruhigen Gewissens auch nach Rom senden.

Aber was ich nicht nach Rom senden kann, sind die Beschwerden, Briefe und Telegramme meiner lieben Glaubensbrüder, die sich beschweren, dass sie geradezu unsittlich von ihnen

belästigt worden sind." Dabei schwenkte er einen Packen Papiere in der Hand. Er fuhr fort:

„In Ordnung, ich weiß, dass nicht jedes Schäflein unserer Kirche es nicht immerzu schafft, das Zölibat einzuhalten, auch wenn es sich darum bemüht. Aber sie, Frau Weiß, machen es meinen Brüdern nicht gerade leicht. Die Herren wären von ihnen verführt worden. Sie hätten sich gewehrt. Ich habe wirklich treue Glaubensbrüder, sie meinten, sie hätten sie angefleht, geradezu gebettelt, doch sie mussten ihrer sexuellen Begierde nachgeben. Selbst die Männer, die der Sünde der Homosexualität anhängen," dabei hüstelte der Geistliche verlegen, „konnten sich ihrer kaum erwehren. Das waren auch die ersten, die diese Beschwerdebriefe an mich schrieben. Weitere folgten in kurzen Abständen. Ebenso diverse Telegramme! Wie erklären sie sich das?"

Durch die geschlossene Tür hörte man jedes Wort. Es waren noch ein paar andere Leute auf die Etage gekommen. Wahrscheinlich waren sie gespannt, ob noch ein Mord passieren würde. Dem war jedoch nicht so.

Erst versuchte sich Sabrina rauszureden. Dann gestand sie, dass sie krank sei. Sie sei Nymphomanin, das habe man bei ihr schon vor etwa zehn Jahren festgestellt. Eine Therapie habe nicht angeschlagen, deshalb habe sie ihr Heil in der Katholischen Kirche gesucht. Sie sei so froh gewesen, als sie die Stelle im Bistum bekommen habe.

Erst wurde es besser mit ihrem Krankheitsbild. Fast schon hatte die gedacht, sie hätte alles überwunden, da die katholischen Geistlichen, mit denen sie es im Büro zu tun hatte, alle so fromm gewesen seien. Es hatte sie auch nie jemand belästigt, wie damals in der freien Wirtschaft, wo es mit „Po kneifen" und verbalen Anzüglichkeiten begann und es Frauen schafften, sich die ganze Karriereleiter hochzuschlafen, was aber nie ihr Ziel gewesen sei.

Nein, sie hatte sich ganz bewusst diese Stelle in kirchlichen Sektor gesucht. Aber dann, als man ihr Anbot, diese Stelle im Außendienst zu übernehmen, wenn man so sagen darf, da wusste sie auch nicht, was über sie gekommen sei.

Der erste Priester, mit dem sie ein Gespräch geführt hatte, Na ja, der hatte also wirklich ein Problem mit seinem Zölibat gehabt und dem habe sie ein wenig Abhilfe verschaffen wollen. Und dann war es, als sei ein Stein ins Rollen gekommen. Sie konnte sich einfach nicht mehr bremsen. Ob es möglich wäre, Vergebung zu bekommen?" Nun weinte Sabrina bitterlich.

Der Bischof war indes still geworden. Alle anderen, die vor der Tür standen, auch. Adam, der gerade vom Dachboden herunterkam und nicht wirklich wusste, worum es ging, sagte mehr zu sich selbst: „Wer ohne Sünde von euch ist, der werfe den ersten Stein."

Die Neugierigen vor der Tür verschwanden einer nach dem anderem.

Der Bischof bat Sabrina ihre Sachen zu packen und meinte, mit dem nächsten Zug würden sie zurück nach Fulda fahren. Für Sabrina war das in Ordnung.

Der Bischof ging die Treppen hinunter und begab sich an die Rezeption, um Sabrinas Hotelrechnung zu begleichen. Herr Mukell brauchte ein wenig, um alles zusammenzurechnen. Wann genau war Sabrina angekommen? Wie oft hatte sie hier zu Mittag gegessen? Ob es möglich sei, dass die Katholische Kirche das Hotel weiterempfehlen würde? Man wäre immer dankbar für Protektionen!

Und ich, ach ja, mein Kopf dröhnte, und ich wollte Wolfgang suchen. Im zweiten Stock musste ich einen Zwischenhalt einlegen, weil ich noch einmal auf Toilette musste. Als ich zur Badezimmertür rauskam, kam Sabrina mit ihrem Köfferchen gerade runter. Sie sah mich, drückte mir ein Küsschen auf die Wange, sagte, ich sähe entsetzlich aus, aber sie könne sich jetzt nicht um mich kümmern, denn sie müsse kurzfristig noch in einer entfernteren Region die Menschen nach ihrem Glaubensleben befragen. „Man sieht sich!", so waren ihre Worte. Sie wusste ja nicht, dass ihr vor ihrer Zimmertür alles mitangehört hatte. Mit schlaffer Hand winkte ich ihr hinterher.

Im ersten Stock war mir auf einmal übel und ich musste mich erbrechen. Ich schaffte es gerade noch auf die Toilette. Als ich dort herauskam, sah ich, wie die kleine, sonst immer so lustige Sandra die Treppe herunter polterte: „Herr Bischof, Herr Bischof, warten sie, ich muss ihnen etwas Wichtiges sagen!" Sie war puterrot und Tränen liefen ihr über die Wange. Wollte sie jetzt beichten, dass sie ein Verhältnis mit einer Frau hatte? Hatte der Bischof für so etwas überhaupt Zeit?

Hatte er. Er bat Sabrina, noch einen Moment im Frühstücksraum Platz zu nehmen. Dann wandte er sich Sandra zu: „Was gibt es denn, mein Kind?"

„Ich äh, es ist streng vertraulich. Ist es möglich, dass sie mir die Beichte abnehmen?"

„Aber selbstverständlich mein Kind! Hier und jetzt?"

Sandra nickte intensiv.

Daraufhin gingen beide in den Raum, in dem damals die Polizei die Vernehmung durchgeführt hatte, als Yvonne ermordet worden war.

Sandra gestand ihm, dass sie aus Eifersucht Yvonne ermordet hatte. Sie war davon überzeugt, dass sie und Natascha zusammengehörten. Und Yvonne wurde immer aufdringlicher. Sie dachte allen Ernstes, dass Yvonne ihr Natascha wegnehmen wollte. Da wusste sie sich nicht anders zu helfen, als sich das Tranchiermesser aus der Küche zu nehmen, es in der Wäschekammer zu verstecken und zu warten, bis sie einen Moment unbeobachtet mit Yvonne war. Sie wusste, dass das Messer in der Küche nicht vermisst werden würde, da es ja fast ausschließlich vegetarische Küche gab. Dann hatte sie, nach dem sie gemeinsam mit Yvonne Wäsche zusammengelegt hatte und die anderen Mädchen ein, zwei Stockwerke tiefer waren, einfach zugestochen, als sich die Gelegenheit bot. Die anderen Mädchen waren ein Stockwerk tiefer mit der Arbeit und mit sich selbst beschäftigt gewesen. Nun hielt sie es aber nicht mehr aus. Sie sei katholisch erzogen und träumte jede Nacht, dass ihre Seele in der Hölle schmore. Ihr schlechtes Gewissen sei immens.

Nur eine Beichte und eine Sündenvergebung würden sie vor dem Fegefeuer bewahren, davon war sie überzeugt.

Der Bischof nahm ihr also an Ort und Stelle die Beichte ab und gab ihr jede Menge Gebete, also Rosenkränze und Vaterunser, auf zu beten.

Mehr konnte er für sie nicht tun. Er lieferte sie auch nicht der Polizei aus, da er selbst der Verschwiegenheitspflicht unterlag. Diese besagt, dass ein kirchlich Geistlicher selbst einen Mord nicht der Polizei melden darf. Das erfuhren wir natürlich nicht vom Bischof oder von Sandra persönlich, sondern so stand es in dem Abschiedsbrief, den Sandra Herrn Mukell hinterließ. Das behauptete jedenfalls Herr Mukell.

Am selben Abend noch brach Sandra mit Natascha zu einer Pilgertour nach Lourdes in Frankreich auf. Sie erwägten dort gemeinsam in ein Kloster zu gehen. Wie weit sie gekommen sind, dass weiß nur Gott alleine. Eine Interpol, die sie hätte suchen können, gab es ja nicht mehr.

Irgendwann stellte die Polizei auch ihre Ermittlungen ein. Es gab ja auch noch andere Probleme. Ein Problem von herausragender Bedeutung war für mich zum Beispiel immer noch mein Fieber. Wortlos ging ich an Herrn Mukell und Sabrina vorbei in den Garten. Im Garten selbst war niemand. Die Kuh Lieselotte nickte mir aufmunternd zu. Im Kuhstall war auch niemand. Aber hinten, im Kräutergarten, fand ich Wolfgang. Ich fragte ihn, ob er nicht ein fiebersenkendes Kraut für mich hätte, eines gegen Übelkeit und eines gegen Durchfall? Aber bitte keine gekochten Kartoffeln!

Wolfgang schüttelte den Kopf: „Bedaure," sagte er zu mir. „Für deinen miserablen Zustand ist kein Kraut gewachsen, fürchte ich." Er blickte mich skeptisch an, als würde er meinen baldigen Tod erwarten. „Aber komm mal mit!", forderte er mich auf. Ich folgte ihm in den Kuhstall. Wolfgang hob einen großen Strohballen hoch. Darunter lag eine Kiste. Vorsichtig öffnete er sie. Darin lag, ich konnte es kaum glauben, der Inhalt einer ganzen Hausapotheke aus der Zeit vor 2013. Fieberthermometer, Antibiotika, Kopfschmerztabletten, Mullbinden, Vitamintabletten, Schmerzgele verschiedener Arten und vieles mehr. Sogar Tabletten gegen Herzprobleme waren dabei. Alles im besten Zustand und das Haltbarkeitsdatum war auch noch nicht abgelaufen, soweit ich den Aufdruck auf den verschiedenen Schachteln erkennen konnte.

Hatte ich schon Halluzinationen? Wie oft hatte ich mir in den letzten Jahren nur ein einziges, klitzekleines Aspirin gewünscht.

„Was willst du haben? Ibuprofen oder Paracetamol? Nimm das, ist von Ratioferm. Ist echt gut!" Damit drückte mir Wolfgang ein schmerz- und fiebersenkendes Mittel in die Hand sowie ein Medikament gegen die Magen-Darm-Grippe. Dann flüstere er mir vertraulich zu: „Die Kiste hat Adam von seinem Onkel geerbt. Wollte er nicht haben. Seitdem er sein Kraut auf dem Dachboden hat, interessiert er sich für nichts anderes mehr. Also habe ich gesagt, dass ich die Kiste für ihn verwahren werde, bis er sie mal brauchen wird. Ich habe mir aber volles Nutzniessungsrecht ausgesprochen lassen!"

Er blickte sich um, um sich zu vergewissern, dass uns niemand hörte: „Aber das bleibt unter uns. Sonst ist die Kiste morgen leer." „Klar!"

Dankbar schlich ich mich in mein Bett. Es war zwar noch nicht mal Mittagszeit, aber für heute hatte ich wahrlich genug erlebt.

13.

Nachdem ich die Tabletten genommen hatte, schlief ich durch, bis zum nächsten Tag. Ich hatte kein Fieber mehr, kein Erbrechen, keinen Durchfall. die Kopfschmerzen waren wie weggeblasen. Sabrina auch. Schade, irgendwie war sie eine nette Frau gewesen. Und eine schöne Zeit hatten wir auch miteinander verlebt...

Die Zimmermädchen, von denen nur noch Peggy, Marion und Anna übrig waren, beklagten sich lautstark über die zu viele Arbeit und standen sich dabei irgendwie immer gegenseitig im Weg herum.

Der Chefkoch war auch wieder auf den Beinen und werkelte wieder in der Küche herum. Er gab dem Hilfskoch und dem Auszubildenden Anweisungen für die Zubereitung von gratiniertem Kartoffelpüree.

Die Servicekraft spülte das Geschirr.

Adam versuchte, mehr oder weniger erfolgreich, zwei oder drei Glühbirnen im Frühstücksraum auszuwechseln.

„Pass auf, dass du nichts zerbrichst, und vor allem zerbrich dir nicht das Genick!", herrschte ihn Herr Mukell an.

Den älteren jüdischen Herrn sah ich, wie er gerade mit einem Koffer das Hotel verlassen wollte. Er drehte sich noch einmal zu mir um: „Sehen Sie, es ist alles noch einmal gut gegangen. Ich habe meine Geschäfte hier abschließen können und Herr Mukell hat mir bestätigt, dass er vor der Polizei für mich eintreten wird, dass ich den Mord an dem Zimmermädchen keineswegs verübt haben kann. Wo auch immer er seine Gewissheit nimmt, aber ich weiß ja selbst, dass ich es nicht war! Und dann hat Herr Mukell mir noch einige Bücher aus seinem Regal geschenkt. Er hielt eine große Tasche auf: „Mose, 40 Jahre durch die Wüste - mein Tagebuch" lag darin, „Kammern der Begierde", „Gewagte Spiele" und „König David, wie schwer es ist, ein Land zu regieren (vor allem, wenn man ständig verfolgt wird)" Ein Mammutwälzer.

Na gut, diese vier Bücher hatte ich noch nicht gelesen, aber sicherlich würden sie dem Herrn den einen oder anderen Sabbat verkürzen, den er zu Hause bleiben musste. Da war ich mir sicher.

Wolfgang kümmerte sich im Garten um die Kuh Lieselotte. Ich teilte ihnen mit, dass ich nun auch mit meinen Recherchen fertig war und heute Abend nach Hause fahren würde. Wolfgang freute sich, dass ich so schnell kuriert war und meinte, dass nicht jeder einen so großzügigen Chef hätte, der einen für fast zwei Wochen in die weite Welt hinausschickte. Dem stimmte ich zu.

Am Nachmittag besuchte ich noch John Sinckleer an seinem Hendl-Stand und ließ mir Proviant für die Heimreise einpacken: Halbe Hähnchen, trockene Brötchen, eingelegte Bohnen. Dann sagte ich auch noch Herrn Haussmann auf Wiedersehen. Er stand an seiner Tonne an der Weser und räucherte Aale. Wie immer. Ich versprach ihm, wiederzukommen. Ich schaffte es nicht mehr, den Rattenfänger in Hessisch-Oldendorf zu besuchen und zum Haus des Kupferstechers hätte ich es auf Anhieb sowieso nicht gefunden. Allerdings ging ich zu Herrn Mukell an die Rezeption und half ihm, die Belege zu finden, auf welchen stand, ab wann mein Chef für mich reserviert hatte, in welchem Zimmer ich wohnte und wohin Herr Mukell die Rechnung zu schicken habe. Auch mich bat Herr Mukell, das Hotel weiterzuempfehlen. „Aufs Wärmste!", so versicherte ich.

14.

Nach einer abenteuerlichen Zugfahrt kam ich in der Nacht in Hamburg an.

Ich bekam einen ganz schönen Schrecken, als ich sah, dass in meiner Wohnung alles durchwühlt war. Aber ich war zu müde, um alles genau zu untersuchen.

Ich stellte meinen Koffer ab und wollte mich gleich ins Bett legen, da sah ich, dass darin schon jemand schlief. Was tun? War sie bewaffnet? Sollte ich mir eine Waffe besorgen? Ich sah mich im Zimmer nach einem geeigneten Gegenstand um. Die Nachttischlampe vielleicht? Die Person im Bett drehte sich müde um – es war meine Ex-Frau. Dann machte sie die Augen auf: „Oh mon cherie, da bist du ja. Ich dachte schon, du kämest gar nicht mehr nach Hause!" Zum Diskutierten war ich einfach zu müde, also legte ich mich zu ihr ins Bett und schlief auch sogleich ein.

Am nächsten Morgen tatschte etwas in meinem Gesicht herum. „C´ est le nez. Mais qui est-ce que l`homme, maman?", fragte eine kleine französische Stimme. Im Nu war ich wach.

Ein kleines dunkelhäutiges Gesicht blickte mich an, über ihm sah ich das Gesicht meiner Ex-Frau. Komisch, meine Frau sah nicht besonders gut aus. Jedenfalls nicht so wie diese inhaltsleeren Frauen, die früher immer auf den Zeitschriften abgebildet waren. Sie hatte schon immer eine gewisse Ähnlichkeit mit der französischen Schauspielerin Simone Signoret gehabt. Je älter sie geworden war, desto größer war diese Ähnlichkeit geworden. Das gab ihrem Aussehen einen gewissen sinnlichen, geheimnisvollen Reiz, den ich schon immer an ihr geliebt hatte.

„Entschuldige mein Schatz!", sagte sie. „Das ist Jules. Genau wie Jules Verne." Meine Ex-Frau gab Jules ein Stück trockenes Baguette, welches der

Junge mehr oder weniger kunstreich beim Essen auf in meinem Bett verkrümelte und meine Ex-Frau klärte mich auf, dass in Frankreich alles gut ging mit Max, dem Surflehrer, bis nach der Finanzkrise und dem Krieg und dem Polsprung die Kundschaft ausblieb. Die Menschen, die überlebt hatten, hatten einfach anderes zu tun, als surfen zu gehen.

Max wurde immer unleidlicher. Tag für Tag stand er am Strand und wartet auf die „perfekte Welle". Er meinte, dass es möglich sei, dass in Biarritz die Wind- und Wellenverhältnisse genau würden wie in Australien, dem Surferparadies schlechthin. Dann würden auch wieder mehr Kunden kommen.

Die Windverhältnisse änderten sich nicht, aber es kam die kleine Schantall. Sie war zwar klein, aber nicht mehr ganz jung. Etwa in meinem Alter, wie meine Ex-Frau mir sagte. Diese Schantall, übrigens auch eine Deutsche, hatte eine kleine Hütte im Dorf gemietet und wann immer Max zu ihr kam, um sie zu besuchen, sagte sie zu ihm: „Aufgeräumt habe ich nicht, aber guck mal, wie ich daliege!" So ging Max immer öfter zu ihr. Aber nicht um aufzuräumen.

Eines Tages kam dann Jules zu ihr. Er kam aus Marokko. Auf dem Schiff, auf dem er fuhr, war seine ganze Familie nebst weitläufiger Verwandtschaft, die ihr Glück in Frankreich versuchen wollte, aber das Schiff ging mit Mann und Maus unter. Nur Jules überlebte.

Eine französische Nachbarin brachte ihn zu ihr und sie nahm sich seiner an. Sie hatte ja bisher noch nie ein Kind gehabt. Statt Max Bier und Wein zu bringen, falls er denn mal zu Hause war, und auf Kundschaft zu warten, holte sie nun Milch, wechselte Windeln und kochte Brei.

Das gefiel ihr ganz gut, aber Max war damit nicht einverstanden. Er tickte immer aus, wenn er „diese „Rotzgöre" sah, wie er Jules nannte. Da beschloss sie, wieder zurück nach Hamburg zu fahren. Und da wir noch nicht offiziell geschieden waren und auch ihr rein rechtlich die Hälfte der Wohnung gehöre und... äh.... Sie fing an zu stottern.

Ich blickte sie an und sagte nur: „Die Liebe ist langmütig und verzeiht alles!" Dann beschlossen wir, es gemeinsam noch einmal zu versuchen. Es klappte auch ganz gut. Wenn es mal nicht so gut klappte, begann einer von uns einfach das Lied von Hofmann und Hofmann aus dem Jahre 1983 zu singen: „Rücksicht, keiner hat das Wort gekannt und Nachsicht, die keiner bei dem anderen fand und Vorsicht, dass nie zerbricht was uns verband. Einsicht, dass jeder seine Fehler hat und Weitsicht, das Leben findet nicht nur heute statt und Vorsicht, dass man den anderen nicht zerbricht."

Dann musste der andere meistens anfangen zu lachen. Jules lebte sich gut bei uns ein. Er lernte deutsch, ich lernte französisch: La banane – die Banane, l´ orange – die Orange, une serviette – ein Tuch, ein Handtuch, eine Büchermappe eine Aktentasche und „une serviette" steht sogar für den

Diplomatenkoffer. Die Serviette, die wir am Tisch benutzen, nennen die Franzosen „une serviette de table". War doch gar nicht so schwer.

Und wir alle lernten, dass man fünf auch mal gerade sein lassen musste.

Einen Tag nach meiner Rückkehr ging ich wieder zur Arbeit. Mein Chef hatte meinen letzten Brief erhalten und ließ mich für das Hamburg-Magazin einen großen Bericht über die Rattenfängerstadt Hameln schreiben. Das Magazin fand einen Absatz wie schon lange nicht mehr. „Wie machen Sie das nur?", wollte mein Chef von mir wissen. Ich antwortete: „Wenn man Spaß am Schreiben hat, finden sich auch Menschen, die Spaß am Lesen haben." Diesen Satz hatte ich vor langer Zeit mal von einem Autor auf der Frankfurter Buchmesse aufgeschnappt.

15.

Ich schrieb noch mehrere größere Artikel für das Hamburg-Magazin, die gut beim Leser ankamen.

Die Auflagenzahl erhöhte sich enorm.

Mein Chef organisierte seine geplanten Leserreisen nach Hameln. Erst mit dem Zug, die Fahrzeit verkürzte sich mit dem verbesserten Streckennetz immer mehr; später, als es wieder Benzin gab, bzw. die Autobusse mit Solarenergie angetrieben wurden (Dass man nicht schon früher draufgekommen war!), gab es weitere organisierte Busreisen. Die

Busse trugen die Aufschrift: Ralf Winters Reisen – Sommers wie Winters.

Wir warben für diese Reisen mit bunten Litografieplakaten, wie sie einst Tolouse-Lautrec erstellte.

Wer wollte, konnte sich, als Reiseprospekt sozusagen, einen Kupferstich erwerben.

In Hameln selbst gab es geführte Stadtrundgänge mit dem alten Rattenfänger aus Hessisch-Oldendorf. Es liefen ihm immer eine Schar Kinder hinterher, da die Stadt Hameln ausgesprochen kinderfreundlich war und die Kinder sich rasant vermehrten. Es gab ja, wie ich schon erwähnt hatte, keine empfängnisverhütenden Mittel mehr, die in riesigen Mengen von riesigen pharmazeutischen Unternehmen hergestellt wurden.

Es gab Besichtigungen bei einem Kupferstecher, dessen Handwerk wieder hoch geehrt wurde, man konnte lernen, wie man Aale in einer Tonne räuchert und wer Appetit hatte, kaufte sich zu Mittag halbe Hähnchen bei John Sinckleer.

Es war auch möglich, sich auch stundenweise ein Pferd zu leihen oder an einem geführten Austritt in das schöne Weserbergland teilzunehmen.

Übernachtungen im „Hotel zum Klabautermann" waren leider nicht mehr möglich.

Adam wollte dem Maître de Cuisine zeigen, wie man aus Bratkartoffeln „Fingerpies" macht, was auch immer das sein sollte. Bei der Zubereitung fing das heiße Fett in der Pfanne Feuer. In hohem

Bogen warf Adam die Pfanne in das mit viel Wasser gefüllte Spülbecken. Es gab eine riesige Fett-explosion. Das Hotel brannte bis auf die Grundmauern nieder. Adam sagte nachher immer wieder, dass er sich schon beim Betreten der Küche gewundert habe, dass dort ein Klabautermann in der Ecke stand und mahnend den Finger erhoben hatte. Aber niemand glaubte ihm.

Das Grundstück mit der Brandruine nutzte später John Sinckleer für seine Hühnerhaltung. Die Tiere gediehen prächtig auf dem Bauschutt und den dazwischen wachsenden Brennnesseln!

Für bessere Werbezwecke fertigte John ein Schild an, auf dem stand: „Sinclaire´s Hühnerfarm".

Wie durch ein Wunder kam bei dem Feuer niemand zu schaden.

Herr Pou Mukell und die anderen Angestellten kamen im „Chateux Hausmann" unter. Die Familie Haussmann konnte, trotz ihrer zahlreichen Familienmitglieder, Unterstützung gut gebrauchen.

Die Küche war gut und ausgewogen, die Gastfreundschaft ausgesprochen vorzüglich, der Zimmer-service geregelt und regelmäßig fanden Konzerte mit dem Bundeskanzler Hannes Baader statt. Auch der Bundespräsident Konstantin Wäcker gab

Gastauftritte, ebenso andere deutsche Musiker und verschiedene Komiker wie Otto, Thomas Grottschalk und Mike, die Supernase. Das zog weitere Reisende in die Stadt Hameln.

Arnold Schwarzenbecker wurde amerikanischer Präsident. Er wurde fast wie ein Prophet behandelt, da er in seinen früheren Filmen den „Tag des Jüngsten Gerichts" ziemlich präzise vorhergesagt hatte. Das meinte man jedenfalls.

Herr Schwarzenbecker kam nach Deutschland, um die deutsch-amerikanische Freundschaft zu festigen und machte von Frankfurt nach Hameln einen Abstecher, um dem Rattenfänger persönlich die Hand zu schütteln. Er sagte: „Wenn jemand sich früher die Mühe gemacht hatte, um vom Deutschland bis nach China zu reisen, darf er auch gerne mal Besuch aus Amerika empfangen.

Dabei zeigte er mit alten Filmgeräten seine alten Filme. Jules gründete später ein eigenes Reiseunternehmen.

Er nannte es „Magical Mystery Tours" und fuhr die Menschen von Kassel, der Heimatstadt der Gebrüder Grimm über Stuttgart, der Rotkäppchenstadt bis hin in die Karpaten, der Heimat von Graf Dracula.

Später heiratete er Vanessa, eine liebe Frau, die auch eine Leidenschaft für Busfahrten hegte. Ihr Bus trug die Aufschrift „Luther Tours". Sie verriet nie, ob sie mit Luther Martin Luther King aus den Vereinigten Staaten von Amerika meinte oder den

Martin Luther aus Sachsen-Anhalt. Aber einer ihrer Lieblingsätze war ein Zitat von James Irwin, einem früheren Apollo-Astronauten: „Jesus walking on the earth is more important than man walking on the moon"

Sie fuhr verschiedene christliche Stätten an, zum Beispiel den Dom von Fulda, die Wallfahrtsstätte Lourdes in Frankreich und es gab auch Reisen bis nach Israel, dem Geburtsland von Jesus Christus.

Das war zu einer Zeit, als es wieder genug junge Leute gab, die Lust auf Abenteuerreisen im VW-Bus hatten.

Alle unsere Busse hatten als Logo vorne eine weiße Taube mit ausgebreiteten Flügeln und auf der Seite unten rechts eine kleine Ratte mit langem Schwanz.